Bruno Stern
SO WAR ES
Leben und Schicksal eines jüdischen Emigranten
Eine Autobiographie

Forschungen aus Württembergisch Franken

Herausgegeben vom
Historischen Verein für Württembergisch Franken,
dem Stadtarchiv Schwäbisch Hall
und dem Hohenlohe-Zentralarchiv Neuenstein

Band 23

Jan Thorbecke Verlag Sigmaringen
1985

Bruno Stern

So war es

Leben und Schicksal
eines jüdischen Emigranten
Eine Autobiographie

Aus dem Englischen übersetzt
von Ursula Michels-Wenz
Bearbeitet von Gerhard Taddey

Jan Thorbecke Verlag Sigmaringen
1985

Gedruckt mit Unterstützung des Landkreises Main-Tauber-Kreis, der Stadt Niederstetten, der Landeszentrale für politische Bildung Baden-Württemberg, der Bausparkasse Schwäbisch Hall AG und der Kreissparkasse Schwäbisch Hall.

CIP-Kurztitelaufnahme der Deutschen Bibliothek

Stern, Bruno:
So war es: Leben u. Schicksal e. jüd. Emigranten; e. Autobiographie / Bruno Stern. Aus d. Engl. übers. von Ursula Michels-Wenz. Bearb. von Gerhard Taddey. – Sigmaringen: Thorbecke; Schwäbisch Hall: Historischer Verein für Württemberg.-Franken, 1985.
   (Forschungen aus Württembergisch-Franken; Bd. 23)
ISBN 3-7995-7622-3 (Thorbecke)
ISBN 3-921429-23-4 (Histor. Verein für Württemberg.-Franken)
NE: Taddey, Gerhard [Bearb.]; GT

© 1985 by Jan Thorbecke Verlag GmbH & Co., Sigmaringen

Alle Rechte vorbehalten. Ohne schriftliche Genehmigung des Verlages ist es nicht gestattet, das Werk unter Verwendung mechanischer, elektronischer und anderer Systeme in irgendeiner Weise zu verarbeiten und zu verbreiten. Insbesondere vorbehalten sind die Rechte der Vervielfältigung – auch von Teilen des Werkes – auf photomechanischem oder ähnlichem Wege, der tontechnischen Wiedergabe, des Vortrags, der Funk- und Fernsehsendung, der Speicherung in Datenverarbeitungsanlagen, der Übersetzung und der literarischen oder anderweitigen Bearbeitung.

Gesamtherstellung: M. Liehners Hofbuchdruckerei GmbH & Co., Sigmaringen · Printed in Germany

ISBN 3-7995-7622-3 Jan Thorbecke Verlag GmbH & Co.
ISBN 3-921429-23-4 Historischer Verein für Württembergisch Franken e. V.

Inhaltsübersicht

Vorwort der Herausgeber VII
Vorwort von Ulrike Kiefer IX
Vorwort des Verfassers XI

I. MEINE HEIMAT

1. Einführung 1
2. Niederstetten 2
3. Die Stadt und ihre Bewohner 3
4. Die jüdische Gemeinde 7
5. Die Berufsstände 16
6. Der geschichtliche Hintergrund 18
7. Unser Haus 23
8. Arbeitsalltag im Haus und im Freien 27
9. Die Familie Wolfsheimer 31
10. Die Universität 33

II. VON DER MACHTERGREIFUNG ZUR EMIGRATION

1. Vor dem Umbruch 36
2. Die Machtergreifung 41
3. Ideologie und Praxis der Unmenschlichkeit 46
4. Wie soll es weitergehen? 52
5. Zeit der trügerischen Hoffnung 58
6. Die Angst wird übermächtig 66
7. Auf der Suche nach einem Ausweg 73
8. Der Beginn des Exodus 77
9. Die Nürnberger Gesetze 82
10. Studienabschluß und Vorbereitung auf die Auswanderung 89
11. Übergangszeit in der Schweiz 93
12. Abschied von der Gemeinde 96
13. Aufbruch in die Neue Welt 100
14. Sorge um die Eltern 104
15. Verhaftung, Gefangenschaft und Flucht in die Freiheit 109
16. Ausklang 117

III. IN DER NEUEN WELT

1. Das unbekannte Land	122
2. Im Umkreis der Intervale Avenue	123
3. Die »Schul« in der Fox Street und die Ungarische Gemeinde	128
4. Unsere Wohnung	130
5. Die Shaare Tefillah-Gemeinde	136
6. Das öffentliche Leben	142
7. Die Arbeit	146
8. Erholung und Feriengestaltung	151
9. Die Yeshiva-Universität	158
10. Im Ferienlager	161
11. Washington Heights, New York	164
12. Die jüdischen Gemeinden	167
13. Die Shaare Hatikvah-Gemeinde	173
14. Die Beth Israel-Gemeinde von Washington Heights	176
15. Die Beth Hillel-Gemeinde von Washington Heights	177
16. Die Kehillath Jaakov-Gemeinde	179
17. Die Emmes Wozedek-Gemeinde	183
18. Die K'hal Adath Jeshurun-Gemeinde	186
19. Die Beth Hamedrash Hagodol-Gemeinde von Washington Heights	189

IV. WIEDERSEHEN MIT DER ALTEN HEIMAT

1. Vorher: Juni 1972	193
2. Nachher: Oktober 1972	195
Glossar der Ausdrücke des jüdischen Kultus und Gemeindelebens	197

Vorwort der Herausgeber

In Niederstetten im Vorbachtal wuchs Bruno Stern als Sohn einer alteingesessenen jüdischen Familie auf. Früh erhielt er einen Photoapparat, mit dem er als begeisterter Hobbyphotograph die kleinen und großen Ereignisse des täglichen Lebens in einer hohenlohe-fränkischen Kleinstadt im Bild festhielt. Es handelt sich um Amateuraufnahmen, die natürlich nicht immer von hervorragender Qualität sind und deren Reproduktion und Anordnung einige Schwierigkeiten bereitete.

Die kleinstädtische Idylle, von Stern eindrucksvoll und lebensnah geschildert, und die jahrhundertealte christlich-jüdische Gemeinschaft zerbrachen in der Zeit der nationalsozialistischen Herrschaft. Während des Studiums der Zahnmedizin in Würzburg spürte er die immer aggressiver werdende antisemitische Politik am eigenen Leibe. Im April 1937 verließ er die geliebte Heimat und emigrierte nach Amerika, wo er sich in harter Arbeit allmählich eine neue Existenz aufbauen konnte, allerdings nicht in seinem erlernten Beruf.

Nicht nur mit der Kamera hielt Stern das fest, was ihn interessierte, was er für wichtig hielt. Ohne Haß hat er in diesem Buch, das sich an seine 1968 erschienenen Jugenderinnerungen anschließt, Weg und Schicksal der jüdischen Emigranten geschildert, die Deutschland noch rechtzeitig verlassen konnten.

Die dokumentarisch wertvollen Photos stehen im Mittelpunkt des Buches. Im ersten Teil werden das Städtchen, die jüdische Gemeinde, sein Haus und seine Familie vorgestellt sowie die Würzburger Studentenzeit geschildert. Die sich planmäßig verschärfenden Maßnahmen des Nationalsozialismus werden aus der Sicht des angehenden jungen Zahnarztes im zweiten Teil eindrucksvoll dargestellt. Die Entwicklung der Auswanderungspläne, die Vorbereitungen, der ergreifende Abschied von der jüdischen Gemeinde, aber auch von den christlichen Freunden und Nachbarn lassen ahnen, welch schmerzliche und doch unausweichliche Entscheidung hier gefällt werden mußte. Die Ereignisse der Reichskristallnacht, von denen Sterns Vater unmittelbar betroffen war, konnte der Autor nur aus zweiter Hand schildern, belegt mit von Freunden zugesandten, heimlich aufgenommenen Bildern.

Neu für die meisten deutschen Leser dürfte die Schilderung des Lebens jüdischer Emigranten in der Neuen Welt sein. Auch dort nahm Stern aktiv am Gemeindeleben teil, fing wichtige Ereignisse in Schnappschüssen ein und stellt die zahlreichen, von deutschen Emigranten geprägten Zentren jüdischen Lebens vor.

Frau Ursula Michels-Wenz hat den englischen Originaltext einfühlsam übersetzt. Dafür gilt ihr der Dank der Herausgeber. Mit Ausnahme einiger stilistischer Glättungen, der Streichung einzelner Wiederholungen und der neuen Anordnung der einzelnen Teile blieb das Manuskript unverändert. Ein Glossar der Ausdrücke des jüdischen Kultus und Gemeindelebens am Ende des Buches soll die Lektüre erleichtern. Mit dieser informativen, faktenreichen Autobiographie wird ein einzigartiges Selbstzeugnis des deutschen Judentums, zugleich ein Baustein zur Geschichte Württembergisch Frankens, der Öffentlichkeit vorgestellt.

A. Rothmund	*Dr. G. Taddey*	*Dr. K. Ulshöfer*
Historischer Verein für	Hohenlohe-Zentralarchiv	Stadtarchiv
Württembergisch Franken	Neuenstein	Schwäbisch Hall

GEWIDMET
DEN
VEREINIGTEN STAATEN VON AMERIKA
DIE VIELEN MENSCHEN
ZUFLUCHT GEWÄHRTEN UND ALLEN
EINE CHANCE GABEN

Vorwort

Bruno Stern hat die Veröffentlichung seines zweiten Buches*⁾ nicht mehr erlebt. Aber er hat »sein Haus bestellt«, bevor er im Februar 1981 ein Leben voller Aktivität verlassen mußte. Vom Krankenbett aus gab er seiner aus Israel angekommenen Tochter Carol und mir letzte Anweisungen zur technischen Fertigstellung des Manuskripts. Ich verstand nun die Dringlichkeit, mit der er mich in den Monaten zuvor um Lektüre und Kommentar gebeten hatte.

Lisel Stern hat das Anliegen ihres Mannes zu ihrem eigenen gemacht. Ihre Initiative und der umsichtige und entschlossene Einsatz von Dr. Kuno Ulshöfer (jetzt beim Stadtarchiv Nürnberg) haben das Erscheinen des Buches ermöglicht.

Die große Mühe der Überarbeitung des Manuskripts und seiner Bereitstellung zum Druck, zu der Bruno Stern selbst keine Zeit mehr blieb, hat Dr. Gerhard Taddey in höchst verdienstvoller Weise auf sich genommen. Ursula Michels-Wenz sei an dieser Stelle für die einfühlsame Übersetzung freundlich gedankt. Anerkennung gebührt auch dem Jan Thorbecke Verlag, durch den Bruno Sterns Zeugnis dem deutschen Leserkreis zugänglich gemacht wird.

Bruno Stern selbst hätte gewiß mit besonderer Freude die Resonanz in seiner Heimat aufgenommen, die er gegen seinen Willen und in tiefer Erschütterung verlassen mußte. Mit dem Erscheinen dieses Buches geht für ihn und seine Familie ein sehnlicher Wunsch in Erfüllung. Es bleibt zu hoffen, daß die Aufzeichnungen durch eine englische Ausgabe auch der ihm nachfolgenden Generation in der neuen Heimat nahegebracht werden können.

New York, Oktober 1984 *Ulrike Kiefer*

---

*) 1968 erschien aus seiner Feder »Meine Jugenderinnerungen an eine Württembergische Kleinstadt und ihre jüdische Gemeinde«.

Vorwort

Die Ereignisse der dreißiger Jahre haben mich, ohne daß ich dies freilich gewünscht hätte, zum Zeugen einer zu Ende gehenden Ära gemacht. Gleichzeitig fühlte ich, daß der lebendige Alltag in den Gemeinden, die wir verlassen mußten, ebenso wie die Anfänge unserer neuen Existenz in der Fremde völlig in Vergessenheit geraten würden, wenn unsere Generation sie nicht überlieferte. Mir schien es durchaus der Mühe wert, das Andenken daran zu erhalten. – Die Fotografien im zweiten und dritten Teil dieses Buches habe ich größtenteils selbst aufgenommen, und zwar über eine Zeitspanne von fünfundvierzig Jahren hinweg. In unserer Zeit waren Entwicklungen, die zu anderen Zeiten Jahrhunderte in Anspruch nahmen, auf einige wenige Jahrzehnte zusammengedrängt. Meine Erziehung in Elternhaus und Schule hat mich die Vorgänge in meiner Umwelt bewußt erleben lassen. Ich habe versucht, diese so wahrheitsgetreu wie möglich aufzuzeichnen.

Mein Bestreben war, den Text auf ein Minimum zu beschränken und dafür die Fotografien als Zeugnisse einzusetzen. Alle Personen, die in diesem Rahmen eigentlich verdienten, erwähnt zu werden, konnte ich unmöglich nennen, nicht einmal die Namen der auf den Fotografien abgebildeten Personen einzeln aufzählen. Ich hoffe aber, daß diese zum Teil absichtlichen Unterlassungen dazu dienen, die überpersönliche Gültigkeit des Geschilderten zu unterstreichen.

Doch möchte ich einer Reihe mir besonders nahestehender Menschen, die mir mit Auskünften, Rat- und Vorschlägen bei den Vorarbeiten zu diesem Buch geholfen haben, persönlich danken, namentlich meiner Frau Lisel geb. Wolfsheimer und meinen Brüdern Theodor und Justin Stern für ihre kenntnisreichen Beiträge zum Alltagsleben der Juden in der Alten wie in der Neuen Welt. Meiner Frau und meinen Kindern Carol Linda und Jeffrey Mark schulde ich zusätzlichen Dank, weil sie es mir ermöglicht haben, die Aufzeichnungen in Ruhe niederzuschreiben und zu Ende zu führen.

Ich hoffe, daß alle, denen es vergönnt war, die von mir geschilderte Zeit zu überleben, im Rückblick auf die überstandenen Prüfungen und Schicksalsschläge neue Kraft schöpfen können. Ich hoffe auch, daß ein anderer die Arbeit dort fortsetzen wird, wo ich aufhören muß, und eine Geschichte der Einwanderung unter Berücksichtigung *aller* Einwanderer in die USA während der dreißiger Jahre unseres Jahrhunderts schreibt.

New York, Oktober 1977 *Bruno Stern*

I. Meine Heimat

1. Einführung

Ich stamme aus einer kleinen Stadt in Württemberg. Ihr Name ist Niederstetten. Dort hatte meine Familie seit Generationen gelebt. Das war nichts Ungewöhnliches, die meisten jüdischen wie nicht-jüdischen Einwohner waren ebenfalls seit langer Zeit dort ansässig oder allenfalls aus einem der benachbarten Dörfer zugezogen.

In einer solchen Kleinstadt mit ländlicher Umgebung aufzuwachsen, war nicht nur schön, sondern es hatte auch viele Vorteile, besonders während und nach dem Ersten Weltkrieg. Galoppierende Inflation und Nachkriegsnot erschwerten das Leben in den Städten mehr als auf dem Land, denn zusätzlich zu den politischen und wirtschaftlichen Schwierigkeiten war dort das Nahrungsangebot sehr knapp. In kleineren Orten konnte man etwas leichter über die Runden kommen. Wir hatten zwar nicht viel, aber immer genug, weil wir den Bauern halfen und diese uns. – Kinder bekamen nur sehr wenig Taschengeld. Aber es gab ja auch keine großen Warenhäuser, die zum Einkaufen verführt hätten. Überhaupt gab es weniger Gelegenheit, Geld auszugeben. Und die Ladenbesitzer achteten überdies persönlich auf die heranwachsende Jugend, für die sie sich mitverantwortlich fühlten. – In einer Kleinstadt wie Niederstetten, wo die Häuser eng aneinandergebaut standen, gab es wenig Geheimnisse. Jeder kannte den Alltag des anderen und seine Gewohnheiten. Irgend ein Abweichen von der Norm wurde genau registriert und Gegenstand reger Diskussion. Als Beispiel, wie sehr alles und jedes beobachtet wurde und Neugierde weckte, möchte ich nur anführen, daß mein Bruder eines Tages in den Gemischtwarenladen geschickt wurde, um mehrere Rollen Toilettenpapier zu kaufen, woraufhin ihn der Ladenbesitzer prompt fragte, ob wir denn Besuch erwarteten.

Wir führten einen großen Haushalt. Da waren mein Vater, meine Mutter, wir drei Söhne, eine Großmutter, ein alleinstehender Bruder meines Vaters, der später heiratete, Hausmädchen und sonstige Hilfskräfte. Regelmäßig kam eine Frau zur Mithilfe am Waschtag, eine andere zum Bügeln, eine dritte, die beim Stopfen und Ausbessern der Kleider mithalf, und in der Einmachzeit ein Fachmann zum Sauerkrauthobeln bzw. vor Einbruch des Winters einer, der Holz sägte und kleinhackte. Wieder andere Zugehfrauen halfen beim Hausputz und Kochen, vornehmlich wenn Gäste erwartet wurden. Solange wir noch ein Pferd besaßen, kam außerdem ein Knecht, der das Tier sachgemäß betreute. Seit der zweiten Hälfte der zwanziger Jahre hatten wir dann ein Auto und einen Chauffeur. Für die Arbeiten auf den Äckern und Feldern beschäftigten wir Hilfskräfte. Und immer hatten wir auch einen Hund und drei oder vier Katzen, die die Mäuse in Schach hielten. Denn in einem Haus, das mehrere hundert Jahre alt ist und nicht weit von den Feldern entfernt liegt, muß man jederzeit damit rechnen, daß sich die kleinen Nager einstellen.

Außer Hund und Katzen hielten wir noch Hühner, Ziegen, Gänse und eine Zeitlang auch Truthähne – und all dies mitten in der Stadt, direkt an der Hauptstraße. Das Federvieh rannte im engen Hof umher, die Gänse fanden ihren Weg allein zum Flüßchen und wieder zurück nach Hause. Mir oblag es, nach der Schule die Ziegen auf die Weide zu führen, die auf einer Bergwiese in einiger Entfernung vom Haus lag. Mutter arbeitete im Haushalt, Vater im Geschäft, aber sehr oft gingen die Aufgabenbereiche auch ineinander über.

2. Niederstetten

1 Blick von Osten, um 1935. Die Stadt liegt am Schnittpunkt zweier Täler, des Vorbach- und des Frickenbach-Tals. Beherrscht wird das Landschaftsbild vom Schloß der Fürsten zu Hohenlohe. Die überwiegend kleinen Häuser gruppierten sich darum in einem Halbkreis. Im Tal lag die Synagoge. Es ist das Gebäude unten rechts mit den großen quadratischen Fenstern.

2 Ansicht von Nordwesten, um 1935. Die Stadt wurde im 8. Jahrhundert gegründet. Jüdische Ansiedler werden bereits im 13. Jahrhundert erwähnt. Zu dieser Zeit amtierte im nahe gelegenen Rothenburg ob der Tauber der berühmte Rabbi Meir ben Baruch. – Im Vordergrund eines unserer Felder, unten das Vorbachtal mit Fußballplatz und Sägemühle vor der Stadt. Auch auf dem gegenüberliegenden Berg hatten wir ein Feld. Zur besseren Orientierung: das Schloß, das hier nicht zu sehen ist, liegt auf der Anhöhe, die links im Bild hinaufführt.

3 Die Hauptstraße. Unser Haus lag in der Hauptstraße, das zweite von rechts. Die meisten Häuser waren sehr alt. Das erste Haus rechts gehörte einem Verwandten von uns, der als Lieferant für Schuhmacher arbeitete. Links von unserem Haus hatte ein Sattler sein Geschäft. Gegenüber, von links, war eine Heimstrickerei, im Haus dahinter wohnte ein Bauer, dann kam eine Schmiede. Im halbverdeckten Haus danach wohnte unser Pferdeknecht und im ersten Stock darüber unsere Bügelfrau. Das große Gebäude am Ende der Straße war die Stadt-Apotheke.

3. Die Stadt und ihre Bewohner

Niederstetten war eine sehr kleine Stadt. Sie zählte etwa 1700 Einwohner. Die meisten davon waren evangelisch, etwa ein Viertel der Bevölkerung Katholiken. Zur jüdischen Gemeinde gehörten in den zwanziger Jahren ungefähr 120 Mitglieder. Das Zusammenleben unter der Bevölkerung war wahrhaft friedlich. Alle hatten es schwer, ihr Leben zu meistern, aber alle waren auch tief religiös, egal welcher Konfession sie angehörten. Nur trug man diese Religiosität nicht nach außen zur Schau, sondern betrachtete sie vielmehr als eine persönliche Angelegenheit innerhalb der privaten Sphäre und des jeweiligen Gotteshauses. Kinder der verschiedenen Glaubensrichtungen spielten miteinander und wuchsen gemeinsam auf, wie sie alle auch von frühester Kindheit an mit dem tieferen Sinn des Lebens vertraut gemacht wurden.

Ich selbst sah gerne den Handwerkern zu und war ihnen behilflich, so dem Schmied, dem Sattler, dem Bäcker, dem Wagenbauer, dem Drechsler, und wenn im Töpfereiladen die Ware aus den Brennöfen angeliefert wurde, war ich beim Auspacken der Töpfe, Teller und Tassen mit dabei. Trotz solcher Handreichungen und Aufgaben im eigenen Haus oder bei den Nachbarn hatten wir Kinder immer noch reichlich Zeit zum Spielen und für gemeinsame Unternehmungen. Juden und Nicht-Juden trafen sich sowohl im Arbeitsalltag wie in der Freizeit, gehörten auch denselben Vereinen an. Die meisten Buben und Mädchen waren im Turnverein. Mein Bruder Theo war sogar Mitbegründer des Fußballvereins.

Und der Antisemitismus? Zweifelsohne gab es auch in Niederstetten ein paar Antisemiten, genau so, wie wir ein paar Evangelische hatten, die keine Katholiken mochten, und umgekehrt. Es gibt und gab zu allen Zeiten Leute, die gegen jeden voreingenommen sind, der anders ist als sie, sei es hinsichtlich der Kleidung, der Religion, des gesellschaftlichen Status oder auch nur der Generation. Von diesen wenigen Ausnahmen abgesehen, kamen wir Niederstettener aber gut miteinander aus.

Ich werde in diesen Aufzeichnungen von meinen Erlebnissen sprechen, auch von Beobachtungen, die ich in dunkler Zeit an anderen gemacht habe. Aber trotzdem bleibe ich bei meiner Überzeugung, daß weniger Juden dem Terror des Dritten Reiches entkommen wären, wenn wir nicht so viele Freunde unter der nicht-jüdischen Bevölkerung gehabt hätten. Das Leben eines Juden war damals nur sehr wenig wert. – Gewiß, wir mußten alles verlassen, aber ich glaube, es widerspräche der Atmosphäre meiner Heimatstadt während der Vor-Hitler-Zeit, in der die nachfolgenden Fotografien aufgenommen wurden, wollte ich die jeweils abgebildeten Personen in Juden und Nicht-Juden einteilen und womöglich getrennt behandeln.

4 Nachbarskinder. Der Fotograf, der für alles Lokale zuständig war, wohnte in unserer Nähe. Ab und zu machte er eine Aufnahme von allen Kindern der Nachbarschaft. – Bruno Stern: der Junge mit den Tiroler Hosenträgern.

5 Soldaten-Spiel. Nicht lange nach dem verlorenen Ersten Weltkrieg begannen die Kinder schon wieder Soldaten zu spielen. Die Aufnahme entstand in Crailsheim, unweit von Niederstetten.

6 Festlich geschmückter Wagen. Die Zeit der Volksfeste war eine besonders glückliche Zeit für Kinder. Ein paar Pfennige von den Eltern genügten für eine Limonade, ein paar Süßigkeiten und eine Karusselfahrt. Oft nahmen die Kinder auch an den Festzügen oder Prozessionen teil, die an vielen Feiertagen veranstaltet wurden.

7 Das Fahrrad. Ein Fahrrad zu besitzen, war ein *Muß* für jüngere Leute. Man benutzte es für Besorgungen in der Stadt, für Vergnügungsfahrten oder Besuche in den Nachbarorten. Hier Siegfried (Steven) Kahn und Bruno Stern.

Die Freunde unserer Bücher

informieren wir gern über unsere Arbeit. Was wir im einzelnen machen, erfahren Sie aus den Verlagskatalogen und Prospekten, die wir Ihnen gern laufend senden, wenn Sie uns Ihre Adresse mitteilen. Kreuzen Sie unten bitte an, was Sie besonders interessiert. Sie erhalten alle Thorbecke-Bücher bei Ihrem Buchhändler.

JAN THORBECKE VERLAG

- [ ] Belletristik/Literaturgeschichte/ Germanistik
- [ ] Bildbücher, Bildmonographien
- [ ] Bodensee-Literatur
- [ ] Faksimile-Ausgaben
- [ ] Bibliophile Ausgaben
- [ ] Numismatik
- [ ] Landeskunde/Landesgeschichte
  - [ ] Baden-Württemberg
  - [ ] Bayern
  - [ ] Hessen
  - [ ] Schlesien
  - [ ] Österreich
  - [ ] Schweiz

- [ ] Geschichte allgemein
- [ ] Geistesgeschichte
- [ ] Kunstgeschichte
- [ ] Kulturgeschichte
- [ ] Rechtsgeschichte
- [ ] Kirchengeschichte
- [ ] Vor- und Frühgeschichte
- [ ] Archäologie
- [ ] Geschichte des Mittelalters
- [ ] Geschichte der Neuzeit
- [ ] Zeitgeschichte

Bitte, vergessen Sie nicht
Ihre Adresse auf der Rückseite!

Absender:

Vor- und Zuname bzw. Firma

Straße oder Postfach

Postleitzahl   Ort

Jan Thorbecke Verlag
Postfach 546

D-7480 Sigmaringen

Bitte
frankieren

8 Überlandfahrt. Mit meinem Fahrrad radelte ich kreuz und quer durch die Gegend, meine Box-Kamera im Ranzen und einen Becher für einen Erfrischungstrunk dabei. Vielerorts gab es noch Wasserpumpen und Quellen, wo die Wanderer – aber auch Pferde und Kühe – trinken konnten.

9 Jugendfreundschaften. Viele Mädchen aus der Stadt verbrachten ihre Ferien auf dem Land – und wir »Dorfbuben« waren immer glücklich, wenn sie kamen. Übrigens waren die Mädchen vom Lande ihrerseits auch den flotteren Stadtjünglingen zugeneigt. Gegensätze ziehen sich seit jeher an. So hatten die meisten jüdischen Mädchen nicht-jüdische Freunde und die jüdischen Jungen nicht-jüdische Freundinnen. Misch-Ehen allerdings waren sehr selten. – Bruno Stern ganz links (mit seinem Hund).

10 Das Schwimmbad. In den zwanziger Jahren tat Niederstetten viel, um sich attraktiv zu präsentieren. Eine der großen Errungenschaften war das Schwimmbad, für das sich mein Vater als Gemeinderat sehr eingesetzt hatte. Vorher hatte man immer im Vorbach gebadet, gemeinsam mit Schafen und Pferden. Christen und Juden, jung und alt waren froh über das neue Schwimmbad.

11 Badende in fröhlicher Gemeinschaft. Im Schwimmbad trafen sich alle Konfessionen und Klassen »hautnah« und unkompliziert.

12 Das Heimatbuch. Im Jahre 1930 beschloß der Gemeinderat zusammen mit dem Bürgermeister von Niederstetten die Herausgabe eines Buches über die Stadt und ihre Umgebung mit einer Darstellung zur Geschichte, zu den Sehenswürdigkeiten und über die Bewohner der Gemeinde. Mein Vater Max Stern, Mitglied des Rats, wurde mit der Arbeit beauftragt. Er war bekannt und geachtet aufgrund seiner Liebe zu Niederstetten, seiner historischen Kenntnisse und seines Talents zum Schreiben, Dichten und Reimen.

13 Der Brunnen – eine jüdische Stiftung. Wilhelm Bernheim, Sohn eines ehemaligen Kantors und Hebräisch-Lehrers von Niederstetten, wurde Industrieller in der Schweiz. In den zwanziger Jahren spendete er viel für die Armen aller Konfessionen – unter anderem stiftete er auch einen Ofen für unsere Synagoge. Die Synagoge war bereits hundert Jahre alt, ehe sie ihre erste Heizung bekam. Davor war es oft bitterkalt im Winter. Bernheim stiftete auch einen Brunnen für die Gemeinde, der hier zu sehen ist. Der Sockel trug die Inschrift »Der Heimat«. Wilhelm Bernheim wurde zum Ehrenbürger von Niederstetten ernannt.

14 Beim Schmied. Noch als Erwachsener half ich gern in der Schmiede mit. Seit frühester Kindheit hatte ich dort zahllose Stunden zugebracht.

4. Die jüdische Gemeinde

Unsere jüdische Gemeinde war schon sehr alt und stolz auf ihre Tradition, auf das überlieferte Brauchtum, auf die seit langem ortsansässigen Familien. Sehr viel zu Stimmung und Andacht in unseren orthodoxen Gottesdiensten trug die Pflege der traditionellen Melodien bei. Der *Sabbath* und die Speisevorschriften wurden streng befolgt. Die meisten Gemeindemitglieder waren nicht hochgebildet, hielten aber treu an ihrem Glauben fest und waren überzeugt von der Allgegenwart Gottes, die ihr Denken und Handeln ganz durchdrang. Dieser starke Glaube gab ihnen die Kraft, allen Schicksalsschlägen standzuhalten. Keiner, ob Jude oder Nicht-Jude, hatte ein leichtes Leben, doch verband der gemeinsame Kampf um die Existenz sie alle mit dem Gefühl, eine einzige »große Familie« zu sein.

Die kleinen Gemeinden in Württemberg, zu denen auch die von Niederstetten zählte, waren vorbildlich verwaltet. In den 1830er Jahren, als das Land noch ein Königreich war, hatte der König eine Organisation geschaffen, die alle jüdischen Landgemeinden betraf. Katholiken und Protestanten hatten übrigens ähnliche organisatorische Vorschriften. Unsere überregionale Instanz, ehemals »Oberkirchenbehörde« genannt, hieß zu meiner Zeit »Oberrat der Israelitischen Religionsgemeinschaft in Württemberg«. Das Wort »Kirche« wurde ausgelassen. Die Verordnungen dieses »Oberrats« galten als verbindliche Gesetzesvorschriften für sämtliche Gemeinden, die ihm unterstanden. Auch die erforderliche Ausbildung von Lehrern und Rabbinern wurde durch den Oberrat geregelt. So kam es, daß seit 1830 jeder Rabbiner neben seiner theologischen Ausbildung bis hin zur Ordination noch zusätzlich den philosophischen Grad einer anerkannten Universität vorweisen mußte – wie etwa der bis heute berühmten Tübinger Universität. Der künftige Kantor und Lehrer andererseits (die meisten Kantoren waren zugleich Lehrer) hatte eine Prüfung zu absolvieren, wie alle anderen Lehramtsanwärter im Staatsdienst, um zu beweisen, daß er die nötigen Allgemeinkenntnisse und didaktischen Fähigkeiten besaß, um auch »weltliches« Wissen zu vermitteln.

Niederstetten hatte eine eigene jüdische Volksschule, die anderen Konfessionen hatten ebenfalls ihre speziellen Schulen. Diese Grundschulen besuchten die meisten Kinder in den ersten vier Schuljahren und wurden dort in Lesen, Schreiben, etwas Heimatkunde, Rechnen und Religion unterrichtet. Nach der vierten Klasse gingen viele auf die »Realschule«, wo sich die Konfessionen mischten. Das Pflichtfach Religion wurde hier von Geistlichen des jeweiligen Bekenntnisses gelehrt. – Der jüdische Religionsunterricht an den Grundschulen stand unter der Aufsicht des Oberrats, die anderen Fächer unter derjenigen eines evangelischen Schulrats, der für den gesamten Kreis zuständig war.

Wie andere Gemeinden Württembergs hatte die jüdische Gemeinde von Niederstetten folgende Einrichtungen: eine Synagoge, eine *Mikweh* (rituelles Frauenbad), eine Schule und einen eigenen Friedhof. Der Kantor war zugleich Hebräisch- und Grundschullehrer. Auch gab es in Niederstetten einen *Schochet*, der die rituellen Schlachtungen vornahm und überdies als *Schammes* amtierte. In seiner Funktion als *Schochet* war er noch für mehrere andere Gemeinden zuständig. Das jüdische Brauchtum, unsere Gesetze und Hohen Feiertage, waren auch den christlichen Mitbürgern wohlbekannt, ebenso wie die Juden mit dem christlichen Glauben und den christlichen Festen vertraut waren. Viele nichtjüdische Mädchen, Frauen und Männer halfen in jüdischen Haushalten mit. Unsere Küche war *koscher*, d. h. den rituellen Vorschriften entsprechend, die Zubereitung aber durchaus deutsch. Nichtjüdische Haushaltshilfen lernten gewöhnlich rasch um und gaben sich alle Mühe, Koch- und Tafelgeschirr bzw. Fleisch- und

Milchspeisen nicht durcheinander zu bringen. Von den alten, spezifisch jüdischen Gerichten standen nur noch einige wenige auf dem normalen Speiseplan, etwa *Schalet* (die *Sabbath*-Speise, ein Fleisch- und Nudeltopf; in anderen Gegenden bevorzugte man anstelle der Nudeln Kartoffeln), *Bubele* oder *Buwele* (ein köstlicher Apfelkuchen) und ganz wichtig: die *Berches* (süddeutsche Bezeichnung für geflochtene *Sabbath*-Brote, die regional unterschiedliche Namen hatten). Unsere *Berches* wurden aus Wasser, Salz, Hefe und Kartoffeln hergestellt, mit etwas Mohn obendrauf, während es* auch Rezepte gab, die zusätzlich Eier oder Öl und Zucker enthielten.

Die Belange der Gemeinde, samt Verwaltung und Finanzierung, waren bestens geregelt. Je nach der Höhe des Steuersatzes, den man dem Staat entrichten mußte, staffelte sich auch der Steuerbeitrag *(Billette)* der einzelnen Gemeindemitglieder. Ein Vertrauensmann des Gemeindevorstands hatte Erlaubnis, die staatlichen Steuerunterlagen beim Finanzamt einzusehen. Dennoch waren die Einnahmen der Gemeinde auf dieser Basis zu gering, um alle Institutionen zu unterhalten. Der »Oberrat« stellte daher einen zusätzlichen Fonds bereit, der aus den überschüssigen Steuern der Großstadtgemeinden und einigen Spenden, Darlehen oder staatlichen Unterstützungen gespeist wurde.

Grundsätzlich ließ der »Oberrat« den einzelnen Gemeinden in der Gestaltung ihres individuellen Gemeindelebens freie Hand, gab aber gewisse Richtlinien für viele Bereiche. So schlug er unter anderem vor, daß die Gottesdienste nicht zu lang sein sollten und daß die notwendigen Gebete nicht durch allzu ausgiebige Zwischengesänge »gedehnt« werden möchten. Ein zu langer Gottesdienst vermindere nämlich die Andacht der Gemeinde. Im Jahre 1840 wurde außerdem für jeden Samstag *(Sabbath)* eine deutsche Predigt im Anschluß an die Lesung aus der *Thora* eingefügt.

Wirklich reiche Familien gab es unter der jüdischen Bevölkerung von Niederstetten nicht. Einigen ging es etwas besser als anderen, einige hatten Dienstmädchen und Haushaltshilfen, andere erledigten alle Arbeiten selbst. Hilfspersonal zu haben bedeutete im übrigen damals noch nicht, daß man sehr vermögend war. – Nach dem Ersten Weltkrieg wurde der Existenzkampf besonders hart. Viele Bürger verloren ihre wenigen Ersparnisse durch die steigende Inflation der zwanziger Jahre. Mein Vater bekam als Stadtrat und Vorstandsmitglied der jüdischen Gemeinde öfter einen Einblick in die wahre Lage der Leute und erzählte uns manchesmal, wie groß die Armut war und wieviele sich schämten, ihre Not offen einzugestehen. Vielleicht war solche Zurückhaltung falsch, denn dadurch entstand der Eindruck, als ob es allen Juden gut ginge. Den am härtesten Betroffenen, ob Juden oder Christen, halfen einige wohlhabende jüdische Familien, die früher in Niederstetten gewohnt hatten, dann aber weggezogen waren, durch wiederholte Spenden. Auch der Bankier der Stadt, ein Christ, konnte hinter die Kulissen sehen und gab meinem Vater Geld zur Weiterverteilung an bedürftige Juden.

---

* Anm. d. Übers.: z. B. bei den osteuropäischen Juden.

15 Die Synagoge. Sie lag in einer schmalen Seitenstraße und war 1824 erbaut worden. – Die ältere Synagoge aus den 1740er Jahren, die bis dahin als Gotteshaus diente, steht heute noch und ist ein Wohnhaus in Privatbesitz.

16 Innenansicht der Synagoge. Die Synagoge war gut ausgestattet. Sie hatte eine richtige Kanzel, die Heilige Lade war sehr breit und entsprechend weit auch die Vorhänge davor (die folglich sehr teuer waren). Aus der Zeit, als man noch Kerzenbeleuchtung hatte, standen die alten Messing-Kandelaber noch als Synagogenschmuck da. An den Hohen Feiertagen wurden beide Arten der Beleuchtung, die Kerzen ebenso wie das elektrische Licht, verwandt, um die festliche Stimmung zu erhöhen. Unter den Lesepulten waren geräumige Schränke für Gebetbücher, *Tallis* und andere Gegenstände, die während des Gottesdienstes gebraucht wurden.

17 Blick von der Kanzel in die Synagoge. Der Prediger konnte die versammelte Gemeinde genau überblikken. Trotzdem schlief manchmal einer ein, wenn die Predigt zu lang war. Die Sitze waren sehr ausladend. Sie gehörten zum Eigentum der einzelnen Familien und wurden immer an die nächste Generation weitervererbt. Neue Gemeindeglieder kauften ihre Plätze anderen Familien ab, die zuviele hatten, oder erwarben sie von der Gemeinde selbst. In den zwanziger Jahren gab es mehr als genug Sitzplätze. Mitte des 19. Jahrhunderts zählte die Gemeinde 200 Mitglieder (einschließlich der Frauen und Kinder), in den zwanziger Jahren waren es nur noch einige über 100.

18 Der *Brochos*. Dieser Vorhang vor der Heiligen Lade war eine Stiftung der Familie Goldstein zur Einweihung der Synagoge in den 1820er Jahren. Es ging die Legende, daß der kostbare Stoff damals 1000 Gulden gekostet hätte, eine unerhörte Summe. Aus Goldbrokat gewirkt, diente der Vorhang an den Feiertagen bis in unsere Zeit. Die Goldsteins waren sehr reich und sehr gebildet. Im Lauf der Jahre gab die Familie so viel für Wohltätigkeitszwecke aus, daß nichts mehr für sie übrigblieb und sie in den zwanziger Jahren selbst zu Wohlfahrtsempfängern wurde. Doch waren sie unbeirrbar in ihrem Glauben und verzweifelten nie, trotz aller Höhen und Tiefen.

19 Am Vorlesepult. Das Pult des Kantors (oder Leiters des Gottesdienstes) war direkt unter der Lade, ein wenig verdeckt vom *Almemor*. Der Kantor trug einen besonderen Talar, der dem eines evangelischen Pfarrers ähnelte. Der Rabbiner hatte zur Unterscheidung vom Kantor zwei weiße Streifen am Kragen seines Kaftans. – Die Abbildung zeigt Bruno Stern als Leiter des Gottesdienstes.

20 Die Hohen Feiertage. Weiß war die gesetzlich vorgeschriebene Farbe für die traditionellen Feiertage. Alles war weiß dekoriert, und Lade wie Schriftrollen waren ebenfalls weiß abgedeckt. Die Frauen, besonders die älteren und die traditionsbewußten, trugen weiße Kleider und weiße Hüte zum Gottesdienst. Anderen genügte eine weiße Haube oder Kappe. – Die Männer kamen im schwarzen Anzug, Zylinder und weißen Hemd. In der Synagoge zogen sie dann ein *Sarjenes* über.

21 Apfel mit Gewürznelken. Unter den Dingen, die wir am Tag vor *Jom Kippur* zur Synagoge brachten, waren auch mit Gewürznelken bespickte Äpfel. Jedes Familienmitglied bekam einen davon. Er diente zur Erfrischung während des ganztägigen Fastens. Mit Gewürznelken verzierte Äpfel wurden später auch in die Laubhütte gehängt.

22 Vor dem Werktagsgottesdienst. Der Gottesdienst begann immer sehr pünktlich, die Anfangszeiten wurden Samstag morgens bekanntgegeben. Gewöhnlich kamen die Männer etwas früher, saßen vor der Synagoge und unterhielten sich über die Tagesneuigkeiten. – Der *Schammes* hatte eine Wohnung im Synagogen-Gebäude. Eine *Yarmulka* auf der Straße zu tragen, war nicht üblich. Aber kein Jude von Niederstetten ging jemals ohne Kopfbedeckung *(Bekhalos Rosch)* in die Öffentlichkeit.

23 Freitag-Abend-*Kiddusch*. Der Höhepunkt der Woche war am Freitagabend. Die Männer, die unter der Woche oft länger von zu Hause fort waren, kamen dann auch zurück. Das Aroma des brennenden Öls in der Sabbath-Lampe durchzog das ganze Haus. Traditionelles Essen am Freitagabend war: Nudelsuppe, gekochtes Rindfleisch, Kartoffelsalat, Meerrettich und Soße. Als Nachtisch gab es im Winter den »Bubele« (Apfelstrudel), im Sommer Obstkuchen aus Früchten der Saison.

24 Samstag abend-*Hawdoloh*. Der Samstag *(Sabbath)* war ein Tag absoluter Ruhe. Nach dem Morgengottesdienst besuchte man sich gegenseitig, besonders wenn ein Familienereignis solche Besuche obligatorisch machte. Gleich nach Beendigung des *Sabbaths* begann schon wieder die Arbeitswoche.

25 *Sukkoth* zu Hause. Wir hatten eine eingebaute Laubhütte, die im Flur hergerichtet wurde. Die Dachziegel darüber nahmen wir solange weg. Diese »Laubhütte im Haus« datierte lange Zeit zurück. Mein Urgroßvater schon, der ein sehr frommer Mann gewesen war, soll während der Hohen Feiertage darin geschlafen haben.

27 *Purim* war eine Zeit der Freude und fröhlichen Feiern. Gewöhnlich fiel es mit den Karnevalstagen zusammen. Auf dem Land maskierten sich auch die Juden zu *Purim*. Gutes Essen und Trinken war wichtig, als Spezialität gab es *Hamans*, ein Gebäck in der Form eines Mannes. Zum Brauchtum gehörte auch der Verzehr von geräuchertem Fleisch. Man hängte das Fleisch in den eigenen Hauskamin. Wenn Mutter Fleisch und Würste zum Räuchern aufhing, wurde keine Kohle mehr in Ofen und Küchenherd verbrannt. – Der Grund, warum man Geräuchertes zu *Purim* aß, war der, daß die Räucherware eine Zeitlang hängen mußte – eine Erinnerung an Haman, der durch den Strang starb. (Haman, aus dem Buch Esther, war der erste Minister des Xerxes, der alle Juden im persischen Reich töten ließ, dann aber selbst am Galgen endete.)

26 Gemeinde-*Sukkoh*. Viele, aber nicht alle Juden hatten eine eigene Laubhütte. Die Gemeinde errichtete deshalb eine *Sukkoh* im Hof hinter der Synagoge. Lehrer und Kinder der jüdischen Volksschule halfen, sie zu bauen und zu schmücken.

28 Die Volksschule. Der einzige Schulraum, aus dem die Schule bestand, war innerhalb des Synagogen-Gebäudes, und zwar im zweiten Stock. Die Bänke müssen zu meiner Zeit schon an die 100 Jahre alt gewesen sein. Keiner dachte daran, neue zu kaufen. Ein wichtiges Zubehör im Unterricht war (auf dem Foto nicht zu sehen) der Stock. Lehrer und Kantor machten ausgiebig Gebrauch davon.

29 Erstkläßler. Die Kinder trugen ihre Schulbücher in einem Ranzen auf dem Rücken, an dem die Schwämme baumelten. Diese wurden benötigt zum Abwischen der Schiefertafeln, die man damals noch in den ersten Klassen benutzte. – Der Lehrer, Alex Roberg, hatte seine Ausbildung im Würzburger Seminar abgeschlossen. Die beiden Schüler sind Siegbert Kahn und Ruth Ehrenberg.

30 Schulaufnahme. Dieses Bild von Lehrer und Schülerschaft unserer Volksschule im Jahre 1938 ist ein sehr trauriges. Es ist das letzte Foto, das dort gemacht wurde. Ein paar Jahre später waren der Lehrer Justin Schloß (auch ein Absolvent des Würzburger Seminars) und die zwei älteren Schüler in den USA, die drei jüngeren Kinder kamen in Konzentrationslagern um.

31 Kinder-Pension. Die Familie von Michael Levi nahm in den Sommerferien oft Stadtkinder in Pension. Sie kamen größtenteils aus München. In ihren bayerischen oder Tiroler Anzügen sahen sie kaum wie Kinder aus orthodox-jüdischen Familien aus. Sie trugen alle Arten von Kopfbedeckungen (die *Yarmulka* wurde, wie gesagt, niemals in der Öffentlichkeit getragen).

32 Nahe Bekanntschaft mit dem bäuerlichen Leben. Auf dem Land zu leben, bedeutete ständigen Umgang mit Tieren und der Natur. Für Besucher aus der Stadt war dies etwas Neues.

33 Dorfjugend. Edelfingen, unweit von Niederstetten, hatte einen hohen jüdischen Bevölkerungsanteil. Die meisten Männer waren Viehhändler oder Hausierer. Hier jüdische Kinder auf der Hauptstraße des Dorfes. Rechts die Kandel für das Regenwasser.

34 Der Friedhof. Der jüdische Friedhof (Guter Ort) von Niederstetten wurde 1740 angelegt. Generationen meiner Ahnen und Verwandten wurden hier beerdigt. Früher begrub die jüdische Gemeinde ihre Toten auf Friedhöfen der nahen Umgebung. Heute ist der Friedhof hoch auf dem Berg die einzige Erinnerung an eine Jahrhunderte währende heilige Gemeinschaft *(Kehillath Kodesh)*.

5. Die Berufsstände

Das Leben auf dem Land war nicht leicht. Die meisten jüdischen Männer im erwerbsfähigen Alter arbeiteten als Selbständige, viele als Viehhändler, im Pferdegeschäft oder im Zusammenhang mit der landwirtschaftlichen Produktion. Sie belieferten die Bauern mit den nötigen Bedarfsartikeln und kauften deren Produkte ab. An zweiter Stelle kamen die Textilkaufleute, die oft auch einen kleinen Laden besaßen. Während die Männer tagsüber mit ihrer Ware unterwegs waren, kümmerten sich die Ehefrauen um das Ladengeschäft. Die Handelspartner saßen größtenteils in den Nachbarorten. Um sechs Uhr morgens fuhren in Niederstetten zwei Züge ab, einer in Richtung Süden, der andere nach Norden. Die jüdischen Händler versammelten sich täglich auf dem Bahnhof, um einen der beiden Züge zu erreichen. Eine wichtige Berufsgruppe handelte mit Wein, andere mit Fellen, Häuten, Leder oder mit Schneiderei- und Schusterbedarf. Sie hatten auch Kunden in weiter entfernten Ortschaften. Jüdische Handwerker gab es in unserem Kreis nur zwei: einen Metzger und einen Bäcker. Einige Gemeinden in Württemberg hatten auch einen jüdischen Schuster, aber das war selten. Prozentual wenig ins Gewicht fielen die jüdischen Familien, die eine eigene Landwirtschaft betrieben. In allen Berufen aber standen die jüdischen Frauen ihren Ehemännern tatkräftig zur Seite.

35 Ladeninhaber. Mit dem Besitz eines Ladengeschäfts in einer der Kleinstädte oder auf dem Dorf stieg man beträchtlich in der gesellschaftlichen Achtung. Hier ein Pionier, der auf die Idee kam, Arbeitskleidung herzustellen, und damit viel Erfolg hatte. – Siegfried Stern in Horb am Neckar; der Vater kam aus Niederstetten.

36 Hausierer. Die Ware auf dem Rücken, zogen Trödler und Hausierer bei jedem Wetter in die benachbarten Dörfer. Manchmal fuhren sie auch eine oder zwei Stationen mit dem Zug. So seltsam es klingen mag, aber jeder Hausierer hatte sein eigenes »Territorium«, und Verletzungen dieses Vorrechts wären schwerwiegende Vergehen gewesen. Hier Sally Landauer aus Michelbach an der Lücke.

37 Metzger. Die jüdischen Metzgerläden waren streng *koscher*. Sie standen gewöhnlich in geschäftlicher Partnerschaft mit einem nicht-jüdischen Metzger. Letzterer verkaufte die hinteren Partien, der jüdische Metzger die vorderen. Der *Schochet* hatte eine Lizenz vom Bezirksrabbiner und war von der Gemeinde angestellt. – Diese Aufnahme wurde in Würzburg gemacht.

38 Weinhändler. Die mit Wein handelnden Kaufleute mußten hart arbeiten bei der Vorbereitung ihrer Fässer und deren Inhalts. Danach reisten sie kreuz und quer durch das Land, um ihr Produkt zu verkaufen. Die Abbildung zeigt Max Guggenheim in Ihringen, Baden.

6. Der geschichtliche Hintergrund

Wie viele andere Familien der Region lebte auch die meinige seit Jahrhunderten in der Gegend des heutigen Württembergisch-Franken. Vor Napoleons Zeit war das Land in viele kleine Fürstentümer sowie Reichsstädte gegliedert. Im Mittelalter war die jüdische Bevölkerung in diesen Reichsstädten ansässig gewesen, so in Schwäbisch Hall, Rothenburg ob der Tauber, Nördlingen, Bopfingen, Dinkelsbühl und anderen. Im 15. und 16. Jahrhundert dann trat eine Veränderung ein, seit dieser Zeit finden wir Juden häufiger in den kleinen Städten, die Fürsten, Grafen oder auch der Ritterschaft unterstanden. Viele Juden siedelten sich im Gebiet der Markgrafen von Ansbach an. Fürth hatte eine *Jeschiwah* (jüdische Lehranstalt) sowie andere jüdische Bildungs- und Sozialeinrichtungen. Die Markgrafen erteilten der jüdischen Gemeinde von Fürth sogar das Privileg, hebräische Bücher zu drucken. Für sämtliche Gemeinden im Umkreis waren die Gottesdienste der Fürther Gemeinde und deren Interpretation der religiösen Gesetze ein Vorbild, und dieser Einfluß wirkte bis Ende der dreißiger Jahre unseres Jahrhunderts. Fürth hatte für Mittelfranken dieselbe Bedeutung wie Frankfurt für die

39 Der Hofjude Lämmle um 1714. Lämmle war Hofjude bei Karl Ludwig Graf zu Hohenlohe in Weikersheim. Er half dem Grafen bei der Ausführung seiner Pläne, so unter anderem bei der Anlage eines neuen Parks um das gräfliche Schloß, in dem auch Statuen der Ratsmitglieder errichtet werden sollten. Da diese Herren nicht von Adel waren, wurden die Statuen klein gehalten. – Hier das Standbild von Lämmle selbst, dessen Tochter einen meiner Vorfahren väterlicherseits heiratete. Ich stamme also in direkter Linie von ihm ab. Zum Teil hatte die jüdische Gemeinde von Weikersheim es dem Einsatz Lämmles zu verdanken, daß der Graf die Erlaubnis gab, im Jahre 1732 einen eigenen jüdischen Friedhof zu eröffnen. Vorher mußten die Toten in Unterbalbach bei Bad Mergentheim bestattet werden, wo der Deutsche Orden den Juden ein Landstück zur Verfügung stellte.

40 Schutzbrief. Das Dokument mit Datum vom 26. April 1792 ist die Erneuerung eines Schutzbriefs durch den zuständigen Fürsten für einen meiner Vorfahren. Die Familie meines Vaters war seit Generationen in Niederstetten ansässig. Der Fürst erteilte mit diesem Schutzbrief Aufenthaltsrecht und Arbeitserlaubnis für den Antragsteller, wie dessen Vater sie vorher erhalten hatte.

41 Die Familie Stern in Niederstetten um 1870: Meine Urgroßeltern Moses und Flora Stern geb. Frankfurter mit ihren Kindern. Von links nach rechts: Rösle (später verheiratete Guggenheim und wohnhaft in Tiengen bei Waldshut), Maier (später wohnhaft in Nürnberg), Jakob (mit Studentenmütze, die auf die Zugehörigkeit zu einer Verbindung hinweist; Jakob wurde später Rabbiner und Schriftsteller), David (mein Großvater, blieb in Niederstetten; heiratete eine Fürtherin) und Louis (der Jüngste, zwischen den Eltern stehend; später wohnhaft in Berlin und dort verheiratet).

hessischen Gemeinden. – Außer den Markgrafen von Ansbach gewährten auch die Hatzfeldt, die Hohenlohe, der Deutsche Orden und andere, nicht zuletzt Götz von Berlichingen, der Ritter mit der eisernen Hand, den Juden Wohnrecht in ihren Städten und Dörfern. Leicht hatten sie es dort zwar nicht, aber in der ganzen größeren Umgebung hatte niemand ein leichtes Leben. Die Bauern fühlten sich lange Zeit unterdrückt und rebellierten im 16. Jahrhundert, doch schlug ihr Aufstand fehl, und viele fanden den Tod. Immer wieder gab es auch Hexenprozesse und Hexenjagden. Außerdem war der Boden zwar gut, mußte aber mühsam bearbeitet und kultiviert werden, damit etwas darauf wuchs. Das Land ist hügelig, hübsch anzusehen, aber schwer zu pflügen. Für den, der hier aufgewachsen ist, gibt es keinen schöneren Flecken auf der ganzen Welt! Doch mußten sich die Bewohner all die Jahrhunderte hindurch und in allen gesellschaftlichen Schichten redlich plagen, um ihr Dasein zu fristen – und den Juden fiel das Los zu, eher härter als die anderen für ihren Lebensunterhalt arbeiten zu müssen.

42 Die Familie Schloß (Bad Mergentheim 1906). Meine Urgroßeltern mütterlicherseits, Isack und Mina Schloß, feierten 1906 diamantene Hochzeit. König und Königin von Württemberg gratulierten ihnen persönlich mit einem eigenhändig unterschriebenen Foto. Neben meinem Vater sitzend: meine Großmutter Bertha Landauer. Zwischen den beiden stehend, hinter dem Bild des Königs, ist meine Mutter und rechts von ihr mein Vater. Isack Schloß war anfänglich Seifensieder. Später eröffnete er eine Metzgerei mit Restaurant in Bad Mergentheim. Bevor er meine Urgroßmutter heiratete, hatte er sie nur ein einziges Mal gesehen.

44 Max Stern, mein Vater. Nach seiner Heimkehr aus dem Ersten Weltkrieg trat mein Vater in das Fell- und Ledergeschäft ein. Vier Brüder meiner Mutter arbeiteten schon in dieser Branche. – Außerdem war mein Vater Stadtrat, Vorstandsmitglied der jüdischen Gemeinde, ehrenamtlicher *Mohel* für Niederstetten und die umliegenden Gemeinden. Dieses Amt wurde innerhalb der Familie über Generationen hinweg vererbt. Bezahlung wurde nicht angenommen. Im Gegenteil, den armen Familien brachte man sogar ein Geschenk mit. Ein weiteres Ehrenamt meines Vaters war die aktive Mitgestaltung des Gottesdienstes an den Hohen Feiertagen. Aber nicht zuletzt war er auch noch Lokal-Berichterstatter für zwei Zeitungen, die in Niederstetten gelesen wurden.

45 Rosa (Rosie) Stern, meine Mutter. Sie war sehr begabt im Handarbeiten. Gelernt hatte sie das Wichtigste in der Klosterschule St. Bernhard in Bad Mergentheim, die sie einige Jahre besuchte. Überhaupt lernte sie dort vieles Nützliche für ihr späteres Leben. – In dieser katholischen Mädchenschule waren viele jüdische Schülerinnen. Meine Mutter sprach oft und gerne mit Dankbarkeit über diese Schulzeit und über die Nonnen, die dort lehrten. – Sie war meinem Vater in allem, was er unternahm, behilflich. Daneben gehörte sie zur Schwesternschaft der jüdischen Gemeinde und zum Landwirtschaftlichen Frauenverein.

43 Silberne Hochzeit meiner Eltern (Niederstetten 1931). Die Feier fand im engsten Familienkreis statt. Doch kamen Gratulanten und Glückwünsche von allen gesellschaftlichen Schichten der Stadt, Hoch und Niedrig, Juden und Nicht-Juden, Beamte und Kaufleute, Bauern und Handwerker – sie alle kamen und gratulierten, weil meine Eltern so beliebt waren. Hinterste Reihe: meine Cousine Beatrice Landauer und mein Bruder Justin. Mitte: Paula Strauß aus Ulm (die Schwester meiner Mutter), Mutter und Vater, Ricka und Nathan Landauer aus Crailsheim (Nathan war ein Bruder meiner Mutter). Vorne sitzend: Hans (später Henry) Landauer, Sohn von Ricka und Nathan Landauer.

46 Theo (später Theodore oder Teddy) Stern. Mein Bruder Theo ist der älteste von uns drei Brüdern. Nach dem Schulabschluß war er zuerst Lehrling im Lederwarengeschäft meines Onkels in Hamburg (eines Bruders meiner Mutter) und lernte später das Gerber-Handwerk in Cleve. Danach kehrte er zur Familie zurück und arbeitete in unserem eigenen Geschäft. 1929 verschlechterten sich die Verhältnisse in der Branche so sehr, daß Theo in die Vereinigten Staaten auswanderte. Onkel Hermann, der Bruder meines Vaters, hatte Deutschland schon 1928 mit seiner Familie verlassen und in den USA eine neue Existenz gegründet. Die beiden Auswanderer fanden nur wenig Verständnis für ihren Schritt innerhalb der weiteren Familie, aber im Lauf der Zeit erwies sich ihre Initiative als wahrer Segen.

47 Justin Stern, mein zweitältester Bruder, der mittlere der drei Söhne. Nach dem Realschulabschluß machte er eine kaufmännische Lehre in Karlsruhe, beschloß später aber, Rechtsanwalt zu werden. Hierfür ging er noch einmal zur Schule, holte das Abitur nach und begann an der Tübinger Universität mit dem Jura-Studium. Nach 1933 floh er nach Paris, studierte eine Zeitlang an der Sorbonne und wanderte 1935 schließlich nach Argentinien aus. Seine Wiedervereinigung mit der Familie konnten wir 1945 in New York feiern.

48 Bruno Stern. C'est moi – das bin ich, der Schreiber dieser Aufzeichnungen. Ich wurde 1912 geboren, ging in Niederstetten, Bad Mergentheim und Tauberbischofsheim zur Schule und studierte nach dem Abitur an der Universität Würzburg Zahnmedizin. 1936 wurde ich Zahnarzt. 1937 emigrierte ich in die Vereinigten Staaten. Bald danach stand ich vor der Entscheidung, entweder ein Zusatzstudium mit abermaliger Prüfung aufzunehmen und mich dann als Zahnarzt niederzulassen oder aber meine Eltern nachkommen zu lassen und erst einmal die Ausübung meines Wunschberufes beiseite zu schieben. Ich entschied mich für das Letztere und habe den Entschluß nie bereut. – Das Zusatzstudium nahm ich auch später nicht mehr auf, der Existenzdruck war zu schwer. »Vergiß das Schlechte und erinnere dich an das Gute« – dieser Wahlspruch hat mir über manche Stunden des Zweifels hinweggeholfen.

49 Die drei Familien namens Stern. In den dreißiger Jahren kursierte die Redewendung »Aus Kindern werden Briefe«. Hier die letzte Aufnahme der damals noch in Deutschland lebenden Sterns. Bis zu diesem Tag war das Schicksal aller Familienangehörigen mehr oder weniger parallel verlaufen. In den nachfolgenden Jahren hatten die neun Menschen sehr unterschiedliche, ereignisreiche und oft tragische Schicksale – wie alle deutschen Juden meiner Generation.

7. Unser Haus

Fast alle Mitglieder unserer Gemeinde hatten ein eigenes Haus. Sie waren bemüht, den Familienbesitz in gutem Zustand zu erhalten und zu pflegen, was sich oft als schwierig erwies, denn die Häuser – alle Häuser – waren schon sehr alt. Wie es so treffend hieß: »Wer sein Geld verlieren will und weiß nicht wie, der baue alte Häuser aus und spiele Lotterie.« Das Haus, in dem eine Familie lebte, war für Juden wie Nichtjuden gleichermaßen ein wesentlicher Bestandteil der Familien-Zusammengehörigkeit, ein Zuhause auch im übertragenen Sinn. Das »Anwesen« umzubauen oder gar abzureißen, wäre unerhört gewesen. Normalerweise hatte man das Haus von den Eltern geerbt und wollte es möglichst den eigenen Kindern weitervererben. Natürlich gab es auch das Bestreben, die Wohnbedingungen zu verbessern, aber diesen Träumen waren meist realistische Grenzen gesetzt.

Einmal, als meine Brüder und ich noch Kinder waren, forderte der Vater uns in den Sommerferien auf, doch einen Aufsatz über unser Haus zu schreiben. Wir waren damals wohl 13, 12 und 8 Jahre alt. Es entstanden drei völlig verschiedene Hausbeschreibungen, die unserem Vater aber alle so gut gefielen, daß er sie mit einigen begleitenden Zeilen an die Frankfurter Zeitung schickte. Das renommierte Blatt brachte den zusammenfassenden Artikel über »Unser Haus« auf seiner Titelseite.

50 Unser Haus (Frontansicht). Hier lebte meine Familie lange, lange Zeit. Die Balken waren verbogen, die Böden quietschten, aber das machte nichts – niemand dachte daran, es umzubauen oder gar zu verkaufen. Das Haus gehörte zu uns, war Teil der Familie und ein Erbe, das wie ein Schatz gehütet wurde. Im Erdgeschoß zur Straße hin lag unser Laden, dahinter schloß sich ein kleines Büro an, und hinter diesem war ein großer Keller. Die Wohnräume befanden sich im ersten Stock. Unterm Dach waren zwei Schlafzimmer für Hausangestellte und Abstellräume bzw. Vorratskammern. Hier bewahrten wir auch Holz zum Trocknen auf, das zur Feuerung der Öfen und des Küchenherds diente. Alles, was nicht mehr gebraucht wurde, wanderte ebenfalls unters Dach. Als Kinder stiegen wir manchesmal dort hinauf, um die Kammern nach interessanten Funden zu durchstöbern. Sachen, die schon hundert und mehr Jahre hier herumstanden, waren keine Seltenheit. Der Hund im Vordergrund ist unser Buzzi.

51 Unser Haus (Seitenansicht). Von der Straße her sah das Gebäude klein aus, aber es zog sich weit nach hinten und war dadurch recht geräumig. Der relativ große Hof wurde zum Schauplatz vieler häuslicher Aktivitäten; hinten im Hof war eine Scheune, die auch als Stall und Lagerraum diente und die mein Vater in den zwanziger Jahren gebaut hatte.

52 Die gute Stube, der »Salon«. Hier wurden Besucher und Gäste empfangen. – Einige der Möbelstücke hatten zur Aussteuer meiner Mutter gehört (waren also seit 1906 in unserem Haus). Aber wir hatten auch Erbstücke, die von Generation zu Generation weitergereicht worden waren.

53 Fenster mit Kaktus. Die Fenster waren relativ hoch gelegen. Zur täglichen Unterhaltung gehörte auch das »am Fenster Sitzen« und die Beobachtung der Vorübergehenden. Am liebsten war man dabei ein wenig versteckt vor den Blicken von außen. In manchen Häusern war neben dem Fenster sogar ein erhöhtes Podest, auf dem bequem ein Stuhl stehen konnte. So war es möglich, ganz gemütlich die Vorgänge auf der Straße zu verfolgen.

54 Das Schlafzimmer der Eltern. In alten Häusern mußte man aus dem Zuschnitt der Räume das Beste machen. Die bestickten Kopfkissen, die sogenannten »Paradekissen«, wurden abgeräumt, bevor man ins Bett ging. In den zwanziger Jahren bekam Niederstetten zwar fließendes Wasser, aber die Waschschüsseln blieben doch, für alle Fälle, stehen. Meine beiden Brüder und ich wurden in diesem Raum geboren, unter dem Beistand einer tüchtigen Hebamme.

55 Die Diele. Ein langer Flur verband die Vorderzimmer mit den hinteren Räumen. Er war eingerichtet mit Garderobeschränken. Man beachte den schiefen Türrahmen, der eine Vorstellung davon gibt, wie sehr sich das Haus im Lauf der Jahre geneigt hatte und abgesunken war.

56 Das Zimmer meines Vaters. In den zwanziger Jahren wurde es üblich, ein »Herrenzimmer« zu haben, in dem der Herr des Hauses seine Bücher und persönlichen Wertgegenstände aufstellte. Lederbezogene Möbel, bestickte Kissen etc., das alles sollte eine maskuline Wirkung ausstrahlen. Auch hier wurden, wie im Salon, Gäste empfangen.

57 Die Küche, einer der größeren Räume im Haus. Der Herd wurde mit Holz und Kohle gefeuert. In der Küche nahmen die Bediensteten ihre Mahlzeiten ein, immer vor dem Auftragen für die Familie.

58 Ein neuer elektrischer Koch-Apparat. Es war eine recht interessante Konstruktion, bestehend aus einer Heizplatte mit einem hohen, darüberzustülpenden Aufsatz, der oben einen Thermostat hatte. Das Essen kam zum Kochen in kleinere Aluminiumtöpfe, die alle den gleichen Durchmesser hatten. Dann wurde der Aufsatz darübergedeckt und der Strom eingeschaltet. Nachdem die Innentemperatur eine gewisse Höhe erreicht hatte, schaltete sich der Strom von selbst aus. Der gut isolierte Aufsatz hielt alles stundenlang warm. – Mutter nutzte diesen Vorteil und kochte darin »Gesetztes« für den *Sabbath*; der Topf war unser »Sabbath-Ofen«, wurde aber auch unter der Woche gebraucht. »Gesetztes« war Reis und Erbsen, in getrennten Töpfen zubereitet und mit etwas Fleisch oder Hühnchen darin. Die Gerichte wurden Freitag nachmittag unter den Aufsatz gestellt und waren am Samstag zum Mittagessen fertig. Bevor wir diesen Apparat bekamen, benutzten wir einen Setzofen, der mit Holzkohlenfeuer arbeitete. Wenn das Feuer einmal brannte, mußte man sich nicht mehr darum kümmern, es wärmte bis Samstagnachmittag.
Das Foto wurde vom Niederstettener Elektrizitätswerk zu Werbezwecken aufgenommen. Meine Eltern gehörten zu den ersten Käufern des neuen Kochgeräts mit dem Namen »Econom«. – Auch auf diesem Bild kann man die durchhängende Decke sehen. Sie zu regulieren, hätte es nur eine einzige Möglichkeit gegeben, nämlich das ganze Haus niederzureißen und neu aufzubauen. Das aber wäre einem Sakrileg gleichgekommen.

8. Arbeitsalltag im Haus und im Freien

59 Hausputz. Immer gab es irgend etwas zu putzen im Haus. Donnerstag und Freitag ging es besonders hoch her, damit am *Sabbath* alles blitzte und blinkte.

60 Waschtag. Montags war große Wäsche. Die einzelnen Stücke wurden zuerst in einer Seifenlauge eingeweicht, dann auf einem hölzernen Waschbrett gebürstet und schließlich eine Zeitlang in einem großen Kessel gekocht – und das alles im Freien. Getrocknet wurde die Wäsche auf einer Wiese, um gleichzeitig zu bleichen (vornehmlich im Sommer, wenn das Wetter schön war), oder aber sie wurde im Flur und unterm Dach aufgehängt (wenn es regnete bzw. im Winter). – Auf dem Foto meine Tante Ricka Landauer in Michelbach an der Lücke.

61 Der Garten. Hier meine Mutter und eine Helferin. Wir hatten im Garten Gemüse angebaut, auf dem Acker Kartoffeln und Weizen. Dort standen auch die Obstbäume (Äpfel, Birnen, Kirschen) und Nußbäume.

62 Auf dem Feld. Ein Stück unseres Landes war mit großen Walnußbäumen bepflanzt. Bei der Ernte gab es immer Schwierigkeiten, weil die Bäume so hoch waren. – Hier Käthe Lüder, die Nichte einer Nachbarin und regelmäßiger Feriengast aus Frankfurt, mit Bruno Stern bei der Nußernte.

63 Im Wingert. Wir hatten keinen eigenen Weinberg, halfen aber unseren Nachbarn und Freunden bei der Lese. Es war wichtig, daß die reifen Trauben sehr schnell geerntet wurden. – Die Aufnahme zeigt meine Cousine Senta Landauer, die eine Zeitlang in Niederstetten die Schule besuchte und bei uns wohnte.

64 Weinkelter. Gewöhnlich kauften wir einen großen Bottich Weintrauben von einem der Weinbauern und kelterten unseren eigenen Wein. Unser Nachbar Albert Kleinhans hatte eine Weinpresse, die wir mitbenutzen durften. Unser jährlicher Verbrauch am eigenen Landwein war ungefähr 300 bis 400 Liter. Daneben tranken wir noch um die 1200 Liter Apfelmost aus eigener Herstellung.

65 Frühjahrsputz. Über Winter wurden die Fenster möglichst geschlossen gehalten. Nur das Wohnzimmer und die Küche waren geheizt. Wenn es wärmer wurde, öffnete man die Fenster weit, um Sonne und frische Luft einzulassen. Jenny Stern, unsere Nachbarin, lüftete auch ihre Kleider.

66 Unser erstes Automobil. Bis Anfang der zwanziger Jahre hatten wir einen Einspänner, dann bekamen wir ein Auto mit Chauffeur. Das Kabriolett war ein F. N. (Fabrique Nationale) aus Belgien. Stehend Bruno Stern, am Steuer unser Fahrer Max Haas, daneben mein Bruder Theo. Auf dem Rücksitz ein paar Dorfschönheiten.

67 Besucher aus der Stadt. Wir hatten immer viele Besucher aus der Stadt. Oft waren es Verwandte, die das alte Anwesen wiedersehen wollten. Hier Onkel Bernhard Stern aus Berlin mit Frau und Tochter zu Besuch in dem Haus, in dem sein Vater, sein Großvater und viele seiner Vorfahren geboren waren. Rechts im Bild der Stadtausrufer. Auf der linken Seite Holz für den Küchenherd und die Öfen.

68 Heimatbesuch in eleganter Aufmachung. Junge Männer vom Dorf, die es in der Stadt zu etwas gebracht hatten, kamen gern zu Besuch in ihre alte Heimat, um Freunde und Verwandte zu sehen. Die Städter waren immer nach der neuesten Mode gekleidet. – Links Henri, ein Bruder meiner Mutter, in der Mitte Lilly, seine Frau, und rechts Julius, ebenfalls ein Bruder meiner Mutter. Henri wohnte in Hamburg, Julius in München.

69 Winterabend mit Gästen. Der Winter war lang, das Tempo ließ etwas nach. Um die langen Abende etwas unterhaltsamer zu gestalten, besuchte man sich gegenseitig. Dabei wurden selbstgebackene Plätzchen und Kuchen serviert, auch Obst, sofern noch etwas von der Herbsternte übrig war. Es gab immer viel zu erzählen. Die Gesprächsthemen waren Rezepte, praktische Tips, Geschichten von früher und nicht zuletzt der Klatsch von Niederstetten und Umgebung. – Von links nach rechts: Bruno Stern, Rosa Stern, Marie Krakauer, Anna Horn, Rösle Korder.

9. Die Familie Wolfsheimer

Die Familie Wolfsheimer in Weikersheim war in der ganzen Umgebung als gute Adresse in Sachen Pferde bekannt. Weikersheim liegt etwa zehn Kilometer von Niederstetten entfernt. Seit Generationen waren die Wolfsheimers Pferdehändler gewesen. Zu meiner Zeit hatte sich der alte Vater Joseph aus dem Geschäft zurückgezogen, und sein Sohn Max war in die Fußstapfen des Vaters getreten. Joseph kam jeden Wochentag nach dem Mittagessen mit seinem Einspänner nach Niederstetten ins Hotel zur Post und spielte dort mit anderen Rentnern von ein bis drei Uhr Karten.

70 Max Wolfsheimer. Ackergäule und Lasttiere wurden in Ostpreußen und Belgien gezüchtet. Es gab auch ein paar Gestüte in unsrer Gegend, aber der Schwerpunkt der Pferdezucht lag in den nördlichen Regionen. Der Pferdehändler mußte dorthin reisen und so wohlüberlegt wie möglich einkaufen, was Zucht und Wirtschaftlichkeit betraf. Auf dem Pferdemarkt, der an besonderen Tagen veranstaltet wurde, flocht man die Schwänze und Mähnen der Tiere zu Zöpfen, was als schmuck galt.

71 Ulane. Max Wolfsheimer wuchs mit Pferden auf, und es war ganz selbstverständlich, daß er nach dem Eintritt in den obligatorischen Militärdienst in der Kavallerie des Königs diente. Das war kurz nach der Jahrhundertwende. Später hat er oft eine Geschichte erzählt, die im Ersten Weltkrieg passierte. Auf dem Rückzug der Russen wurden viele polnische Juden gefangen genommen. Die Gemeinde mit dem Gefangenenlager lag in der Nähe von Brest-Litowsk. Als Max Wolfsheimer mit seiner deutschen Truppe dorthin kam, breitete sich unter den unschuldigen Häftlingen Angst aus. Sobald er sie aber mit »Schema Jisrael« (»Höre Israel«-Gebet) anrief, konnten sie sich vor freudiger Aufregung kaum fassen. Er ließ alle Gefangenen frei und hat bis ans Ende seiner Tage ihre dankbaren Worte nicht mehr vergessen. Man mußte der fremden Sprache nicht mächtig sein, um den Sinn der Dankesbezeugungen und die Gefühle der Befreiten zu erfassen.

72 Joseph und Therese Wolfsheimer mit Familie, 1920. Sie hatten zwölf Kinder. Einige von ihnen emigrierten schon in jungen Jahren in die Vereinigten Staaten von Amerika, wo die Familie Verwandte hatte. Insgesamt waren es sechs Töchter und sechs Söhne gewesen; gewiß ein Segen. Aber allen Töchtern eine Aussteuer mitzugeben, war keine leichte Aufgabe. So kam es, daß einige – wie viele andere Töchter aus jüdischen Familien – Deutschland um die Jahrhundertwende verließen. Sie kehrten aber oft zurück, um ihre Eltern zu besuchen. Hier ein glückliches Familientreffen.

73 Parade. Einmal ein Reiter, immer ein Reiter. Jede lokale Festveranstaltung wurde von einer Parade eröffnet, an deren Spitze eine Reiterschaft ritt. – Auf dem Foto ganz links Max Wolfsheimer.

74 *Purim*-Party mit Hans und Lisel Wolfsheimer. Ein Pferdehändler verbrachte die meiste Zeit seiner Werktage bei den Bauern. So ist es nicht überraschend, daß die Wolfsheimer Kinder sich zum *Purim*-Kostümfest als Bauernpaar verkleideten.

10. Die Universität

Viele jüdische Eltern hatten den Wunsch, ihre Söhne und Töchter auf die Universität zu schicken, damit sie studieren und es später ein wenig besser haben sollten. Medizin, Zahnmedizin und Jura waren die bevorzugten Studienfächer, aber auch Mathematik, Geschichte und Philosophie wurden gewählt. Nur waren die Aussichten, es auf diesen Gebieten zu etwas zu bringen, sehr viel geringer. Philosophie war, wie bereits erwähnt, ein Pflichtfach für die angehenden Rabbinen in Württemberg, die neben ihrer *Semicha*, der eigentlichen Ausbildung, noch einen Doktorgrad in Philosophie erwerben mußten.

75 A. W. V. Veda, Würzburg (Akademisch Wissenschaftliche Verbindung Veda, Würzburg). Die studentischen Verbindungen waren ein wichtiger Bestandteil des akademischen Lebens in Deutschland. Viele allerdings nahmen keine Juden auf, die deshalb eigene Verbindungen gründeten, ganz nach dem Vorbild der anderen.
Es gab alle Arten von Verbindungen, deren Mitglieder sich nach gewissen programmatischen Gesichtspunkten zusammenschlossen, etwa religiösen, politischen, geographischen etc. In Würzburg existierten zahlreiche Verbindungen, drei davon waren rein jüdisch, eine aber auch gemischt. Ausschlaggebend für die Wahl, die ein Student traf, war zunächst einmal, ob er einer schlagenden oder einer nicht-schlagenden Verbindung beitreten wollte oder einer, in der beide Möglichkeiten gegeben waren. Die Verbindung des A. W. V. Veda, deren Mitglied ich wurde, gehörte zur dritten Kategorie mit sogenannter »bedingter Satisfaktion«, wie der Fachausdruck lautete. Zwei Semester lang war man erst einmal »Fuchs«, dann wurde man »Bursche« und nach Studienabschluß – mit etwa 25 Jahren – war man ein »Alter Herr«.

76 Die Führung, genannt »Chargierte«, wurde von den »Burschen« gewählt. Das Wahlergebnis mußte jedoch von den »Alten Herren« gutgeheißen werden. Den Kern der Verbindung bildeten die »Burschen« mit von ihnen gewählten »Chargen« an der Spitze. Die »Füchse«, Diener der Verbindung, hatten nichts zu sagen. In Angelegenheiten der Verbindung und auch schon in Gegenwart eines »Burschen« gab es tatsächlich noch so etwas wie absoluten Gehorsam für die »Füchse«. Verstöße dagegen konnten den vorübergehenden oder gar dauernden Ausschluß aus der Verbindung zur Folge haben. Bei besonderen Anlässen hatten die »Chargen« in voller Uniform zu erscheinen, begleitet von ihrem ebenfalls uniformierten »Fuchs«. – Die Aufnahme zeigt »Chargierte« der Rheno Palatia und A.W.V. Veda, Würzburg, im Jahre 1932.

77 Bruno Stern als »Fuchs«. Schon im Gymnasium hatte ich einer Schülerverbindung angehört, was damals durchaus nicht ungewöhnlich war. In diesen Schülerverbindungen spielte die Religionszugehörigkeit keine Rolle. Ansonsten waren sie nach demselben Muster wie die Studentenverbindungen organisiert. Als ich zum Studium nach Würzburg ging, war es nur natürlich, daß ich auch hier einer Verbindung beitreten wollte, sofern man mich annehmen würde. Viele Studenten kritisierten aber die Verbindungen generell und hielten deren Konzept und Aktivitäten für längst überholte Relikte aus dem vergangenen Jahrhundert. – Zu den vielleicht weniger wichtigen Dingen, die man in einer Verbindung lernte, gehörte das Trinken, d. h. man mußte große Mengen von Alkohol verkraften können, ohne jedoch betrunken zu werden. Dreimal pro Woche war Fechten, eine obligatorische Übung für die ersten beiden Semester. – Rückblickend muß ich sagen, daß mir die Zeit in der Verbindung sehr gefallen hat. Sie hatte einen wesentlichen Einfluß auf die Persönlichkeitsbildung und machte aus uns Jungen erst richtige Männer.

78 Karnevalsfeier. Ein wichtiger Aspekt des Verbindungslebens war seine gesellschaftliche Funktion. Die ortsansässigen Familien wetteiferten untereinander um Eintragung ihrer Töchter in die Vorschlagslisten der Kandidatinnen, die zu unseren Tanzabenden und anderen Festlichkeiten eingeladen wurden. Dort ging es oft sehr formell zu, so daß »Damenbegleitung« notwendig war. Die »Füchse« bekamen ihre Mädchen für den Ball einfach zugeteilt, die »Burschen« konnten selbst wählen, allerdings nur im Rahmen der offiziellen Liste; Mädchen, die nicht darauf standen, kamen nicht in Betracht. Die für die Planung der Feste Verantwortlichen hatten zu beachten, daß immer mehr junge Männer als Damen da waren. Kein Mädchen mußte also befürchten, womöglich keinen Tanzpartner zu bekommen. Einmal im Jahr, während der Karnevalszeit, fand ein großer Maskenball statt. Um diese Zeit war ganz Würzburg ausgelassen und närrisch, jeder war mehr zu Spiel und Spaß aufgelegt als zum Studieren (das mußte man später dann nachholen). Die Karnevalstage fielen gewöhnlich mit unserem *Purim*-Fest zusammen. Zum Tanzabend an *Purim* durften die Teilnehmer ausnahmsweise Mädchen ihrer eigenen Wahl mitbringen; die Partnerinnen kamen oft aus entfernten Städten angereist, und es galt als eine große Ehre, eingeladen zu werden. – Auch viele der »Alten Herren«, die ja eigentlich noch gar nicht so alt waren, kamen mit ihren Freundinnen. – Der große Karneval/*Purim*-Ball, auf dem die obige Aufnahme entstand, lief unter dem Motto »Abend in Paris« und fand Ende Februar 1933 statt. Er war das letzte große gesellschaftliche Ereignis der A. W. V. Veda. Die Verbindungsbrüder und ihre Damen kamen von nah und fern, um im großen Ballsaal des Veda-Hauses mitzufeiern. Wenige Monate später wurde das schöne Gebäude von SA-Leuten besetzt, und die A. W. V. Veda hörte auf zu existieren.

II. Von der Machtergreifung zur Emigration

1. Vor dem Umbruch

Die Zeit nach dem Ersten Weltkrieg war schwer. Die Juden waren größtenteils Kauf- und Handelsleute, die Nichtjuden mehr Handwerker und Bauern, doch gab es auch unter ihnen einige Kaufleute. Fast alle aber mußten, um einigermaßen über die Runden zu kommen, mehr als einen einzigen Beruf ausüben. Mein Vater war zugleich Kaufmann, Ladeninhaber und Bauer, aber auch Berichterstatter für die Lokalzeitung und in späteren Jahren noch Rechtsberater. Außerdem hatte unsere Familie eine amtliche Lizenz, die uns gestattete, alkoholische Getränke zu verkaufen; eine Sondererlaubnis, die meinen Vorfahren einst beim Bestreiten des Lebensunterhalts geholfen hatte. Wir selbst verkauften die Getränke nur noch an zwei bis drei Tagen pro Jahr, meist wenn ein Jahrmarkt stattfand, und auch nur an einige Nachbarn und Freunde – gerade soviel, daß uns die Sondergenehmigung weiter erhalten blieb. Die Ausnahme war ein sehr alter Schmied aus dem Nachbarort Oberstetten, der bereits zur Zeit meines Großvaters oft herübergekommen war: er besuchte uns regelmäßig jede Woche auf seinem Weg ins Städtchen und trank bei uns seinen gewohnten Schoppen. Überhaupt war vieles, was man tat, durch Tradition und Gewohnheit maßgeblich bestimmt.

Obwohl, wie schon erwähnt, keiner ein leichtes Leben hatte in den unsicheren Jahren der Nachkriegszeit, empfand man es doch als ein gutes Leben. Die Menschen waren bemüht, einander zu helfen, und es spielte dabei keinerlei Rolle, zu welcher Konfession man gehörte. Sie teilten Freud und Leid – und meist ist das Leid im Rückblick verblaßt, während die guten Tage in fester Erinnerung blieben. Natürlich gab es auch Leute, die etwas gegen uns Juden hatten, genauso wie es Protestanten gab, die keine Katholiken mochten, und umgekehrt. Alles in allem aber muß ich zum Lob der Niederstettener sagen, daß grundsätzlich keine Feindseligkeiten existierten. Wenn ein Fest stattfand oder eine Vereinsveranstaltung oder ein Sportereignis, herrschte Eintracht. Bürgermeister Schroth wies in seinen Ansprachen oft ausdrücklich auf das harmonische Nebeneinander aller Religionsgemeinschaften hin, wie es in unserer Kleinstadt praktiziert wurde.

Niederstetten hatte zahlreiche Vereine. Mein Vater war Mitglied des Gewerbevereins (und wurde als solches nach dem Ersten Weltkrieg zum Stadtrat gewählt, ohne auf der Liste einer politischen Partei gestanden zu haben; er war sehr beliebt, einmal schnitt er bei diesen Wahlen sogar als zweitbester ab, was beweist, daß er in allen Kreisen Freunde hatte).

Anfang der zwanziger Jahre litt ganz Deutschland, wie man weiß, unter einer galoppierenden Inflation und wirtschaftlichen Katastrophe von großem Ausmaß. Viele Menschen verloren alles, was sie besaßen, und an allem herrschte Mangel. Die Geschäftsleute konnten ihre Tageseinnahmen nicht einmal über Nacht im Haus behalten, sondern mußten das Geld sofort ausgeben – wie jeder, der Geld in die Hand bekam –, weil es am nächsten Tag sehr viel weniger wert war. So bestanden die Geschäfte oft aus einem einfachen Tauschhandel. Wer keinen Laden und keinen Garten für Eigenanbau, keine Hühner oder Kühe hatte, der war besonders schlecht dran, weil er nicht auf Naturalien zurückgreifen konnte. Aber trotzdem half jeder jedem weiter, und irgendwie wurde der Existenzkampf gemeistert. An dieser Stelle seien zwei jüdische

79 Stimmzettel zur Wahl des Stadtrats. Der Gewerbeverein, bei welchem mein Vater Mitglied war, verband die Aufstellung seiner Kandidaten mit den Vorschlägen der Deutschen Demokratischen Partei.

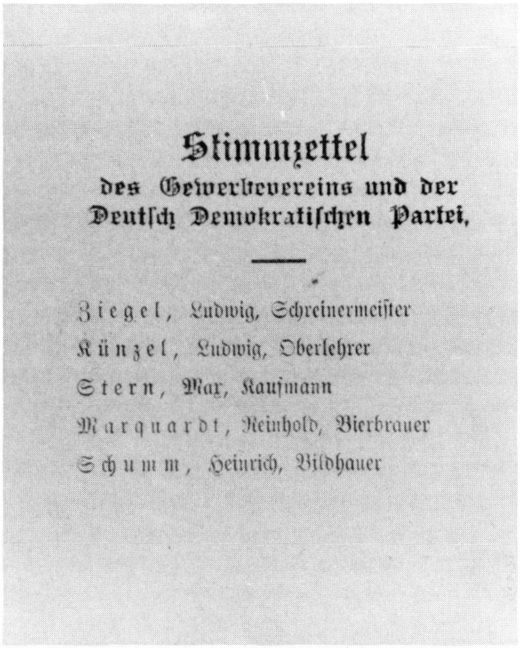

**Stimmzettel
des Gewerbevereins und der
Deutsch Demokratischen Partei.**

Ziegel, Ludwig, Schreinermeister

Künzel, Ludwig, Oberlehrer

Stern, Max, Kaufmann

Marquardt, Reinhold, Bierbrauer

Schumm, Heinrich, Bildhauer

Familien namentlich erwähnt, deren Vorfahren aus Niederstetten stammten, und die nun in der Notzeit aus dem Ausland Hilfe leisteten. Erstens die Nachkommen von Abraham Selz, der als Sohn eines Seilers in Niederstetten geboren war und seinen Heimatort im Jahre 1840 verlassen hatte, um in die USA auszuwandern, wo er zuerst in New York arbeitete, dann, zur Zeit des Goldrauschs, nach Kalifornien ging und sich schließlich in Chicago niederließ. Hier wurde er ein reicher Mann. Sein ganzes Leben hindurch hatte er den Wunsch, noch einmal zurückzukommen und Niederstetten zu besuchen. Es war ihm nicht vergönnt, doch bat er seine Kinder, sich um die Heimat der Vorfahren zu kümmern, was diese ernst nahmen. In den zwanziger Jahren schickten sie Geld und Lebensmittelpakete an alle Bürger von Niederstetten, die in Not waren, egal welchem Glauben sie angehörten. – Die zweite Stelle, von der in jenen schweren Tagen Hilfe kam, war Wilhelm Bernheim, Sohn eines Kantors und Lehrers, der gegen Ende des neunzehnten Jahrhunderts in Niederstetten gewirkt hatte. Wilhelm Bernheim war Inhaber eines Spitzen-Geschäfts in St. Gallen, Schweiz. Wegen seiner großen Verdienste um die Heimat ernannte Niederstetten ihn zum Ehrenbürger.

Während meiner Schulzeit besuchte ich zuerst die Volksschule in Niederstetten, dann die weiterführende Schule in Bad Mergentheim und schließlich die letzten Jahre das Gymnasium in Tauberbischofsheim, seit etwa 1928, als ich sechzehn Jahre alt war. Einige siebzehn- und achtzehnjährige Schüler zeigten sich zu dieser Zeit schon politisch interessiert, so einer namens Leo Butz, der im Verdacht stand, zur Partei der Nazis zu gehören. Einmal wurde ich gefragt, ob ich irgend etwas darüber wüßte. Aber ich hatte keine Ahnung. Ich kann nur sagen, daß er immer freundlich und höflich zu mir gewesen war. Solange wir noch die Schule besuchten, konnte seine Mitgliedschaft auch niemals endgültig bewiesen werden.

Um das Jahr 1930 kam ein Eisenbahnbeamter mit Namen Kraushaar nach Niederstetten. Er war bekannt als Mitglied der NSDAP und sorgte auch dafür, daß jeder es erfuhr. Eines Nachmittags spielte Kraushaar im Hotel-Restaurant »Zur Post« mit einem blondhaarigen Partner Domino. Als das Spiel beendet war, näherte sich ein dunkelhaariger Mann und fragte Kraushaar, ob er mit ihm weiterspielen wollte. Kraushaar gab zur Antwort: »Mit Juden spiele ich nicht.« Wie es der Zufall wollte, war aber gerade der blonde Domino-Spieler ein jüdischer Arzt gewesen und der dunkelhaarige Frager ein Christ, noch dazu der Direktor der Niederstettener Bank. Unberührt von derartigen Peinlichkeiten, versuchte Kraushaar trotzdem seine Ideologie in der Kleinstadt zu propagieren und setzte alles daran, eine Ortsgruppe der NSDAP zu gründen. Eines Tages wurde bekannt gegeben, daß an einem der nächsten Abende in der Bahnhofsgaststätte ein Treffen aller interessierten Bürger stattfinden sollte mit dem Ziel, die Ortsgruppe ins Leben zu rufen und neue Mitglieder für die Partei anzuwerben.

Mein Vater hat niemals einer politischen Partei angehört, war aber zeitlebens couragiert genug, um offen Kritik zu üben, sobald er das Gefühl hatte, daß irgend ein Unrecht geschah. So konnte es niemanden überraschen, daß unter den Gästen, die zur angegebenen Zeit die Wirtschaft am Bahnhof füllten, auch Max Stern saß. Kraushaar begann mit den Punkten der Tagesordnung. Er war schlau genug, nicht gegen die Anwesenheit meines Vaters zu protestieren. Punkt für Punkt, nach dem üblichen Schema, baute er nun seine Propaganda-Rede auf. Vater hielt mit seinen Einwänden nicht zurück und versuchte zu erklären, daß sich der Nationalsozialismus ja nicht nur gegen die Juden wandte, sondern auch eine Rückkehr zum heidnischen Denken und letztlich eine Abkehr von der demokratischen Staatsform darstellte. Kraushaar fragte daraufhin: »Woher wollen Sie denn das alles wissen?« Und mein Vater gab zur Antwort: »Aus Ihren Zeitungen und Büchern.« Das Streitgespräch ging hin und her, bis Kraushaar auf die Frage meines Vaters: »Haben Sie denn jemals eine persönliche Begegnung oder irgend ein Erlebnis mit einem Juden gehabt?« eingestehen mußte: »Ich habe nur ein einziges Mal mit einem Juden zu tun gehabt, das war im Ersten Weltkrieg, ich war damals Kriegsgefangener auf Korsika (oder Sardinien?). Wir waren alle schwer krank. Ein jüdischer Arzt behandelte uns – und rettete uns das Leben.« – Kraushaar wurde einige Zeit später Mitbegründer der NSDAP-Ortsgruppe von Niederstetten.

In den zwanziger Jahren schon gab es zahlreiche politische Parteien, angefangen bei den Zentrumsparteien bis hin zum rechten und linken Flügel in allen Schattierungen. Nur die Extremisten hatten lange Zeit keinen Platz gehabt. Von 1930 an änderte sich das jedoch spürbar, nicht nur in Niederstetten. Ganz Deutschland steuerte mehr und mehr auf einen Extremismus sowohl der Rechten wie der Linken zu. Viele Bürger, die vorher den Mittelweg eingeschlagen hatten, wußten nicht, wen sie überhaupt noch wählen sollten. Die wirtschaftlichen Aussichten wurden überdies immer schwärzer. Von jenseits des Atlantiks griff die große Depression der USA über. Viele politische Parteien waren jetzt quasi-militärische Verbände. Eine Regierung nach der anderen kam zu Fall. In den Städten gab es Straßenschlachten der Rechten wie der Linken.

Natürlich schafften diese politischen Ereignisse Unruhe in den jüdischen Gemeinden. Im Sommer 1932 berief die Organisation *Agudas Israel*, die einen guten Namen und viele Anhänger unter der jüdischen Landbevölkerung hatte, eine Zusammenkunft aller jüdischen Gemeinden aus dem Taubertal und dessen Umgebung ein. Motto der Tagung war: »Können wir noch Optimisten sein?« Aus den Kleinstädten und Dörfern strömten die Zuhörer herbei. Und all die »hohen Tiere« kamen in ihren beeindruckenden Ansprachen zu dem gemeinsamen Schluß, daß wir durchaus optimistisch bleiben könnten. Nichtsdestoweniger verdichteten sich die Wolken der politischen Auseinandersetzungen, und die ständig wechselnden Regierungen wurden immer schlechter, bis am 30. Januar 1933, einem Montag, Reichspräsident von Hindenburg, der General, der vom Zentrum und den links vom Zentrum stehenden Parteien gewählt worden war, Adolf Hitler, seinen Gegenspieler bei der letzten Wahl, zum Reichskanzler einer nationalsozialistisch-deutschnationalen Koalition ernannte. Ich war an diesem Tag in Würzburg, wo ich mich seit Frühjahr 1932 an der Universität als Student eingeschrieben hatte. Sobald die Ernennung Hitlers publik wurde, waren die Straßen plötzlich voller uniformierter Braunhemden. Am Abend bewegte sich ein Fackelzug durch die Hauptstraßen, angeführt von einer Kapelle, die Nazi-Lieder spielte. Und die Marschierenden sangen mit. – Am nächsten Morgen sprachen die Zeitungen von einem »spontanen Gefühlsausbruch« des einfachen Volkes. Wer diesen »spontanen« Ausbruch miterlebt hatte, wußte allerdings, daß er sehr gut vorbereitet gewesen war. Von vielen Häusern sah man die rote Hakenkreuzfahne wehen, hier und da auch schwarz-weiß-rote Flaggen. Aber die schwarz-rot-goldene Flagge der Republik war ganz und gar von der Szene verschwunden.

80 Die neuen Fahnen. Würzburg, Augustinerstraße. Die Bayern behaupteten in der ersten Zeit nach der Machtergreifung noch ihren Sonderstatus, so daß man auch viele schwarz-weiß-rote Flaggen sah. Schwarz-Rot-Gold, die Farben der Republik, waren ganz verschwunden.

Unter der jüdischen Bevölkerung breitete sich Ratlosigkeit aus. Was nur war von der neuen Situation zu halten, und wie sollte man darauf reagieren? Sogar auf der Universität kamen nun viele Studenten in voller SA-Uniform zu den Vorlesungen. Und niemand hatte etwas dagegen einzuwenden.

Über all dieser Aufregung packte mich bald eine schlimme Erkältung, und zur Genesung fuhr ich heim nach Niederstetten. Anfang Februar wurde auf dem Land seit altersher ein besonderer Feiertag begangen, und zwar speziell für Knechte, Mägde und Haushaltshilfen. Sie boten ihre Dienste nämlich jeweils vom 2. Februar des einen bis zum 2. Februar des nächsten Jahres an. Diejenigen, die eine neue Stelle suchten, konnte man sofort daran erkennen, daß sie ihre Hüte mit Zweigen geschmückt hatten. In den Gaststätten und auf dem Marktplatz herrschte reges Treiben. – Wir hatten an diesem Tag Marie Sternheimer, eine Cousine meiner Mutter aus der Stadt, zu Besuch. Um etwa vier Uhr nachmittags brachte Mutter den Gast zum Bahnhof am anderen Ende des Ortes. Sie überquerten den Marktplatz, wo man sie als Juden erkannte und ihnen zurief: »Ihr werd g'schächt, ihr werd g'schächt!« Als Mutter vom Bahnhof nach Hause kam, erzählte sie uns, was sie erlebt hatte. Wir wußten nicht, ob wir die Drohung als einen Sonderfall oder als Signal für eine allgemeine Stimmung betrachten sollten. In jedem Fall konnte man aber erkennen, daß der »Geist« der erst drei Tage alten Regierung schon bis in das kleinste Dorf hindurchgedrungen war. Vom allerersten Tag der Machtverschiebung an wurden die deutschen Rundfunksender, die dem Staat gehörten, zu eindeutigen Werkzeugen der Propaganda. Man forderte allenthalben Neuwahlen. Noch am Abend des zweiten Februar rief der Bauernverein zu einer Zusammenkunft im Gasthof zum Löwen auf. Dieser Gasthof hatte den größten Tanzsaal in Niederstetten. Die Halle des Turnvereins, die noch größer war, durfte nicht für politische Tagungen benutzt werden. Der Tanzsaal im Löwen war zum Bersten voll. Wie auf dem Land üblich, waren ausschließlich Männer gekommen.

Auch mein Vater hatte sich verpflichtet gefühlt, hinzugehen und vor der wachsenden Vergiftung durch die Feinde der Republik zu warnen, die auf einmal den Kopf so hoch tragen konnten. Zwei Mitglieder der jüdischen Gemeinde begleiteten ihn, gingen aber nicht mit in das Lokal hinein, sondern blieben im Vorhof, von wo aus sie hören konnten, was drinnen vorging. Vater bat um Gehör, und als er an die Reihe kam, wandte er sich ohne Hemmung an die vielen Menschen. Er war ein guter Redner und hatte sein Publikum jedesmal aufgerüttelt. An diesem Abend nun sprach er mit besonderer Leidenschaft und Eloquenz. Nachdem das letzte Wort seiner Rede verklungen war, verharrten hunderte von Zuhörern in lautloser Stille. Es war, genaugenommen, ein eisiges Schweigen. Dann machte man Platz und ließ meinen Vater aus dem Saal gehen. – Draußen im Hof sagten die beiden Freunde, daß er diesmal seine beste Rede gehalten hätte und das zur bestmöglichen Stunde. Aber keiner der Anwesenden hatte den Mut gehabt zu applaudieren, wenngleich sie wohl so etwas wie Respekt spürten und meinen Vater wenigstens nicht auspfiffen. Doch auch er war sprachlos, als er nach Hause kam, sprachlos und schockiert über das, was er im Löwen erlebt und beobachtet hatte.

Die Nazi-Partei von Niederstetten war seit ihrer Gründung stetig angewachsen. Parteiführer war ein Herr Thomas, von Beruf Bäcker; er arbeitete in der Bäckerei seines Vaters in der Langen Gasse. Thomas warb sehr aktiv unter der Jugend Niederstettens und auf den umliegenden Bauernhöfen, dort insbesondere bei den landwirtschaftlichen Hilfskräften. In Niederstetten selbst hatte er nicht allzu großen Erfolg. Übrigens gingen auch die in der Langen Gasse wohnenden Juden noch in die Thomassche Bäckerei einkaufen wie all die Jahre zuvor. Ja, im Haus des Bäckers wohnte sogar eine jüdische Familie zur Miete, und niemals hörte man von irgendwelchen Spannungen oder Streitigkeiten unter den beiden Parteien. – Einer der Mitwerber für die Partei, die den jungen Thomas unterstützten, war ein Mann namens Hachtel, ein Reichsbahnangestellter (wie Kraushaar). Schließlich muß ich auch noch Willi Härterich erwähnen, den Sohn unseres guten Freundes und Nachbarn. Willi war leider dem Nazi-Zauber völlig verfallen. Die anderen Familienmitglieder jedoch hielten in treuer Freundschaft zu uns, bis wir Niederstetten verlassen mußten.

In jenem Februar 1933 blieb ich nur ein paar Tage zu Hause und fuhr dann wieder nach Würzburg, um mein Studium nicht zu lange zu unterbrechen, aber auch um bei den Vorbereitungen für unser *Purim*-Fest mitzuhelfen. Es sollte ein großer Ball stattfinden, den meine Studentenverbindung auf Samstag, den 25. Februar, festgesetzt hatte. Diese Verbindung war nach den alten Statuten der studentischen Bruderschaften an deutschen Universitäten organisiert, verstand sich also als durch und durch deutsche Einrichtung. Bevor ich nach Würzburg gekommen war, während meiner Gymnasialzeit, hatte ich auch bereits zu einer Verbindung gehört, die Schüler und Studenten aller Glaubensrichtungen aufnahm. In Würzburg nun wählte ich eine Bruderschaft, die ausschließlich aus jüdischen Studenten bestand, die A. W. V. Veda (Akademisch wissenschaftliche Verbindung Veda). Fechten, Mensur, Trinken, die Pflege gewählter Umgangsformen, akademische Leistungen, das waren die Schwerpunkte, auf die man dort, wie in anderen Verbindungen auch, besonderen Wert legte. – Jetzt aber waren alle Brüder tatkräftig für die Feier des karnevalähnlichen *Purim* engagiert. Die Veda hatte ein eigenes Haus, in dem alle offiziellen Anlässe begangen wurden und viele gesellschaftliche Veranstaltungen stattfanden. Verbindungsbrüder wohnten aber nicht dort, sie waren alle privat bei Würzburger Familien untergebracht. Ich selbst hatte damals mein Zimmer bei der Schwiegermutter meines Onkels Hermann Stern, der einige Jahre vorher in die Vereinigten Staaten ausgewandert war. Zu diesem Schritt sah er sich gezwungen, weil es zunehmend schwerer wurde, in Würzburg nicht anders als in anderen Städten Deutschlands, noch seinen Lebensunterhalt zu verdienen. Der Schock des Börsenkrachs von 1929 hatte sich ja wellenartig in alle Länder der Welt fortgesetzt und sämtliche Schichten der Bevölkerung in Mitleidenschaft gezogen. Mutter Marx, wie wir die Schwiegermutter des Onkels nannten, verdiente sich ein bißchen Geld, indem sie zwei Zimmer ihrer Wohnung an Studenten vermietete. Das Zimmer neben mir bewohnte zuerst ein Medizinstudent namens Kahn aus Gemünden am Main; Kahn war aktiv in der Studentenselbstverwaltung der Universität und gehörte keiner Verbindung an, da diese, seiner Ansicht nach, ihren Sinn und Zweck überlebt hatten. Dieser Untermieter suchte sich aber schon bald ein anderes Zimmer, und mein neuer Kamerad wurde Laszlo Schwarz, ein Student aus Ungarn. Wir beide waren schnell die besten Freunde.

2. Die Machtergreifung

Ansonsten stand der Februar 1933 in ganz Deutschland unter dem Zeichen der bevorstehenden Neuwahlen, die auf den 5. März angesetzt waren. Inzwischen hatte man viele Mitglieder der Oppositon entweder ins Zuchthaus gebracht oder sie waren einfach »verschwunden«. Alles geschah im Dunkel der Nacht und unter dem Vorwand, daß man das deutsche Volk vor seinen Feinden schützen müsse. Fragte sich nur: wer waren eigentlich diese Feinde? Weder über den Rundfunk noch durch die Zeitungen erfuhr man irgend etwas von den Einkerkerungen und vom Verschwinden einzelner. Allmählich gingen die unglaublichsten Geschichten von Mund zu Mund, und hier und da berichtete sogar eine ausländische Zeitung über die Vorfälle – aber solche Meldungen wurden als unwahr gebrandmarkt und für Erfindungen der Feinde des Deutschen Reiches ausgegeben.

Am Freitag, dem 24., und Samstag, dem 25. Februar, reisten Mädchen und junge Männer aus allen Gegenden des Landes herbei, um den Maskenball unserer Verbindung mitzufeiern. Aus Erlangen kam meine Freundin Amalie Bauer. Samstag nachmittags gingen wir in unser Veda-Stammcafé, das Königscafé. Solche offiziell reservierten Lokale waren in Universitätsstädten eine typische Einrichtung. Es trafen sich nur Verbindungsstudenten dort. Jede Verbindung hatte ihren eigenen festen Tisch oder auch mehrere Tische mit einer Miniatur-Fahne der Verbindungsfarben am Kopfende. Die offiziellen Treffs im Café begannen bei uns um dreizehn Uhr dreißig, und man hatte pünktlich da zu sein. Auch am 25. Februar erschienen alle Verbindungsbrüder auf die Minute genau mit ihren Freunden oder Freundinnen. Wir mußten noch weitere Tische dazustellen, weil es soviele Personen waren.

Normalerweise saß man hier nur, um die anderen wieder einmal zu sehen und um selbst gesehen zu werden; nach einer halben Stunde stand man gewöhnlich wieder auf und ging fort. Diesmal war es aber ganz anders, da die Gäste von außerhalb alles Mögliche zu erzählen wußten. Wir hörten beunruhigende Geschichten, legten ihnen aber keine weitere Bedeutung bei, denn jeder dachte, daß die neuen Machthaber nicht viel anders seien als ihre Vorgänger auch. Wenn sie eine Weile regiert hätten, würden sie schon gestürzt werden – das hatten wir ja bei den anderen gesehen. Und was unsere Freunde da erzählten, waren sicher nur lokale Ausschreitungen. Wir konnten uns nicht vorstellen, daß der Chef einer Regierung Vorfälle, wie sie hier geschildert wurden, geduldet hätte.

Unser Maskenball war großartig, und alle waren glücklich. Wir tanzten bis in die frühen Morgenstunden. Gegen Sonntag mittag trafen sich viele Teilnehmer dann noch einmal in einer Gaststätte (Stachel) zu einem Glas Wein. Danach mußte ich mich von meiner Freundin verabschieden. Was für herrliche Tage waren das gewesen! Das Fest begeisterte uns noch lange im nachhinein – und überhaupt erschien uns das Leben einfach wunderbar! Keiner von uns beiden hatte auch nur die leiseste Vorahnung, daß dies ein Abschied für immer werden sollte und wir uns niemals wiedersehen würden.

Die Wahlen rückten näher, und noch wußten viele Bürger nicht, welche Kandidaten oder welche Partei sie wählen sollten. Eines Tages traf ich beim Umsteigen auf dem Bahnhof von Lauda einen jüdischen Bekannten, bei dem ich während meiner Schulzeit in Tauberbischofsheim gewohnt hatte. Er war von Beruf Pferdehändler und, wie ich vermute, damals um die sechzig. Sein Geschäft ging miserabel, er wußte nicht mehr aus noch ein. »Bruno«, fragte er mich, »wen sollen wir nur wählen?« Ich mußte ihm gestehen, daß ich mir selbst noch nicht im klaren war. Und er daraufhin: »Es ist sowieso alles zum Kotzen, ich weiß nicht mehr weiter!« Halb im Spaß, halb im Ernst setzte er schließlich noch hinzu: »Vielleicht sollen wir ihm (Hitler) doch eine Chance geben!?« Ich war ganz unglücklich über soviel Verzweiflung.

Breite Schichten des Volkes wußten tatsächlich nicht, was der Nationalsozialismus in seiner deutschen Version alles bedeuten konnte. Es wäre daher auch falsch zu behaupten, daß gerade die Einwohner von Niederstetten »hinterm Mond« gelebt hätten. Es gab viele intelligente und lebenskluge Bürger unter uns. Nur hielt der Kampf um die eigene Existenz und andere Interessen wie Singen, Turnen und Kirche sie davon ab, die Welt um sich herum etwas genauer unter die Lupe zu nehmen. Die Mentalität dieser Leute kann man als konservativ im besten Sinn des Wortes bezeichnen.

Wie schon erwähnt, besaß der Turnverein von Niederstetten eine große Turnhalle, die größte Halle am Ort, die laut Satzung nicht für politische Veranstaltungen genutzt werden durfte. In den Tagen des Umbruchs nun stellte ein Vereinsmitglied den Antrag auf Änderung der Bestimmungen. Über den Vorschlag, den Raum von jetzt an auch an politische Parteien zu vermieten, sollte die Wahl entscheiden. Die Mitglieder wurden einberufen. Natürlich war nur eine einzige Partei an der Nutzung der Halle interessiert, und das waren die Nazis. Es kam zur Verlesung des Antrags und zur Anhörung der einzelnen Stimmen. Fast alle Vereinsmitglieder waren erschienen, und viele von ihnen meldeten sich zu Wort. Auch mein Vater hielt eine Ansprache und erklärte sich gegen die Änderung der Satzung. Unter den Zuhörern saß der evangelische Pfarrer Umfrid. Mein Vater schätzte diesen Mann sehr, der um 1930 nach

Niederstetten versetzt worden war und sich sehr großer Beliebtheit erfreute. Einmal hatte Umfrid sogar Samstag morgens unsere Synagoge besucht, um sich ein Bild vom Ablauf des jüdischen Gottesdienstes zu machen. Ein andermal war er zur *Seder*-Feier bei uns zu Hause gewesen. Er war ein durch und durch freundlicher und toleranter Mensch. Pfarrer Umfrid hatte zu Beginn der Veranstaltung gesagt: »Um gerecht zu sein, müssen wir jeden anhören, der etwas zu sagen hat!«

Endlich wurden die Stimmen eingesammelt. Ohne Vorbehalte nahmen fast alle Mitglieder den so arglos erscheinenden Vorschlag der Nutzungserweiterung ihrer Turnhalle an – mit Ausnahme der wenigen Juden, die sich überhaupt an der Wahl beteiligten.

Dann kam der 27. Februar, ein Montag, und mit ihm (in der Nacht zum Dienstag) der Reichstagsbrand. Es war ein offenes »Geheimnis«, wo man die Brandstifter zu suchen hatte, aber der Propagandaapparat schob die alleinige Schuld auf diejenigen Gruppen, die nichts mit den Nazis zu tun haben wollten. Gleich am nächsten Tag erließ die Regierung eine Notverordnung »zur Abwehr kommunistischer Gewalttaten«, die praktisch die wichtigsten Grundrechte, und damit jede persönliche Freiheit, außer Kraft setzte. Von nun an konnten die Machthaber aufgrund ihrer eigenen Druckmittel ihre Vorstellungen noch rigoroser verfolgen. In derselben Woche noch verließen viele Parlamentarier, welche die Zeichen richtig erkannten, aus Protest ihre deutsche Heimat. Aber viele blieben auch da und versuchten, die Grundrechte ihrer Wähler zu verteidigen, woraufhin sie geradewegs in die neu errichteten Konzentrationslager geschickt wurden, »zu ihrem eigenen Schutz«, wie es hieß, da »das Volk für solche Halbheiten nicht zu haben« wäre. Am Sonntag, dem 5. März, war Wahltag. Bis dahin befanden sich die meisten Abgeordneten der Oppositionsparteien im Zuchthaus oder waren ins Ausland geflohen. Die Nazis erhielten zwar noch nicht die absolute Mehrheit der Stimmen, gingen aber als größte Partei aus der Wahl hervor, zumal einige der kleineren Parteien, nachdem sie ernstlich bedroht und hinter den Kulissen unter Druck gesetzt worden waren, für die NSDAP votierten.

Etwa um diese Zeit wurde die rituelle Schlachtung gesetzlich verboten. Die Juden in Süddeutschland, insbesondere in ländlichen Gebieten, hatten sich immer streng an ihre religiösen Vorschriften und also auch an die rituelle Schlachtung gehalten. Fast alle Juden auf dem Land lebten *koscher*, d. h. sie nahmen nur Speisen zu sich, die den Vorschriften entsprachen. – Zuerst wurden noch geringe Mengen Fleisch aus ritueller Schlachtung von Holland nach Deutschland importiert, aber viele Juden mußten schon ganz darauf verzichten oder den Verzehr von Fleisch zumindest drastisch einschränken. Andere nahmen es nicht so ernst, paßten sich den veränderten Bedingungen an und kauften, was zu haben war. Diese Lebensweise nannte man dann einfach »neu-koscher«. Hier und da wurde aber auch heimlich geschlachtet, doch hätte meine Familie an solch verbotenen Orten niemals etwas gekauft. Bei uns gab es von jetzt an nur sehr selten Fleisch. – Gerson Rosenthal, der *Schammes* von Niederstetten, der weiter rituell schlachtete und in Niederstetten und Umgebung verkaufte, wurde tatsächlich eines Tages von der Ortspolizei erwischt. Aber der Beamte beschlagnahmte nur die Messer und nahm sie mit sich.

Jeder Tag brachte neue Schwierigkeiten, und niemand wußte, was ihn am nächsten Morgen wieder Schlimmes erwartete. Ich aber war noch jung und freute mich deshalb auf Freitag, den 17. März, meinen einundzwanzigsten Geburtstag, den ich zu Hause bei meinen Eltern verbrachte. Groß gefeiert wurde nicht, aber uns genügte es schon, beieinander zu sein. Aus gegebenem Anlaß gab es zum »Festessen« sogar ein Stückchen Fleisch. – Wir hatten damals übrigens noch eine christliche Hausangestellte, ihr Name war Frieda.

Mein Vater versuchte in dieser Zeit auf alle erdenkliche Weise, sein berufliches Fortkommen zu sichern, um die Familie über Wasser zu halten. Wir hatten einen kleinen Laden – Leder- und Fellartikel –, der lange Jahre unsere Haupteinnahmequelle war. Jetzt aber lief das Geschäft sehr schlecht. Unser Wagen stand bereits seit drei Jahren ungenutzt in der Garage, weil wir keinen Fahrer mehr hatten. Zum Glück war mein Vater jedoch ein sehr gebildeter Mann, so daß er, um ein wenig dazuzuverdienen, als Rechtsberater arbeiten konnte und beim Ortsgericht zugelassen wurde.

Am Abend meines Geburtstags zogen wir uns gerade festlich an, um den Gottesdienst in der Synagoge zu besuchen, als ein Polizist klingelte. Es war Herr Dodel, ein großer, gutaussehender Mann, der bei der Bewerbung um seinen jetzigen Posten meinen Vater einst um Hilfe gebeten hatte. Diesmal zeigte er ein finsteres, nachdenkliches Gesicht, trat in unser Wohnzimmer, richtete sich hoch auf, ganz amtliche Person, und suchte nervös nach einem Papier in seiner Tasche. Vater, Mutter und ich standen um ihn herum, Frieda blieb draußen vor der geöffneten Tür. Schließlich hielt Dodel meinem Vater einen angeblichen Durchsuchungsbefehl entgegen: »Herr Stern, ich habe Befehl, Ihr Haus nach verbotener Literatur zu durchsuchen und Ihre Korrespondenz zu überprüfen. Wo sind Ihre Papiere und Bücher?« Wir standen einen Augenblick reglos, wie vom Blitz getroffen. Kalte Schauer überliefen uns. Jetzt hatte sich die tödliche Hand auch nach uns ausgestreckt. – Aber mein Vater riß sich schon wieder zusammen und führte Dodel durch das Haus. Dieser machte Stichproben in den Geschäftsakten und Bücherregalen, später auch in den Wohnräumen. Er fand nichts – konnte gar nichts finden, weil wir nichts Unerlaubtes hatten. Denn so rege sich auch mein Vater im Politischen engagierte, alles Extreme, sei es nun rechts oder links, war ihm zuwider.

Bald nachdem der Polizeibeamte gegangen war, machten wir uns auf den Weg zum Gottesdienst, der bereits begonnen hatte. Die Gemeinde war nicht daran gewöhnt, daß wir zu spät kamen, weshalb wir mit fragenden Blicken empfangen wurden. Als wir nachher erzählten, was vorgefallen war, regten sich alle sehr darüber auf, zumal mein Vater eine Sonderstellung innerhalb unserer Gemeinde einnahm. Er wurde gewissermaßen als einer ihrer Exponenten betrachtet, auf den man stolz war. – Uns verließ die Beherrschung erst, als wir wieder nach Hause kamen. Vor den Augen der anderen benahmen wir uns noch so, als sei nichts weiter passiert. Dann aber waren die Tränen nicht mehr zu halten, und wir weinten still; obwohl uns noch kein eigentliches Unglück getroffen hatte, wußten wir doch, daß nun ein neues Kapitel in unserem Leben beginnen würde, das anders war als alles Bisherige. In den kurzen Minuten der Hausdurchsuchung hatten wir etwas verloren, was über Generationen hinweg aufgebaut worden war: unser Ansehen in Niederstetten.

Deutschland bereitete sich unterdessen auf eine patriotische Festveranstaltung am Grab Friedrichs des Großen in Potsdam vor. Dort sollten am 21. März, einem Dienstag, alle Mitglieder des Reichstags, die sich noch nicht politisch festgelegt hatten, »freiwillig« für Hitler als Reichskanzler stimmen und ihm damit nahezu uneingeschränkte Macht einräumen. Im Rathaus von Niederstetten gab man meinem Vater zu verstehen, daß es vernünftiger wäre, wenn er zurückträte. Er reichte daraufhin eine schriftliche Rücktrittserklärung ein und erhielt sogar ein kurzes Dankschreiben für die vielen Jahre getreuen Dienens. Wir bewahrten den Brief lange Zeit auf, am Ende aber ging er im Lauf der vielen Umzüge doch verloren.

Der patriotische Rausch hatte nun seinen Höhepunkt erreicht. Aus dem Rundfunk tönten ununterbrochen die Lobeshymnen auf Deutschlands neuen Führer. Was bis dahin noch ein Parteiprogramm gewesen war, wurde jetzt eine Religion – oder ein Religionsersatz – für das

81 Der Marktplatz in Niederstetten, Mitte 1933. Zu dieser Zeit wehte nur noch eine einzige Sorte von Fahnen.

deutsche Volk. Von Tag zu Tag liefen mehr Leute über, manche aus freiem Entschluß, andere aus der Notwendigkeit, ihre Existenzgrundlage zu sichern. Wieder andere taten nur zum Schein mit. Aber es gab auch welche, die nicht einmal nach außen hin die neue »Religion« akzeptieren wollten.

Am darauffolgenden Sonntag fuhr ich zurück nach Würzburg, um eine Arbeit an der Universität zu beenden. Meine Abreise fiel zusammen mit einer freudigen Aufregung in unserer Nachbarschaft: Albert Kleinhans, der im Haus nebenan wohnte, feierte Hochzeit. Die Braut war Lina Härterich, Tochter des Niederstettener Bäckers. Mit den Härterichs ebenso wie mit Albert Kleinhans und seiner Schwester Frau Fiedler hatten wir immer in gutnachbarlicher Beziehung gestanden. So war es nur recht und billig, daß mein Vater seinen poetischen Neigungen folgte und ein rührendes Gedicht verfaßte, in welchem er das friedliche Nebeneinander der beiden Häuser und ihrer Bewohner schilderte, das jahrhundertelang bestanden hatte. Seine Verse schlossen mit Glückwünschen für die Neuvermählten und der Hoffnung, daß auch die Zukunft der nachbarlichen Verbindung ungetrübt bleiben möchte ...

In derselben Woche reisten Vater und Mutter nach Crailsheim, um Nathan Landauer, den Bruder meiner Mutter, und seine Familie zu besuchen. Dort hörten sie lauter beunruhigende Neuigkeiten über sogenannte Polizeiaktionen; die Berichte stammten meist von jüdischen Reisenden, die von Ort zu Ort zogen (wie Handelsvertreter etc.). Von Schlägereien war da die Rede, von Mißhandlungen bis hin zur Folter. Es war alles so unglaublich, daß wir nicht sicher waren, ob die Leute tatsächlich die Wahrheit sagten oder nicht vielleicht reichlich übertrieben, um mehr Anteilnahme für ihre Geschichten zu erwecken.

3. Ideologie und Praxis der Unmenschlichkeit

Am Freitag danach, es war der 24. März, fuhr ich übers Wochenende wieder nach Hause. Mein Vater, der ja nicht mehr in den Versammlungen des Stadtrats erscheinen mußte und seinen Tag daher freier einteilen konnte, war am Nachmittag ins Hotel zur Post gegangen und hatte dort mit einigen anderen Juden Karten gespielt. Als er heimgehen wollte, sprach ihn die Besitzerin des Hotels, Frau Gerlinger, an und bat ihn, noch ein paar Minuten zu bleiben, da sie etwas mit ihm zu besprechen hätte.

Ich kam gegen Abend aus Würzburg an. Nach dem gemeinsamen Essen mit meinen Eltern machten wir alle drei noch einen Besuch bei Familie Neuburger, jüdischen Freunden, mit denen wir sehr gut standen. Während des Gesprächs bemerkte Frau Neuburger, daß mein Vater überaus nervös war, und fragte ihn offen: »Herr Stern, was ist mit Ihnen, warum sind Sie so unruhig?« Er gab aber nur zur Antwort, es sei nichts – und wir kümmerten uns nicht weiter darum. Es war noch nicht allzu spät, als wir uns auf den Heimweg begaben. Die Straßen lagen still im Dunkeln. Im Rathaus aber sahen wir Licht brennen. Wir wunderten uns darüber und überlegten, wer um diese Uhrzeit noch dort arbeiten könnte. Wenig später gingen wir schlafen.

Am anderen Morgen ganz früh – es war Samstag, der 25. März – wurde ich durch den Lärm schwerer Lastwagen, die durch die Straßen rumpelten, und das Gröhlen antisemitischer Lieder geweckt. Gleich darauf klingelte es an unserer Tür. Wir hatten noch eine jener altmodischen Zugglocken, an denen man draußen zog, worauf oben im Treppenhaus die Glocke durch alle Räume tönte. – Vater kam an meine Tür: »Bruno, steh auf! Sie sind da!« Er brauchte mir nicht zu sagen, wer »sie« waren. Dann ging er hinunter, um zu öffnen. Herein traten zwei Sturmtruppführer der SA in ihren braunen Uniformen mit Pistolen im Gürtel und ein Mann von der Staatspolizei. Sie stiegen die Treppe hoch und erklärten uns, daß das Haus noch einmal durchsucht werden müßte nach Schußwaffen, staatsfeindlicher Literatur und sonstigen Unterlagen, die Deutschland schaden könnten. Einen Durchsuchungsbefehl hatten sie nicht vorzuweisen, auch kein anderes amtliches Ausweispapier – das war inzwischen nicht mehr nötig. Sie durchwühlten nun das Haus vom Keller bis zum Dachboden und sahen sogar in den Geldschrank des hinteren Ladenraumes. Aber entdecken konnten sie nichts. Erst als sie ins Wohnzimmer zurückkamen, fiel ihnen an der Wand ein Bild ins Auge, das Walther Rathenau darstellte, den jüdischen Staatsmann, der 1922 von Rechtsextremisten ermordet worden war. Sie nahmen das Gemälde herunter und forderten meinen Vater auf, sich fertig zu machen, um mit ihnen aufs Rathaus zu kommen. Dabei sahen sie auch zu mir herüber und flüsterten miteinander. Der Gestapo-Mann wies mich in einen Nebenraum, folgte mir nach und schloß die Tür hinter uns. Daraufhin nahm er seine Pistole heraus und richtete sie auf mich. Ich sah wie erstarrt auf den Lauf, der, nur ein paar Zentimeter entfernt, unverändert auf mich gerichtet blieb. Der Mann herrschte mich an: »Sie sind ein Kommunist! Geben sie's zu!« Es klang wie ein Befehl. Was sollte ich darauf antworten? Ich war immer unpolitisch gewesen und niemals ein Kommunist, ja nicht einmal ein Sozialist. Auf die Pistolenmündung fixiert, versuchte ich, trotz des Aufruhrs in meinem Inneren, einen klaren Kopf zu behalten, und erklärte wahrheitsgemäß, daß ich weder Kommunist war, noch dem Kommunismus nahe stand, da ich einer studentischen Verbindung angehörte und diese bekanntlich keine sonderlich enge Freundschaft mit den Linken pflegten. Aus irgend einem Grund schien ihn das zufriedenzustellen. Er ging zurück ins Wohnzimmer. Mittlerweile war mein Vater ausgehbereit und folgte den beiden SA-Leuten und dem Gestapo-Mann zum Rathaus. Draußen schloß sich ihnen noch ein vierter Bewachungssoldat an, der so lange auf der Straße gewartet und das Haus »unter Kontrolle« gehalten hatte.

Es war nun etwa sechs Uhr morgens. Kurz vorher war der Bürgermeister von Niederstetten auf dem Weg zum Bahnhof durch unsere Straße gegangen (er fuhr an diesem Morgen zum Sitz der Kreisverwaltung). Wir fragten uns, nachdem wir davon erfuhren, ob er gewußt hatte, was bei uns vorging. Später sagte jemand, daß die lokalen Parteiführer ihn an diesem Tag absichtlich weggeschickt hätten. Auf den Straßen waren zu dieser Zeit keine Zivilpassanten unterwegs, auch sah niemand aus dem Fenster – wahrscheinlich aber standen viele hinter dem Vorhang, um alles zu beobachten, und mancher wird sich wohl gewundert haben, was die Nazis bei uns suchten. Nur SA-Leute liefen überall herum. Die meisten von ihnen waren für diese »Polizeiaktion« von außerhalb eingesetzt worden, kamen also aus anderen Ortschaften. Aber ab und zu konnte man auch ein bekanntes Gesicht unter ihnen entdecken.

Der Uhrzeiger rückte vorwärts. Mutter und ich mußten befürchten, daß die Gerüchte, die wir neuerdings immer öfter gehört hatten, doch der Wahrheit entsprachen. Was nur sollten wir machen? Zwei Häuser weiter wohnte der Tierarzt von Niederstetten, der im Ruf stand, dem rechten Flügel anzugehören. Mama konnte einfach nicht tatenlos warten. Wir beschlossen, daß sie durch Keller und Hintergärten den Nachbarn zu erreichen versuchen und ihn um Hilfe bitten sollte. Vielleicht würde er sogar im Rathaus vorsprechen? Gesagt, getan. Der Tierarzt hörte sich alles an und tröstete meine Mutter erst einmal: sie solle sich keine Sorgen machen, ihrem Mann würde schon nichts passieren. Zum Rathaus, das von SA-Leuten umringt war, konnte er nicht gehen. Niemand hätte das gekonnt.

So kam Mutter wieder heim, und wir warteten und warteten. Es waren die längsten Stunden unseres Lebens. Frieda, unser christliches Hausmädchen, war bei uns. – Um 8.30 Uhr ungefähr kam Vater zurück, aber nur, um schnell eine Tasse Kaffee zu trinken. Er mußte gleich wieder weg. Auf die Frage meiner Mutter, ob man ihm etwas angetan hätte, antwortete er: »Nein.« Dann stand er schon auf, ging langsam die Treppe hinunter und zurück ins Rathaus. Dort angekommen, traf er auf den Stufen zum Eingang Simon Kirchheimer, der das Gebäude gerade verließ und fragte: »Was tun Sie denn hier? Sie können doch nach Hause gehen!« In seiner Aufregung hatte mein Vater tatsächlich die Anweisungen falsch verstanden. Erleichtert schloß er sich nun Kirchheimer an, der sofort weiterfragte: »Haben Sie auch was abgekriegt?«, worauf mein Vater nur mit einem *Haggadah*-Wort antwortete: »Dayenu« (Es war genug). Obwohl er selbst mißhandelt worden war, konnte Simon Kirchheimer nicht glauben, daß man Hand an Max Stern gelegt hatte.

Als Vater nun wieder zu Hause war, bat er Mutter, ihm beim Auskleiden behilflich zu sein. Er wollte sich etwas hinlegen, aber nicht in sein Bett – das stünde zu nahe am Fenster. Von draußen hörten wir abermals die vorbeirumpelnden Lastwagen und das Gröhlen der SA-Leute, diesmal verlor sich der Lärm in die entgegengesetzte Richtung: die Sturmtrupps zogen ab. Dann vernahm ich unterdrücktes Weinen aus dem Schlafzimmer. Mutter hatte entdeckt, daß Vater aufs grausamste geprügelt worden war. Sein Rücken zeigte nicht das kleinste Fleckchen heiler Haut mehr. Nach der Ankunft im Rathaus hatten sich mein Vater und zehn weitere Juden mit dem Gesicht zur Wand aufstellen und stillhalten müssen. Dann wurden sie, einer nach dem andern, aufgerufen und einzeln in einen Nebenraum kommandiert. Dort warf man meinem Vater alle Arten von erlogenen Anschuldigungen entgegen, zog ihm die Jacke aus, stopfte ihm ein Taschentuch in den Mund, damit er nicht schreien konnte, und befahl ihm, sich vornüber zu beugen, woraufhin vier Männer unbarmherzig mit Stahlpeitschen auf ihn einschlugen.

Es gibt keine Worte, unsere Gedanken und Empfindungen in diesem Moment zu beschreiben. Wären wir selbst durchgepeitscht worden, es hätte uns nicht mehr schmerzen können. Vater lag still auf der Liege, kein Wort der Anklage kam über seine Lippen, kein Wort des Schmerzes, kein einziges Wort ... Wir beschlossen, Dr. Heller, unseren langjährigen Hausarzt, zu rufen. Einen jüdischen Arzt gab es nicht mehr in Niederstetten. Frau Heller war Leiterin der NS-Frauengruppe, weshalb wir anfangs Zweifel hegten, ob ihr Mann, da die Umstände sich derart zugespitzt hatten, noch in unsere Wohnung kommen würde. Aber er kam – und gab meinem Vater die bestmögliche ärztliche Behandlung. Meine Mutter fragte ihn: »Herr Doktor, warum nur haben sie meinen Mann so zugerichtet, gerade ihn, der nie jemandem etwas zuleide getan hat?« Der Arzt wußte nichts darauf zu sagen als: »Frau Stern, wir leben in einer hochpolitischen Zeit.«

Als Dr. Heller uns verließ, war es etwa 9.30 Uhr. Mutter und ich überlegten, ob ich nicht in die Synagoge gehen sollte, erstens, um dem Gottesdienst beizuwohnen, und zweitens, um zu erfahren, wie es den anderen Gemeindemitgliedern ergangen war. Ich brach auf. Der Gottesdienst hatte noch nicht begonnen, auch waren noch nicht sehr viele Männer da. In der Mitte der Synagoge aber stand der siebenundsiebzigjährige Abraham Kirchheimer, ein tief religiöser Mann. Die Arme zum Himmel erhoben, rief er: »Gott, oh Gott, warum hast du uns verlassen?« Ich werde den Anblick niemals vergessen. Die verzweifelte Klage rührte allen Anwesenden ans Herz. Auch Kirchheimers Sohn, jener Simon Kirchheimer, den mein Vater vor dem Rathaus getroffen hatte, ein Veteran des Ersten Weltkriegs und ebenso guter Sohn wie selbst Familienvater, war ja geprügelt und mißhandelt worden – wie andere Mitglieder unserer Gemeinde. »Gott, oh Gott, wie kannst du das zulassen?« Eine Welt, eine gute Welt voller Nächstenliebe, Tradition, Hoffnung auf eine bessere Zukunft und Glaubensbereitschaft war an diesem Morgen erschüttert worden in der kleinen jüdischen Gemeinde von Niederstetten. Und die Erschütterung ging bis auf den Grund.

Das Dritte Reich hatte seinen triumphalen Einzug gehalten. Bis ans Ende meiner Tage wird mir der 25. März 1933 im Gedächtnis bleiben. Auch die christliche Bevölkerung war schockiert, nur wagte niemand etwas zu sagen oder der wilden Horde offen Widerstand zu leisten. Angst, Mißtrauen und Schweigen fielen wie ein dunkler Vorhang über das Städtchen und verließen es nicht mehr, bis das ganze Regime schließlich zusammenstürzte.

Niederstetten hatte eine von der Gemeinde angestellte Krankenschwester, eine Diakonissin der evangelischen Kirche. Sie kam noch am Samstagnachmittag zu uns und sagte, daß Pastor Umfrid sie geschickt hätte, der herzlichen Anteil an unserem Schicksal nähme. Wenn sie oder er irgend etwas für uns tun könnten, sollten wir es sie nur wissen lassen. – In den folgenden Tagen führte ihr Weg sie noch öfter zu uns, und dank ihrer Mithilfe und Pflege wurde mein Vater bald wieder halbwegs gesund.

Bis zum Abend des traurigen Samstags wußte die ganze jüdische Gemeinde, was passiert war, und jeder kannte die Leidensgeschichte der betroffenen Männer, die aus unersichtlichen Gründen »ausgewählt« und so schrecklich mißhandelt worden waren. Zu denen, die man verschont hatte, gehörten übrigens die Kunden der Thomasschen Bäckerei.

Mein Vater gab später zu, daß er vor der drohenden Aktion gewarnt worden war. Er hätte Niederstetten verlassen können, entschied sich aber zu bleiben und seine Gemeinde nicht im Stich zu lassen. Jene Frau Gerlinger, Inhaberin des Hotels zur Post, hatte ihn am Freitagnachmittag über die geplante Razzia informiert, weshalb Vater am Abend, als wir die Familie Neuburger besuchten, so nervös gewesen war. – Ein Jude aus Niederstetten hatte auf Frau

Gerlingers Rat hin tatsächlich von Freitag bis Sonntag im Hotel zur Post »gewohnt« und sich die ganze Zeit über in seinem Zimmer aufgehalten. Sie brachte ihm die Mahlzeiten und sorgte auch dafür, daß er sicher aus der Stadt entkommen konnte.

An eben diesem Freitag, an dem mein Vater die Vorwarnung erhielt, war übrigens auch mein späterer Schwiegervater Max Wolfsheimer im nahe gelegenen Weikersheim aus der Bevölkerung vorgewarnt worden. Er verließ noch am Nachmittag schweren Herzens Frau und Kinder, Haus und allen Besitz, nahm den nächsten Zug nach Frankreich und floh über die Grenze. Auf diese Weise blieb ihm die grausame Feuerprobe des 25. März erspart. Doch begann für ihn sofort eine fast ebenso schlimme Prüfung, denn als Flüchtling im Ausland wurde er kaum weniger menschenunwürdig behandelt. – Ein halbes Jahr später erst konnte seine Familie ihm nachkommen. Es folgte eine harte und lange Zeit ständiger Wanderung, bis sie 1941 endlich die Vereinigten Staaten erreichten und sich hier niederlassen konnten. Max Wolfsheimer hat seine Heimatstadt, die er vom einen auf den anderen Augenblick verlassen mußte, niemals vergessen und sie trotz allem zärtlich geliebt.

Nachdem die Sturmtruppe aus Niederstetten abgezogen war, kam der Nachbarort Creglingen an die Reihe, wo zwei Personen an den Folgen der »Polizeiaktion« starben. Die Horde fuhr ein, als viele Männer zum *Sabbath*-Morgengottesdienst in der Synagoge versammelt waren. Ein Creglinger Freund von mir, Student wie ich, war an diesem Wochenende zufällig zu Hause. Als die SA-Leute hörten, daß er auf die Universität ging, schrien sie ihn an, Juden hätten nicht zu studieren, und schlugen auf ihn los. – Unter den am ärgsten mißhandelten Männern war Arnold Rosenfeld, der anschließend von seiner Familie in die Universitätsklinik von Würzburg gebracht wurde, wo er nicht lange danach starb. Daraufhin wollten gewisse Kreise erreichen, daß der bekannte Chirurg Professor König, der den Verwundeten behandelt hatte, einen Todesschein ausschrieb, auf dem bestätigt werden sollte, daß Rosenfeld »eines natürlichen Todes« gestorben wäre. Professor König verweigerte die Unterschrift und verlor kurz danach seine Position.

Von Creglingen aus fuhren die Stürmer nach Weikersheim und Bad Mergentheim, und in jedem Ort verfuhren sie nach dem gleichen Schema, nur daß sie von Stunde zu Stunde immer barbarischer wurden. Inzwischen war – niemand wußte durch wen – die Meldung über die Brutalitäten bis zur Regierung in Stuttgart gedrungen, und dort erteilte man alsbald Befehl, die Aktion zu stoppen. Später wurde erzählt, daß die sofortige Beendigung des Massakers dem stellvertretenden Reichsstatthalter Dill zu verdanken war, der ursprünglich aus Niederstetten kam.

Am Sonntag, dem 26. März, waren die Nachrichten über die Vorfälle schon im ganzen Ort verbreitet. Nach außen jedoch zeigte niemand irgend eine persönliche Reaktion. Angst und Mißtrauen hatten in den vergangenen Wochen immer stärker um sich gegriffen und die Leute gelähmt. Allein Pastor Umfrid bewies eine beispielhafte Zivilcourage in dieser Stunde der Bewährung. Er stand mutig auf seiner Kanzel, verurteilte die heimtückischen Ausschreitungen aufs schärfste und erinnerte seine Zuhörer daran, daß die wahre Christenheit für Verbrechen dieser Art nicht einstehen dürfe.

Der Zustand meines Vaters verschlimmerte sich zunächst. Besonders die Nächte waren quälend. Wir mußten die Fensterläden fest verschlossen halten, damit er die vorbeifahrenden Fahrzeuge nicht hörte. Er lebte in ständiger Angst und Panik, daß die SA-Leute wiederkommen und ihn holen würden. Gegen Montag morgen fiel er in ein kritisches Stadium. Wir hielten uns im Wohnzimmer auf, gleich neben dem Schlafzimmer, in dem er lag. Alle paar Minuten sahen wir nach ihm. Später kam Dr. Heller, untersuchte und behandelte Vater und tat überhaupt, was in seinen Kräften stand. – Schließlich meldete sich, wie jeden Montag morgen, auch noch der katholische Priester. Er kam eigentlich nach alter Gewohnheit, um die Angaben über Zeit und Ort der kirchlichen Veranstaltungen abzugeben. Mein Vater, der regelmäßig am Niederstettener Lokalblatt mitarbeitete, besaß gute Verbindungen zu den Redakteuren und dem Verlag und konnte es einrichten, daß die Kirchennachrichten jeweils kostenlos am gewünschten Tag erschienen. Soviel ich mich entsinne, hieß der Priester mit Nachnamen Schmidt. Er war sprachlos über das, was er erfuhr.

Als es auf Montagmittag zuging, versuchte mein Vater in einem plötzlichen Andrang von Energie aufzustehen und fiel vor Schmerzen und Schwäche ohnmächtig vor seinem Bett zu Boden. Ich rannte sofort zu Albert Kleinhans, der ein kräftiger Mann war, und bat ihn um Hilfe. Er kam auf der Stelle mit, und gemeinsam hoben wir Vater zurück in sein Bett. Wir dachten, seine letzte Stunde habe geschlagen, und schickten nach Herrn Oberndörfer, dem Lehrer und Kantor, damit er käme und die Gebete spräche und noch einige Männer mitbrächte, so daß die gewünschte Zehnzahl der Anwesenden beim Totengottesdienst erreicht war. Aber die meisten der aufgeforderten Gemeindemitglieder konnten nicht kommen, da sie selbst bettreif geschlagen worden waren. Schließlich sah Dr. Heller noch einmal nach dem Patienten, und tatsächlich ging die Krise allmählich vorüber. Am späten Nachmittag schon war Vaters Zustand sichtlich gebessert. Die Nachbarn sorgten sich sehr um uns, verhielten sich aber aus Erfahrung vorsichtig und zurückhaltend.

Über Rundfunk und Presse wurde den Menschen ununterbrochen die Nazi-Ideologie eingehämmert, bis am 1. April, einem Samstag, inmitten der ganzen Propagandawelle der Aufruf zum Boykott aller jüdischen Läden und Geschäfte erfolgte. Je länger die neuen Machthaber am Ruder waren, desto mehr nutzten sie Rundfunk und Presse, um Haß und Verunglimpfungen über die Juden und Kommunisten zu verbreiten bzw. über alle Gruppen und Individuen innerhalb und außerhalb Deutschlands, die sich ihren Zielen entgegenstellten (die Presse der Opposition war am Ende völlig ausgelöscht).

Vater ging es zum Glück anhaltend besser. Die gute ärztliche Betreuung ebenso wie die Zeit halfen, die schrecklichen Wunden zu heilen. Eines Tages stieg er schon wieder die Treppe hinunter, um in unserem großen Tresor etwas zu suchen, und stieß dabei zufällig auf einen Kasten mit Munition, der direkt vor einem der Schrankfächer stand und bei den beiden Hausdurchsuchungen übersehen worden war. Mein Vater selbst hatte ihn auch immer übersehen, sonst würde er sich längst von ihm getrennt haben. Der Kasten stammte noch aus der Zeit, als mein Bruder Theo im elterlichen Geschäft arbeitete und oft mit dem Fahrer bis spät abends beruflich unterwegs war, um neue Ware einzukaufen. Da sie auf diesen Touren vergleichsweise viel Geld bei sich hatten, bekam Theo einen Waffenschein ausgestellt. Im Jahre 1930 wanderte mein Bruder in die Vereinigten Staaten aus. – Angesichts der politischen Verschärfung der Situation und der beginnenden Hausdurchsuchungen hatte mein Vater eines Tages die Pistole mit nach Crailsheim genommen und sie dort in den Fluß geworfen. Die Munition aber war im Hause geblieben.

Was nur sollten wir jetzt damit machen? Wir konnten sie nicht in den Müll werfen, das wäre aufgefallen, und sie an irgend jemanden weiterzugeben, war auch nicht gut möglich. Jedenfalls mußte der Kasten verschwinden, und zwar schnellstens! Ich getraute mich nicht, ihn auf einem unserer Äcker zu vergraben, da man mich hätte beobachten und Verdacht schöpfen können. Als nächstes dachten wir an unsere Senkgrube – wir hatten noch eines jener alten »Plumpsklos«, die nicht an die Kanalisation angeschlossen waren, und die Auffanggrube wurde in bestimmten Abständen geleert. Aber womöglich wären die Geschosse explodiert, wenn wir sie von unseren Wohnräumen in der zweiten Etage durch das Rohr hinuntergeworfen hätten. Nach langem Hin und Her beschloß ich, in das Hotel zur Post zu gehen und den Kasten dort in das Klosett zu werfen, das im Parterre lag. Ich machte mich auf den Weg, bestellte im Hotel-Restaurant einen Kaffee und las die Zeitung. Nach einer Weile ging ich hinaus, öffnete schon den Kasten – und mußte mit Bestürzung feststellen, daß die Toilette modernisiert worden war: es gab nun eine Wasserspülung, mit der ich meinen Munitionskasten natürlich nicht hinunterspülen konnte, zumal der neue Abfluß sehr viel enger war. So begab ich mich zurück an meinen Tisch, las noch ein wenig in der Zeitung und verabschiedete mich dann. Auf meinem anschließenden Gang durch die Straßen hatte ich das Gefühl, als würde mich jeder beobachten. Der Kasten »brannte« mir in den Händen. Mein nächstes Ziel war der Bahnhof am Ortsende, der 1869 erbaut worden war, weshalb auch die Toilette keine Wasserspülung hatte. Ich hoffte nur, daß sie inzwischen nicht ebenfalls modernisiert worden war. Glücklicherweise wurde ich nicht enttäuscht. Ich öffnete die Verpackung und ließ den Karton fallen. Durch die hölzernen Latten des Gehäuses fiel Licht, direkt auf den »Fremdkörper«, der dort unten in der Grube lag und hoffentlich versank, ehe der nächste Toilettenbenutzer kam. Ich rannte hinaus. Wenn mich nur niemand gesehen hätte! Auf dem nicht weit entfernten Postamt kaufte ich noch ein paar Briefmarken und ging dann nach Hause, froh, den Kasten mit der Munition los geworden zu sein.

Daheim angekommen, gab es schon wieder neue Aufregung. Landjäger Bergdold von der Kreispolizei war da und erklärte, daß er Befehl habe, die Pässe meiner Eltern abzuholen. Während der letzten Tage hatten wir immerhin den einen Trost gehabt, daß wir, sollte es noch schlimmer werden, wenigstens ins Ausland fliehen könnten. Nicht daß wir eine genaue Vorstellung hatten, wohin wir uns absetzen würden – aber es war doch ein Schimmer von Hoffnung in den verzweifelten Stunden gewesen. Jetzt war auch der erloschen.

Vater ging es, wie gesagt, körperlich zwar besser, aber seelisch ganz und gar nicht. In den Nächten überfiel ihn immer wieder die Angst. So beschlossen wir, über ein Wochenende zu unseren Verwandten nach Crailsheim zu fahren und namentlich Nathan Landauer, den Bruder meiner Mutter, zu besuchen. Wir getrauten uns jedoch nicht, Justin, meinen Bruder, der in

82 Das Haus der Landauers in Crailsheim. Wenn wir der Kleinstadt, wo jeder uns kannte, entkommen wollten, fuhren wir zu unseren Verwandten nach Crailsheim an der Jagst. Dort wußte kaum jemand, wer wir waren.

Tübingen studierte, telefonisch davon zu benachrichtigen, denn es hieß, daß die Telefongespräche abgehört wurden. Frieda hielt auch in dieser schweren Lage zu uns und blieb zu Hause. Freitag morgens bestellten wir den Taxifahrer Martin Groß, der uns drei nach Crailsheim brachte. Die Ortsveränderung tat uns allen gut. Am Samstag war der angekündigte Tag des Boykotts. Gegen Abend riefen wir Frieda an und erfuhren von ihr, daß alles ruhig geblieben war. Ein paar Stürmer allerdings hatten sich vor unserem Haus aufgestellt, um die Einhaltung des Boykotts zu überwachen, und sie hatten auch an die Ladentür einen großen gelben Kreis auf schwarzem Grund geheftet. Damit war das Kennzeichen der Juden aus dem Mittelalter wiedergekehrt.

Da unser Laden samstags ohnehin geschlossen blieb, hatten wir im Moment weiter keinen Verlust. Aber auf lange Sicht würde die Boykottanordnung verheerende Folgen haben, weil die Leute natürlich Angst hatten, bei uns oder überhaupt in irgend einem von Juden geführten Laden einzukaufen. Trotzdem kamen anfangs noch zahlreiche Kunden zu uns – nämlich nachts und spät abends. Doch mit der Zeit blieben auch sie allmählich aus.

Bis dahin war die jüdische Bevölkerung dieser Gegend der zionistischen Zeitschrift *Die Rundschau* immer mit etwas gemischten Gefühlen gegenübergestanden: Man war ja deutscher Staatsbürger, wenngleich jüdischen Glaubens, unterstützte durch den Kauf des Blattes aber natürlich Palästina (allerdings fiel der Hauptanteil auf Forscher, die sich mit dem Studium der alten Quellen befaßten). Doch hegte eigentlich kein deutscher Jude ernstliche Gedanken an eine neue Heimat, geschweige denn, daß er vorhatte, einmal dorthin zu gehen. Siebzig Jahre zuvor hatte der Stadtrabbiner von Stuttgart einmal gesagt: »Stuttgart ist unser Jerusalem.« – In dieser ersten Aprilwoche nun trug die *Rundschau* auf dem Titelblatt folgende Schlagzeile: »Tragt ihn stolz den gelben Fleck!« Und der jüdischen Landbevölkerung wurde plötzlich – vielleicht zum erstenmal in ihrem Leben – klar, daß die Juden tatsächlich ein eigenes Land brauchten, ein Land, in dem sie sich zu Hause fühlen konnten und das ihnen eine Heimat bot.

4. Wie soll es weitergehen?

Am 2. April, Sonntag morgens, nahm ich den Zug von Crailsheim über Stuttgart nach Tübingen. Dort war es damals in politischer Hinsicht ruhig, Justin hatte keine Ahnung, was wir ausgestanden hatten. Hier und da sickerte zwar etwas durch, aber nie etwas Genaues. Manche Leute hatten die *Basler Nachrichten* gelesen, in denen die Ausschreitungen erwähnt worden waren, andere gaben an, sich über Rundfunksendungen aus dem Ausland informiert zu haben, die den Vorfällen im Taubertal kritische Beachtung geschenkt hatten. Aber die meisten waren viel zu ängstlich, um irgend einen Kommentar abzugeben oder das Gehörte zu wiederholen. Diese Angst lastete auf jedem. Zunächst war sie nur auf dem Land verbreitet gewesen, wo jeder jeden kannte, dann aber griff sie auch auf die Städte über, als jeder Straßenabschnitt seinen Aufpasser, den sogenannten »Blockwart« zugeteilt bekam. Wir hielten es für das beste, Justin nahezulegen, daß er sich vorerst von Niederstetten fernhalten sollte, denn keiner konnte wissen, wie die dortigen Nazis reagieren würden, wenn ein neues jüdisches Gesicht die Szene betrat. Dies war auch einer der Gründe, weshalb wir beschlossen, das kommende *Passah*-Fest in Würzburg zu verbringen und die Feiertage über bei Mutter Marx zu bleiben, wohin Justin ebenfalls kommen sollte. – Am selben Abend noch fuhr ich zurück nach Crailsheim, ein oder zwei Tage später waren wir wieder in Niederstetten, und von dort fuhr ich alleine weiter nach Würzburg, um meine Arbeit am zahnärztlichen Institut der Universität abzuschließen.

Am Sonntag darauf, dem 9. April, reisten Justin von Tübingen und meine Eltern von Niederstetten an. Frieda blieb auch diesmal zu Hause, um nach dem Rechten zu sehen und den Hund und die Katzen zu versorgen. Wie freuten wir uns, wieder beisammen zu sein! Wir fühlten uns alle ein wenig erleichtert im Schutz der großen Stadt. Hier war man wenigstens nicht so bekannt.

Die Revolution nahm ihren Lauf. Jeden Tag gab es neue Verordnungen, neue Beschuldigungen und neue Verhaftungen. Kein Gericht konnte oder wollte dagegen Einspruch erheben. Sämtliche Zeitungen und die öffentlichen Medien waren »gleichgeschaltet«, das heißt, es gab nur eine einzige öffentliche Meinung, und das war die des Regimes. Da der Rundfunk bereits vom Staat übernommen worden war, gab es auch hier keine Hemmungen. – Nur in einigen wenigen Zeitungen konnte man noch eine Weile zwischen den Zeilen lesen, aber bald hörte auch das auf. Dr. Goebbels war ein wahrer »Künstler« im Ausnutzen der Medien, wenn es um das Anstacheln der Bevölkerung und deren Urteilsbildung ging. Allmählich wurden auch die Konzentrationslager bekannt, besonders dasjenige in Dachau, das alle Leute fürchteten.

So begann unsere *Seder*-Feier 1933 diesmal nicht zu Hause, wo wir sonst immer so stimmungsvoll gefeiert und viele Gäste, darunter auch Christen, eingeladen hatten. Laszlo Schwarz, mein ungarischer Kommilitone und Freund, Mutter Marx und wir vier hielten gemeinsam Gottesdienst. Noch nie hatten wir einen ähnlich bedrückenden *Seder*-Abend erlebt. Gewiß, während des Krieges war Vater nicht bei uns gewesen, wir hatten uns um ihn und er sich um uns gesorgt – aber wir waren doch frei gewesen. Die erste *Seder*-Feier unter dem Nazi-Regime hingegen brachte uns zum Bewußtsein, daß das Joch, unter welchem die Israeliten einst in Ägypten gelitten hatten, immer wiederkehrte und die Juden aller Zeitalter traf, sobald sie wähnten, die Freiheit gewonnen zu haben. Im Licht der veränderten Lebensbedingungen lasen wir nun die Passagen der *Haggadah* mit ganz anderen Augen, und alles erhielt eine neue Bedeutsamkeit. Es war ein *Seder* voller Ergebenheit und voller Empfänglichkeit für Trost und Hoffnung.

Am nächsten Morgen besuchten wir die Synagoge von Würzburg, ein imposantes Gebäude aus dem späten neunzehnten Jahrhundert. Sie lag etwas abseits von der Straße, man mußte durch das Tor einer umgrenzenden Mauer und dann durch einen großen Hof gehen, bis man den eigentlichen Eingang der Synagoge erreichte. Der Hof, geschützt vor neugierigen Blicken, diente den Gemeindemitgliedern im Anschluß an die Gottesdienste immer als Versammlungsort, wo man noch ein wenig herumstand und Neuigkeiten austauschte. – Zum *Passah*-Fest dieses Jahres sprach Rabbiner Dr. Hanover. Er fand wundervolle Worte der Ermutigung inmitten aller Bedrängnis der Zeit. Unter den Besuchern war auch ein Abgesandter der Polizei, der den Ablauf des Gottesdienstes und speziell die Predigt zu überwachen hatte. Die Synagoge war überfüllt. Viele Leute, die sonst nicht so regelmäßig kamen, hatten jetzt das Bedürfnis, unter ihresgleichen zu sein. Sicher waren einige auch von neuer Frömmigkeit ergriffen, aber viele der unbekannten Gesichter sah man vor allem deshalb hier, weil durch die Not eine tiefere Zusammengehörigkeit entstand und man erfahren wollte, was andere erlebt hatten – denn auf die Zeitung konnte sich ja niemand mehr verlassen.

In diesen Tagen machte eine Geschichte die Runde. Jeder, der sie hörte, wurde bis ins Mark erschüttert, und es dauerte nicht lange, da schockierte sie die jüdischen Bürger in ganz Deutschland. Drei junge Männer, die in Dachau in »Schutzhaft« gesessen hatten, waren »bei dem Versuch, auszubrechen«, wie es hieß, erschossen worden; eine andere Version war die, daß die Wärter die Gefangenen zum »Blumenpflücken« geschickt hätten und sie dann in der Nähe des Stacheldrahtzaunes, der um das Lager herumführte, erschossen hatten. Eines der drei Opfer war der junge Kahn, ehemals Untermieter bei Mutter Marx. Niemand hatte gewußt, daß er überhaupt verhaftet worden war. Die Schreckensnachricht lähmte uns alle. Meine Familie hatte gehofft, ein paar ruhige Tage in der Großstadt verbringen und *Passah* ungestört feiern zu können. Aber von nun an sollten die Juden keinen ruhigen Augenblick mehr erleben – nur noch Tage mit mehr oder weniger Angst, mit mehr oder weniger Aufregung.

Meine Kurse an der zahnärztlichen Abteilung der Universität waren zu dieser Zeit noch nicht abgeschlossen. Ich mußte sie weiterbesuchen, wenn ich nicht ein ganzes Semester verlieren wollte. Inzwischen war ein neuer Erlaß herausgegeben worden, nach welchem jüdische Studenten sich abseits zu setzen hatten, wenn sie mit anderen in einem Raum waren. Ich arbeitete damals im Labor zusammen mit Kandidaten für das Physikum*. Außer mir war kein einziger jüdischer Student da. Die anderen Teilnehmer waren alle in SA-Uniform erschienen, viele mit Schußwaffen im Gürtel. Plötzlich wurde mir bewußt, daß man mich anstarrte, und ein paar in meiner Nähe sitzende »Kommilitonen« sagten, laut genug, damit ich es hörte: »Hier muß ein Exempel statuiert werden!« Ich wußte, daß sie mir sofort hinterherlaufen würden, wenn ich nun versuchte wegzurennen. Alles, was in den letzten Wochen passiert war, fuhr mir blitzschnell durch den Sinn. Aber seltsamerweise hatte ich in diesem Augenblick der höchsten Gefahr gar keine Angst. Ich versuchte, einen kühlen Kopf zu behalten, sammelte ruhig meine Sachen ein, hielt den Blick auf den Arbeitsplatz gesenkt und wartete einen günstigen Moment ab, um den Raum zu verlassen. Der Grund, warum ich es vermied, irgend jemanden anzusehen, war einfach der, daß der andere sich garantiert beleidigt gefühlt hätte und die Aggression dann sofort ausgebrochen wäre. Das Getuschel wurde immer stärker. Einer der Studenten war besonders gemein und stachelte die anderen noch an. Da ging die Tür auf, und ein Assistent des Institutsleiters, ein Herr Dr. Eichentopf, kam herein. Ich saß am vordersten Tisch, so daß meine Arbeit zuerst begutachtet wurde. Als Dr. Eichentopf sich dem zweiten Tisch zuwandte, war ich schon auf dem Sprung, eilte hinaus, warf meine Instrumente in den Spind, rannte durch eine Hintertür auf eine Gasse – und dort in einen Friseurladen, wo ich mir öfter die Haare schneiden ließ. Die Rotte meiner Verfolger rannte wenig später am Laden vorbei. Sie hatten nicht weglaufen können, bevor ihre Arbeiten geprüft worden waren, was mir einen zeitlichen Vorsprung verschafft hatte. Für den Augenblick war ich gerettet. Ich ging nach Hause und erzählte alles meiner Familie, die noch in Würzburg war.

Jetzt erhob sich die Frage: sollte ich den Kurs aufgeben und also ein Semester verlieren oder lieber versuchen, irgendwie durchzukommen und meine Arbeit zu beenden? Ich beschloß, erst einmal zu Professor Wustrow, dem Leiter des Instituts, zu gehen und ihn um Rat zu fragen. Am folgenden Morgen etwa um zehn Uhr – als die Studenten, wie ich wußte, in der Klinik arbeiteten – wartete ich vor seinem Büro. Es dauerte nicht lange, bis ich eingelassen wurde. Seit Stunden hatte ich mir genau überlegt, wie ich vorgehen wollte. Ich begann: »Herr Professor, ich bin dabei, meine Arbeit in Ihrem Kurs zu beenden und gebe mir alle Mühe, aber meine Kommilitonen haben Anstoß an meiner Gegenwart genommen.« Es war mir bewußt, daß ich sehr vorsichtig in meiner Formulierung sein mußte. Eine offene Beschwerde hätte Selbstmord bedeuten können. Professor Wustrow rief seinen Assistenten, eben jenen Dr. Eichentopf, und

---

* Anm. d. Übers.: Vorexamen der Mediziner.

beauftragte ihn: »Schauen Sie sich einmal an, was Herr Stern bis jetzt gemacht hat. Wenn es in Ordnung ist, wollen wir es dabei belassen und ihm den Rest ersparen.« Ich ging zu meinem Spind und zeigte Dr. Eichentopf meine Arbeit. Er war zufrieden, und also bekam ich mein Zeugnis. Eine schwere Last fiel mir vom Herzen. Aber es soll hier nicht vergessen werden, daß Professor Wustrow später seinen Direktorenposten verlor und in untergeordneter Position an einer anderen Universität weiterlehrte.

Die *Passah*-Tage neigten sich dem Ende zu. Das bedeutete Abschied von Justin, der nach Tübingen zurückfahren mußte. Wir anderen fuhren nach Niederstetten. Damals brachen an mehreren Stellen des gesamten Kreises und in unserem Heimatort selbst Feuer aus. Was immer die eigentliche Ursache war, blieb ungeklärt, doch wurde sofort rumort, daß Juden und Kommunisten die Brandstifter gewesen seien. Mit einemmal hörten die Brände dann auf. Später kam uns zu Ohren, daß die Feuerversicherungsgesellschaft, die für den Schaden aufkommen mußte, bei der Regierung Klage eingereicht hätte.

Das Leben verlief in ganz neuen Bahnen. Die Werte von Juden und Nicht-Juden veränderten sich radikal, je nachdem, wo man stand. Trotz der unbegreiflichen und extremen »Aktion« vom 25. März waren noch nicht alle Verbindungen zwischen Juden und Christen zerrissen. Wir selbst hielten uns zwar zurück, um nicht zu provozieren, aber ziemlich viele nicht-jüdische Bekannte und Freunde kamen nach wie vor zu uns.

Unmittelbar auf die Machtergreifung Hitlers folgte ein starker Aufschwung der Rüstungsindustrie. Dieser wiederum führte zu einer Erholung der gesamten deutschen Wirtschaft und zu einer Verringerung der Arbeitslosenquote. Die von der Depression gelähmten Firmen konnten sich aus der Talsohle hocharbeiten. Auch zahlreiche jüdische Geschäfte florierten wieder, und der Trend hielt einige Jahre an, zum Beispiel bei den Viehhändlern, einem überwiegend jüdischen Handelszweig in unserer Gegend. Die Bauern des Umlandes kauften nämlich weiter bei ihnen ein, weil es gar keine anderen Viehhändler gab, die an die Stelle der jüdischen hätten treten können. Andere Branchen, speziell in den Städten, erlebten ebenfalls eine Blüte bis etwa 1936. Dann erst begann, nach der im gleichen Jahr stattfindenden Olympiade in Berlin, die einschneidende Wende. Bis dahin war die Anordnung zum Boykott jüdischer Firmen zwar nicht vergessen, aber auch nicht sonderlich betont, ja vielfach sogar übersehen worden. Seit 1936 ging jeder Verkehr mit Juden, geschäftlicher oder privater Art, allmählich spürbar zurück. Vor allem die im öffentlichen Dienst Beschäftigten und die bereits pensionierten Bürger, die ja vom Staat Unterhalt bezogen, zeigten sich reserviert. Seit Jahren hatten wir freundschaftlichen Umgang mit der Familie eines früheren Bürgermeisters von Niederstetten gepflegt, der nach dem Ersten Weltkrieg pensioniert worden war. Seine Töchter waren fast täglich zu uns gekommen, wenn sie sich zu Hause aufhielten. Eine von ihnen hatte uns Kindern Klavierunterricht erteilt. An Weihnachten besuchten wir sie immer, brachten Geschenke und wurden selbst beschenkt. Jetzt rissen die Besuche plötzlich ab. Von dritter Seite hörten wir, daß man der Familie zu verstehen gegeben hatte, wie gefährdet die Pension des Vaters sei, wenn die Kontakte mit den Sterns nicht endlich aufhören würden. Aber andererseits wurde uns auch oft versichert: »Wenn alle Juden so wären wie Sie, dann gäbe es keine Probleme. Die anderen Juden sind es, die sich so schlecht benehmen.«

Bald machte folgender bitterer Scherz die Runde bei der jüdischen Bevölkerung: »Deutschland hat siebzig Millionen Juden (tatsächlich waren es aber nur 500000), denn jeder Deutsche kennt einen Juden, von dem er behauptet: wenn alle so wären wie Sie, dann gäbe es keine Probleme!«

Während zunächst also einige Geschäftszweige wie Manufakturen, Groß- und Zwischenhandel den erwähnten Aufschwung durchaus miterlebten, waren die jüdischen Ladeninhaber schon systematisch eliminiert, erst in den Dörfern und Kleinstädten, schließlich auch in der Großstadt. Zu Hause in Niederstetten konnten wir nicht mehr leben wie früher, auch wenn wir dankbar waren, daß Vaters Gesundheitszustand sich gebessert hatte. Wir überlegten, ob ich unter den neuen Vorzeichen überhaupt in Würzburg weiterstudieren oder nicht lieber ins Ausland gehen sollte. Briefe wurden entworfen und abgesandt, um die eventuelle Auswanderung in die Wege zu leiten. Das seelische Gleichgewicht meines Vaters konnte unter solchen Umständen nur sehr langsam wiederhergestellt werden. Schon das leiseste Geräusch ließ ihn zusammenfahren. Von unseren Fenstern aus konnten wir auf das Rathaus sehen, und wenn dort am späten Abend noch die Lichter brannten, hatte er immer Angst, daß wieder irgendwelche finsteren Pläne ausgeheckt wurden. Je mehr wir von der allgemeinen Lage erfuhren und selbst beobachteten, was um uns herum geschah, desto schwärzer erschien ihm die Zukunft, und er wiederholte unablässig: »Wir müssen fort aus Europa!« Vater erkannte sehr wohl, daß die Juden enger und enger eingekreist wurden. Die Organisation der NSDAP war perfekt, sowohl im offiziellen wie auch im inoffiziellen Bereich. Jeder Straßenblock in den Städten und jedes Dörfchen auf dem Land war »erfaßt«. Vom einen auf den anderen Augenblick konnte die Polizei jede beliebige Gruppe oder Einzelperson ergreifen. Sie hörte nicht auf, das »Inventar« der Leute zu erweitern, die sie in ihrer Gewalt hatte oder bekommen wollte.

Mitte Mai hatten wir Onkel Henri aus Hamburg, den Bruder meiner Mutter, in Niederstetten zu Besuch. Er wollte vor allem sehen, wie es meinem Vater ging, zumal er seit den unseligen Vorfällen im März nicht mehr bei uns gewesen war. Wir sprachen von unseren Auswanderungsplänen und daß ich mein Studium aufgeben wollte, worauf er versicherte, daß in Hamburg alles wie eh und je weiterliefe. Wir sollten doch Deutschland als Ganzes nicht in einen Topf mit Niederstetten werfen. In Hamburg jedenfalls könne man gut leben, die Geschäfte gingen zufriedenstellend, und sicher würde auch bei uns bald wieder alles gut werden. Gewiß, er müsse zugeben, daß Staatsrat Leo Lippmann (ein Cousin, der Finanzminister der freien Hansestadt Hamburg gewesen war) seine Position verloren habe, aber wenn man in der Politik sei, müsse man so etwas eben akzeptieren. Onkel Henri erzählte uns schließlich auch, daß er sich unlängst mit einem sehr weisen und gelehrten Mann unterhalten habe, der ihm folgenden Rat gegeben hatte: Wenn ein Sturm tobt, verstecke dich hinter einem Busch, bis das Unwetter vorbei ist! – Auch der jetzige Sturm würde schon vorübergehen. Keinesfalls dürften wir das, was Generationen erarbeitet hätten, einfach wegwerfen.

Irgendwie überzeugte er uns, und wir ließen die »affidavits«, Papiere zur Einwanderung in die Vereinigten Staaten, verfallen, die mein Bruder Theo uns zugeschickt hatte. Auch kamen wir überein, daß ich nach Würzburg zurückgehen sollte, obwohl ich wußte, daß der Termin für die Rückmeldung bereits überschritten war und viele jüdische Studenten sich nicht mehr eingeschrieben hatten (sie versuchten ihr Glück im Ausland oder gaben das Studium ganz auf). Insgeheim hoffte ich aber, mein Studium doch fortsetzen zu können. Dazu brauchte ich ein ärztliches Attest, aus dem hervorging, daß ich krank gewesen war und deshalb die rechtzeitige Immatrikulation versäumt hatte. Der einzige, der für eine solche Bescheinigung in Frage kam, war Dr. Heller in Niederstetten. Er hatte tatsächlich Verständnis für meine Lage und gab mir das gewünschte Papier. Tags darauf fuhr ich nach Würzburg. Vor lauter Aufregung verlegte ich aber das Attest, und mein Vater mußte den Doktor abermals bemühen und ihn um eine zweite Ausfertigung bitten. Mit dieser ging ich dann auf das Universitätssekretariat, wo die Immatrikulationen vorgenommen wurden. Das Hauptgebäude der Universität war architektonisch sehr geglückt und eindrucksvoll, es lag in einer Grünanlage. Als ich die breite Treppe hinaufstieg, war mir gar nicht wohl zumute. Natürlich wollte ich studieren, Wissen und Fertigkeiten erwerben und meine Abschlußprüfungen bestehen, aber ich wußte auch genau, daß damit Opfer auf mich zukamen, die jenseits der mit dem Studium verbundenen Schwierigkeiten lagen. Ich war einundzwanzig Jahre alt, also volljährig... Doch der Wunsch meiner Eltern war mir Befehl, und so betrat ich das Büro und begrüßte den Sekretär mit einem »Guten Morgen« – nicht mit »Heil Hitler«, obgleich dieser Gruß auf allen Ämtern üblich war und auch sonst fast überall gehört wurde. Zu meinem Erstaunen fragte mich der Sekretär: »Was will denn der Bruno Stern?« Ich war perplex. Niemals hätte ich gedacht, daß er mich mit Namen kannte. Schließlich waren ungefähr 3000 Studenten an der Universität. Ich erklärte ihm, daß ich mich für das Studium der Zahnmedizin einschreiben wollte, worauf er – wie erwartet – sagte, daß es zu spät sei. Nun zeigte ich mein ärztliches Attest von Dr. Heller, und der Sekretär bat mich wirklich, die Akten zu unterschreiben – ich hatte es geschafft. Alles ging so rasch und reibungslos, daß ich neuen Mut schöpfte. Ein paar Tage später waren auch die anderen Formalitäten erledigt. Wohnen konnte ich wieder bei Mutter Marx, wo Laszlo Schwarz ebenfalls noch Untermieter war.

Außer uns beiden hatten noch einige andere jüdische Studenten es gewagt, sich zurückzumelden oder neu einzuschreiben. Sogar die Verbindung, der ich angehörte, existierte weiter, wenngleich mit sehr geschrumpfter Mitgliedschaft. Alles lief nur noch in ganz bescheidenem Rahmen: ohne Fechten, ohne Mensur und ohne Stammcafé am Samstagnachmittag. Während der Vorlesungen saßen wir, wie vorgeschrieben, abseits von den anderen Studenten, und in den Laboratorien arbeiteten wir an getrennten Tischen. Manchmal wurde es peinlich, zum Beispiel wenn der Professor kam und mit »Heil Hitler« begrüßt werden mußte. Als jüdischer Student konnte man dabei unmöglich mitmachen. Doch war es in solchen Momenten ein Glück, daß wir in den hintersten Bänken saßen.

Ende April erfuhr meine Familie in Niederstetten, daß allerhand Spekulationen um Justin in Umlauf waren, da er während der Vor-Hitler-Zeit hier und da gegen die Nazis gesprochen hatte. Es wurde nun vermutet, daß er womöglich zu den »Linken« gehörte. Wir informierten Justin über die häßliche Nachrede, und er ging sogleich auf die Polizeihauptstelle in Tübingen, die er kannte, weil er dort eine Zeitlang gelernt hatte. Der Polizeipräsident versicherte ihm, daß absolut nichts gegen ihn vorläge und daß, solange er Präsident bliebe, Justin keine Angst zu haben brauche. Kurze Zeit danach wurde der Posten aber einem Mitglied der NSDAP übertragen und der bisherige Präsident versetzt. Justins Lage verschlechterte sich. Es war ganz und gar unmöglich, einem Gerücht mit Tatsachen entgegenzuwirken, besonders wenn der Betroffene ein Jude war. Je unverschämter die Lüge, desto leichtgläubiger wurde sie oft als Wahrheit genommen. Noch hatte Justin seinen Paß. Sollte er nun warten, bis man auch ihm den Ausweis abnahm, wie es Vater und Mutter ja erlebt hatten? Nein! Er setzte sich in den nächsten Zug, fuhr über Straßburg nach Paris und hoffte, daß die freie Welt ihn freundlich aufnehmen würde. Wir fielen aus allen Wolken, als plötzlich mit der Post eine harmlos erscheinende Karte ankam, auf welcher nur stand: »Grüße aus Paris, Justin.«

5. Zeit der trügerischen Hoffnung

In Würzburg verlief der Alltag dagegen vergleichsweise undramatisch. Auch der Student, der sich mir gegenüber noch im April so feindselig benommen hatte, beruhigte sich. Zumindest griff er mich nicht mehr offen an. Aber natürlich konnte man nie wissen, ob nicht eines Tages wieder durchdrehte oder sonst etwas passierte. Nachdem es jüdischen Studenten versagt war, in der Mensa der Universität zu essen, reagierte nun die jüdische Sozialhilfe prompt mit einem Ausgleichsangebot: Im jüdischen Altersheim konnten Studenten, die knapp bei Kasse waren, gratis oder doch sehr preisgünstig an den Mahlzeiten teilnehmen. Mein Freund Laszlo und mehrere meiner Verbindungsbrüder aßen jetzt regelmäßig dort. Ich selbst ging in das Koscher-Restaurant Katzmann am Vierröhrenbrunnen. Während des »Studentenzuwachses« im Altersheim wurden zahlreiche Freundschaften geschlossen, besonders auch mit den Mädchen des Pflegepersonals. Sie hatten eine ebenso starke Anziehungskraft wie das vorzügliche Essen. Das Altersheim diente auf diese Weise auch noch als Freizeittreffpunkt für junge Leute.

Wie gesagt, war die A. W. V. Veda damals noch nicht aufgelöst, konnte aber viel weniger aktiv sein als ehedem. Immerhin waren die Verbindungsbrüder froh, daß die Vereinigung noch ihr eigenes Haus besaß. – Eines Freitags nachts jedoch drangen SS-Studenten in schwarzer Uniform und voller Bewaffnung in das Gebäude, besetzten es und beschlagnahmten das ganze Haus mitsamt allen darin enthaltenen Sachen. Die Verbindungsbrüder wurden am Betreten der Räume gehindert. Das war, im Juni 1933, das offizielle Ende der A. W. V. Veda, die 1896 gegründet worden war.

Die Geschichte unserer Verbindung hört damit aber noch nicht auf. Sie ging auf verwickelten, erbitterten, paradoxen und komplizierten Wegen weiter. Dr. Stiefel, Zahnarzt und aktives Mitglieder der Veda, war oberster Vertreter der Organisation in Würzburg seit dem Ersten Weltkrieg gewesen. Er hatte alle Vollmachten und die Verantwortung für die Finanzen. Als die Bank nun auf die Abzahlungsrate der laufenden Hypothek wartete, wandte sie sich nicht an die Studenten-SS, die das Haus und die darin aufbewahrten Konto-Unterlagen konfisziert hatte, sondern setzte Dr. Stiefel unter Druck, um zu ihrem Geld zu kommen. Ja, sie schickte am Ende sogar den Gerichtsvollzieher, der den persönlichen Besitz Dr. Stiefels beschlagnahmen sollte. Dieser konnte die Beamten nur mit großer Mühe davon überzeugen, daß er kein Veda-Vermögen in seinem Haus aufbewahrte. Daraufhin mußte der konfiszierte Veda-Fonds zur Zahlung der Hypothek freigegeben werden. (Der Gerichtsvollzieher wurde während der Verhandlung bei Dr. Stiefel übrigens von heftigem Zahnweh befallen und klagte darüber. Als Gegenleistung für sein Wohlwollen bekam er den Zahn gleich schmerzlos und kostenlos gezogen.)

Um dieselbe Zeit – Juni 1933 – hatte Isack Oberndörfer, der Lehrer, Kantor und Vorsitzende der jüdischen Gemeinde von Niederstetten, das Alter für den Ruhestand erreicht. Sein Nachfolger wurde der junge Alex Roberg, der, gerade zwanzigjährig, soeben das Lehrerseminar in Würzburg absolviert hatte. Einen solchen Posten zu übernehmen und noch dazu in einer so unsicheren Zeit, war keine leichte Aufgabe. Im Rückblick muß ich aber sagen, daß Alex Roberg seine Pflichten mit großer Würde und Geschick erfüllte. Rasch gewann er die Sympathie und Liebe der ganzen jüdischen Gemeinde ebenso wie die Achtung der Christen von Niederstetten. In der Vergangenheit war es üblich gewesen, daß ein neuer Lehrer-Kantor dem Bürgermeister, dem Pfarrer der evanglischen und dem Priester der katholischen Gemeinde einen Besuch abstattete. Alex Roberg sprach darüber mit meinem Vater und David Wolf, und

83 Alex Roberg und Bruno Stern. Alex Roberg (links) wurde 1933 als Lehrer und Kantor in Niederstetten angestellt.

die drei Männer hielten es für angebracht, diese Besuche auch jetzt fortzusetzen. Roberg stellte sich also vor und wurde überall freundlich empfangen. Pastor Umfrid ließ ihn wissen, daß er jederzeit auf Hilfe rechnen könnte, wenn er sie brauchte.

So trat Alex Roberg sein Amt an und führte sogleich einen Abendlehrgang ein in Neu-Hebräisch. Dieser Kurs war vorwiegend für Erwachsene gedacht, und die meisten Gemeindemitglieder nahmen daran teil. Sie lernten so eifrig, als ob sie noch zur Schule gingen. Dann kam das Massaker vom 30. Juni, das Hitler-Anhänger diesmal nicht an Juden, sondern an Hunderten von Andersdenkenden verübten, nur weil sie sich den Zielen des Regimes nicht anschließen konnten und größtenteils zur gemäßigten Rechten gehörten. Das ganze Land stand unter einem Schock: hier war ein deutliches Signal gegeben worden, daß jeder, der den Machthabern auch nur den geringsten Widerstand entgegensetzte, mit dem Tod bestraft werden würde. Viele, die bis dahin noch gehofft hatten, daß ihr Eindruck vom »Führer« des deutschen Volkes falsch war, wurden eines Besseren belehrt. In genau fünf Monaten hatten die Nazis allen Widerstand unterdrückt.

Mit meinem Studium in Würzburg kam ich trotz allem recht gut vorwärts. Ich besuchte die nötigen Vorlesungen und verstand mich auch mit einigen christlichen Studenten, obwohl dieser Umgang außerhalb der Universität kaum weitergepflegt wurde. Laszlo und ich blieben die besten Freunde. Er war, wie gesagt, ein ungarischer Jude und fiel als solcher – d. h. weil er Staatsbürger eines fremden Landes war – nicht unter die Bestimmungen und amtlichen Gesetze, die gegen die deutsch-jüdischen Studenten erlassen worden waren. Er arbeitete regelmäßig mit einigen nicht-jüdischen Kommilitonen zusammen und hatte sogar eine nicht-jüdische Freundin. Die deutsch-jüdischen Studenten hingegen suchten sich ihre Freundinnen bzw. Freunde fast nur unter ihresgleichen. Ja, innerhalb der jüdischen Jugend generell entwickelte sich ein ganz neues gesellschaftliches Leben. Mit fortschreitender Zeit und wachsender Unterdrückung empfanden sie alle eine vorher nicht immer selbstverständliche Gleichheit untereinander – die Gleichheit derer, die vor den Augen der Machthaber ein »Nichts« sind. Damals fielen bei den Juden in Deutschland tatsächlich die Klassenschranken. Man konnte Freundschaften erleben, die ehedem nie möglich gewesen wären und als unmöglich gegolten hätten.

Die Hauptstraße von Niederstetten, in der meine Familie wohnte, wurde im Lauf der politischen Umwälzungen in *Adolf-Hitler-Straße* umbenannt. Und Wilhelm Bernheim, Sohn des früheren Kantors und Hebräisch-Lehrers unserer Gemeinde, bekam seine Ehrenbürgerrechte entzogen, die ihm verliehen worden waren, weil er nach dem Ersten Weltkrieg soviel für die Armen aller Konfessionen und die Verschönerung seiner Heimatstadt getan hatte. Schon die bloße Tatsache, daß man einen Juden solcher Auszeichnung für würdig befunden hatte, war für die Nazis ein unerträglicher Gedanke. Es durfte einfach nicht sein, gleichgültig wieviel Verdienste dahinterstanden. Nicht lange darauf wurde Herr Kraushaar, Mitbegründer der NSDAP von Niederstetten, zum neuen Ehrenbürger ernannt.

Alle Freizeit, die mir mein Studium in Würzburg irgend ließ, verbrachte ich zu Hause bei meinen Eltern. Denn seit Justin in Paris und Theo in Amerika waren, fühlten Vater und Mutter sich sehr vereinsamt. Vater hatte von den Behörden wenigstens die Genehmigung erhalten, einen monatlichen Geldbetrag an Justin schicken zu dürfen, so daß dieser sein Studium an der Sorbonne fortsetzen konnte. In Paris erhielten ausländische Flüchtlinge keine Arbeitserlaubnis. Natürlich reichte aber auch diese bescheidene Summe bald nicht mehr aus, um Studium und Lebensunterhalt zu bestreiten. Es gab wohl französische und amerikanische Organisationen, bei denen die Gestrandeten Hilfe fanden, und einige Emigranten wußten auch sehr gut, auf welchen Stellen sie Unterstützung bekommen konnten – aber wir waren in solchen Adressen nie bewandert, und Justin geriet in bittere Not. Von Deutschland aus begannen wir deshalb Schritte einzuleiten, damit Justin Frankreich verlassen konnte. Doch war das keineswegs leicht. Man brauchte für die Einreise in ein anderes Land das übliche »Affidavit«. Es dauerte ungefähr zwei Jahre, bis wir es geschafft hatten – zwei sehr harte Jahre, vor allem für Justin. Das Brot des Exils schmeckte wahrhaftig nicht angenehm.

In den Semesterferien des Sommers 1933 fuhr Lazlo nach Ungarn zu seinen Eltern und ich, wie gewohnt, nach Niederstetten. Mutter Marx, unsere Zimmervermieterin, hatte sich verabschiedet, um zu ihren Kindern in die Vereinigten Staaten zu reisen. Das hieß, daß wir im Herbst nach einer neuen Unterkunft suchen mußten. Der ursprünglich auf ein Jahr geplante Amerika-Aufenthalt dauerte dann zwölf Jahre: Mutter Marx kam nie mehr zurück in ihr altes Haus, sie starb in der Fremde.

Die Lage in Niederstetten selbst hatte sich damals ein wenig stabilisiert, wenngleich man als Jude weiter in ständiger Unsicherheit leben mußte. Doch war, abgesehen von boshaften Bemerkungen, die einem im Vorübergehen auf der Straße nachgeschickt wurden, nichts Ungebührliches mehr vorgefallen. Man versuchte, Begegnungen zu vermeiden, und benutzte fast nur die Seitengassen, denn natürlich war man immer auf einen neuen Ausbruch gefaßt und hörte auch immer irgend etwas von irgendwoher, was die Unruhe schürte. Selbst wenn die Zeitungen nichts mehr meldeten, der Nachrichtendienst von Mund zu Mund funktionierte.

Seit dem Tag der Machtergreifung Hitlers saß allen Juden die Angst im Nacken, man bekam sogar eine gewisse Übung, mit der Gefahr zu leben, und es begann, wie schon erwähnt, ein ganz neuer Zusammenhalt aller gesellschaftlichen Schichten. Besonders die jungen Leute wollten leben und ihr Leben genießen, auch wenn am nächsten Tag schon alles zu Ende sein konnte. Verfolgt und gedemütigt, versuchten sie, ein paar Stunden zu erhaschen, in denen sie ihre Lage vergessen und fröhlich sein konnten über die kostbarste aller Gaben: das Leben. In Groß- und Kleinstädten wurden Vereine gegründet, nicht nur zum gemeinsamen Lernen, sondern auch zur reinen Unterhaltung. Viele, die sich vorher aus der jüdischen Sphäre ausgeschlossen hatten, fanden jetzt den Weg zurück, wo nicht freiwillig, so durch die Umstände. Man veranstaltete Tanzabende, gemeinsame Ausflüge und Spiele. Bevor ich diesmal zu den Sommerferien nach Hause gekommen war, hatte ich noch eine Fahrradtour mit zwei Bundesbrüdern unternommen. Zuerst ging es am Main entlang, dann über hügeliges und bergiges Gelände nach Hammelburg, wo ich die Familie Hamburger besuchte. Frau Hamburger stammte aus Niederstetten, und ihr Vater, Moritz Strauß, lebte noch immer dort. Von Hammelburg aus fuhren wir weiter in Richtung Saale-Tal. Wir sahen die Ruinen des mittelalterlichen Schlosses von Trimberg und dachten an Süßkind von Trimberg, den jüdischen Minnesänger und seine traurigen Lieder, die wir jetzt viel besser verstanden. Weiter radelten wir durchs Saale-Tal bis nach Bad Kissingen, dem weltbekannten Kurort. Hier ließen wir uns von einem hübschen Café-Haus anlocken, gingen hinein und bestellten Kaffee und Kuchen. Danach besuchten wir Herrn Dr. Mintz, der Mitglied der jüdischen Studentenvereinigung Salia in Würzburg war. Wir erzählten ihm, daß wir auch in Würzburg studierten und zur A. W. V. Veda gehörten. Er bot

84 Fahrradtour nach Bad Kissingen. Wir versuchten, unserer Niedergeschlagenheit entgegenzuwirken, indem wir eine Fahrradtour machten.

85 Ruine der Trimburg bei Trimberg. Beim Anblick der Burg dachten wir an Süßkind von Trimberg, den jüdischen Minnesänger aus dem Mittelalter. Jetzt verstanden wir seine Traurigkeit besser.

uns Unterkunft in einem jüdischen Kinderheim an, wo er Aufseher war. Viele Hotels in Bad Kissingen wiesen jüdische Gäste nämlich ab, außerdem waren Studenten ja immer knapp bei Kasse. Die Betreuer und das Aufsichtspersonal freuten sich über unseren Aufenthalt, und wir verbrachten eine schöne Zeit dort. Sie machten uns auch darauf aufmerksam, daß das Café, in dem wir gewesen waren, draußen eine große Tafel ausgehängt hatte mit dem Hinweis: »Juden unerwünscht«. Wir selbst hatten das Schild völlig übersehen.

Neben den bereits erwähnten neuen Abendkursen gab es in Niederstetten jetzt samstags nachmittags immer ein *Oneg Schabbat*, ein unterhaltsames Beisammensein der Gemeindemitglieder, das sich bis zum Abendgottesdienst hinzog. Eigentlich war es mehr für die Jüngeren gedacht, aber die älteren Mitglieder kamen oft wesentlich früher zum Gottesdienst, nur um die Geselligkeit der Jugend mitzuerleben, an der dann alle ihren Spaß hatten. – Die Männer gingen kaum noch in christliche Gasthöfe und Wirtschaften. Dafür trafen sie sich an einigen Abenden und Nachmittagen im jüdischen Restaurant Braun, wo sie Karten spielten (mit bescheidensten Einsätzen) und eine Tasse schwarzen Kaffees tranken, die den ganzen Nachmittag oder Abend reichen mußte. Das sogenannte »Restaurant« Braun war nur eine sehr bescheidene Lokalität. Es bestand aus einem langen Raum, in welchem drei lange Tische standen. Eine Ecke war durch eingezogene Trennwände abgeteilt, das war das Schlafzimmer des Inhabers. Zu den regelmäßigen Kartenspielern gehörte Berthold Schloßberger, ein Mitglied unserer Gemeinde, der zwar nicht sehr erfolgreich, aber mit um so größerer Leidenschaft spielte. Er war von Natur ein überaus ängstlicher Mensch, was ortsbekannt war – unter Juden wie Christen. Eines Abends, als er vom Kartenspiel nach Hause ging, rannten ein paar Dorfbuben hinter ihm her und schrieen: »Berthold, du wirst g'schächt!« Er glaubte tatsächlich, seine letzte Stunde habe geschlagen, und rief laut um Hilfe. Sein Nachbar Kappes, der Briefträger von Niederstetten, hörte den Tumult und berichtete am nächsten Morgen dem Ortspolizisten Dodel davon mit dem Nachsatz, daß die Buben sich Berthold gegenüber ja nicht gerade nett benommen hätten. – Ein paar Tage später wurde Berthold wegen Ruhestörung mit einem Bußgeld bestraft.

Die meiste Zeit meiner Sommerferien 1933 verbrachte ich, wie in den vergangenen Jahren, in Niederstetten. Dort gab es auch allerhand zu tun für mich. Wir besaßen ja ein paar Äcker, die bearbeitet werden mußten. Als kleinerer Junge hatte ich vier Ziegen gehabt. Die mußte ich immer auf die Weide bringen und war glücklich in der natürlich-einfachen Umgebung bei so natürlich-einfachem Zeitvertreib. In späteren Jahren hatten wir dann unsere Freunde und Freundinnen, mit denen wir am liebsten zusammen waren. Mischehen zwischen Juden und Christen allerdings gab es auf dem Land nur sehr wenige. Doch hatten die Leute auch etwas gegen Ehen zwischen Protestanten und Katholiken. Ein altes Sprichwort lautete: »Zum Heiraten sollten beide dasselbe Gebetbuch haben.«

Jeden Sommer kam aus der Stadt ein Mädchen namens Käthe Lüder nach Niederstetten. Sie verbrachte die Ferien bei ihrer Tante, die ein kleines Töpfereigeschäft in unserer Nähe besaß. Die Lüders waren evangelisch. Wenn Käthe sich in Niederstetten aufhielt, war sie häufig bei meiner Familie und mir. Auch jetzt, im Sommer 1933, glaubte sie, diese Besuche wie seither fortsetzen zu können. Man hatte ihr zwar angedeutet, wie wir behandelt worden waren, aber sie konnte sich das alles nicht recht vorstellen. Ein paarmal machte sie wieder Spaziergänge mit mir über die Äcker und Felder, aber dann mußte ich ihr doch sagen – entgegen meinen eigenen Wünschen –, daß wir uns nicht mehr treffen konnten. Für sie wie für mich war dies besser, denn es brauchte uns nur eine eifersüchtige oder gehässige Seele zu sehen, und schon hätte der Klatsch Blüten getrieben und uns beide in Schwierigkeiten gebracht.

Also war in diesem Sommer wenig los. Neben der Arbeit auf dem Feld studierte ich nur und bereitete mich auf das Herbstsemester vor. Abgesehen von einem gelegentlichen Gang zur Post oder einem Fahrradausflug in eine der jüdischen Nachbargemeinden, ging ich sehr wenig außer Haus. Trotzdem sprach die Wirtin einer Gaststätte, Frau Posthalter, meinen Vater eines Tages darauf an, daß die Nazis es nicht gerne sähen, wenn ich mich in ihrem Lokal aufhielte, überhaupt sollte ich mich so wenig wie möglich unter Leuten zeigen. Wir beschlossen deshalb, daß ich eine Zeitlang in Crailsheim bei unseren Verwandten bleiben sollte, wenigstens unter der Woche. Dort sollte ich mich auch ein wenig nützlich machen und in der verbleibenden Freizeit Fahrstunden nehmen.

Ich war immer gerne bei den Landauers in Crailsheim gewesen. Die Familie stammte ursprünglich aus Michelbach an der Lücke, wo auch der Name herkommt. Die beiden Landauer-Töchter, meine Cousinen, hatten früher in Niederstetten mit mir gemeinsam die Schule besucht. Wir regelten nun die Termine mit einer Fahrschule im nahe gelegenen Ellwangen. Diese Fahrschule wurde von einem Mann namens Hiltwein betrieben, der alles in einem war: Inhaber, Leiter und Lehrer. Außerdem stand er noch an erster Stelle der NS-Kraftfahrstaffel.

Der Lehrgang dauerte ungefähr zwei Wochen. Jeden Morgen fuhr ich mit dem Frühzug von Crailsheim nach Ellwangen und wurde dort am Bahnhof schon von Hiltwein mit dem Wagen der Fahrschule erwartet. Ich war der erste, den er abholte. Anschließend fuhren wir durch Ellwangen nach Aalen, wobei ich den Wagen steuerte, und in Aalen holten wir noch einige weitere Fahrschüler ab. Am Ende waren wir insgesamt etwa sechs oder sieben Personen. Die Gruppe fuhr dann weiter nach Oberndorf-Bopfingen. Die meisten von uns waren Männer. Sie kannten mich alle und wußten auch, daß ich Jude war, benahmen sich mir gegenüber aber – daß muß gesagt werden – ausnahmslos freundlich. Mittags gingen wir immer gemeinsam zum Essen in einen Gasthof. Wenn die Gespräche eine politische Wendung nahmen, versuchte ich mich herauszuhalten.

Der Fahrschulunterricht war ansonsten keine Sache, die man eins, zwei, drei hinter sich bringen konnte. Neben dem eigentlichen Fahren mußte man sich theoretische Kenntnisse aneignen und auch etwas Mechanik lernen. Nach Hause fuhr ich nur übers Wochenende.

Am ersten Sonntag, den ich wieder bei meinen Eltern verbrachte, fand in Niederstetten ein kleines Fest statt. Der ganze Ort war mit Hakenkreuzfahnen geschmückt, ausgenommen die Häuser, in denen Juden wohnten. Kurz nach Mittag marschierte eine Parade auf. Unter den Anführern des Zugs war unser guter Freund und Nachbar Fritz Hammer, der Schmied. Er saß hoch zu Pferde. Zu dieser Zeit muß er wohl in den Siebzigern gewesen sein. Wir sahen nicht aus den Vorderfenstern hinaus, sondern spähten durch die Gardinen oder die Seitenfenster. Den ganzen Nachmittag herrschte ein reges Kommen und Gehen vom und zum Festplatz, der am Rande der Stadt lag, nicht weit von unserem Haus entfernt.

Gegen Abend fuhr ich mit der Bahn nach Crailsheim zurück, weil ich am Montag früh wieder Fahrstunden in Ellwangen hatte. Im Haus meiner Verwandten spielten wir noch ein bißchen Karten und hörten Radio. Das meiste, was damals gesendet wurde, war allerdings nicht sehr ermutigend. Doch gewöhnte man sich mit der Zeit an die ständigen Beschuldigungen der Juden, die ja nicht nur über das Radio verbreitet wurden. Um neun Uhr abends etwa klingelte es an der Haustür, und wir wunderten uns, wer zu so später Stunde noch kommen konnte. Es waren meine Eltern! Weiß wie der Tod, unfähig, im ersten Moment irgend etwas zu sagen, kamen sie herein. Und als sie schließlich erzählen wollten, kamen nur unzusammenhängende

Brocken heraus. Allmählich aber konnten wir uns Folgendes zusammenreimen: Nachdem ich mich verabschiedet hatte und zum Bahnhof gegangen war, saßen Vater und Mutter mit unserem christlichen Hausmädchen noch eine Weile beisammen. Wenig später hörten sie von der Straße her ein paar Leute rufen: »Stern mach auf! Stern, du wirst g'schächt!« Die Rufer vermehrten sich und wurden lauter. Meine Eltern erkannten durch die Gardinen hindurch eine Menschenansammlung vor dem Haus. Vater sah nach, ob die Türen alle verschlossen waren. Die Menge preßte sich gegen die Eingangstür, aber die hielt stand. Es fragte sich nur, wie lange! Ein paar Betrunkene vom Festplatz trieben die anderen, die zum Teil nur herumstanden, erst richtig an. Schließlich bekam Vater doch Angst um die Haltbarkeit der Türen. Die Polizei herbeizurufen, wäre natürlich zwecklos gewesen. So beschlossen meine Eltern, einen Fluchtversuch zu wagen, ehe es zu spät wurde. Sie eilten durch die Kellertür, die auf den Hof hinausführte, und weiter durch die Gärten unserer Nachbarn. Wo die jeweiligen Schlüssel zu den Gartentoren versteckt waren, wußten sie. Unser Hausmädchen blieb mit dem Hund zurück und schloß die Kellertür sofort wieder ab. Meine Eltern konnten beruhigt sein, daß dem Mädchen nichts passieren würde, auch wenn der Pöbel ins Haus einbrach, denn Frieda war in der ganzen Ortschaft bekannt und wohlgelitten.

Durch die Hintergärten gelangten Vater und Mutter auf eine Seitengasse. Ihr nächstes Ziel war das Restaurant Braun, jenes jüdische Lokal, das man durch mehrere Nebenstraßen erreichen konnte – denn auf der Hauptstraße zu gehen, war nicht gerade ratsam. Allerdings mußten sie die Hauptstraße drei Häuser entfernt von unserem eigenen Haus überqueren. Doch glücklicherweise erkannte sie niemand. Sie erreichten das Restaurant und ruhten sich dort einen Moment aus, dann riefen sie das Ortstaxi und baten den Fahrer, sie nach Crailsheim zu bringen, das immerhin fast 40 km entfernt liegt. Man kann sich nicht vorstellen, wieviel Angst und Schrecken in ihren Blicken lag, als sie hier ankamen. Später telefonierten wir nach Niederstetten. Das Mädchen berichtete, daß der Mob noch eine Weile versucht hätte, die Tür einzurennen, dann aber, als sie nicht nachgab, sich langsam entfernt hatte.

Etwa eine Woche später bestand ich meine Fahrprüfung und erhielt den Führerschein. Herr Hiltwein half mir sehr dabei. Da der Sommer sich langsam dem Ende zuneigte, mußte ich jetzt auch wieder an Würzburg und die Universität denken. Zunächst galt es ja, ein neues Zimmer zu suchen, denn Mutter Marx war bereits nach Amerika aufgebrochen.

Lazi und ich sahen uns also um und fanden zwei Zimmer bei einer Witwe Bravmann, deren Wohnung in einem anderen Stadtteil lag, nicht weit von meinem zahnärztlichen Institut entfernt und folglich für mich sehr bequem. Frau Bravmann war eine alte Dame. Ihre ebenfalls schon verwitwete Tochter und deren Sohn wohnten bei ihr. Auch hatte sie noch eine christliche Hausangestellte. Aus der Perspektive der späteren politischen Weltgeschichte mag an dieser Stelle interessant sein, daß Frau Bravmann eine geborene Kissinger war: die Schwester von Henry Kissingers Großvater. Lazi studierte im letzten Semester. Er hatte bereits seine Ausbildung als Zahnarzt abgeschlossen, dann aber im Zweitstudium Medizin gewählt und stand nun vor der medizinischen Abschlußprüfung. Sein Beispiel überzeugte mich, ebenfalls Medizin und Zahnmedizin zu studieren. Ich stellte daher beim Bayerischen Kultusministerium einen Antrag zur Aufnahme in die medizinische Fakultät, deren Vorlesungen ich parallel zum Zahnarztstudium besuchen wollte. Trotz meines Handikaps, ein Jude zu sein, erhielt ich prompt die Zulassungsbescheinigung, mit der ich beide Fächer zugleich studieren durfte. Das bedeutete mehr Arbeit, aber ich konnte damit rechnen, daß mir diese auf dem weiteren Lebensweg zustatten käme. Mit dem Studium ging es auch ordentlich vorwärts. Wir jüdischen

Studenten hatten uns mehr oder weniger an die Sonderstellung gewöhnt, die man uns auferlegte. Neue jüdische Studenten kamen nicht mehr hinzu, und nur eine Handvoll der bereits immatrikulierten versuchte noch, ihre Kurse zu beenden und die Abschlußprüfungen zu machen.

Eines Tages bat mich ein alter Freund – ein ehemaliger Schulkamerad namens Weigand aus meiner Zeit in Tauberbischofsheim –, mit ihm für eine bevorstehende Prüfung zu lernen. Er wußte, daß ich recht gut in Physik und Chemie war, und bei ihm haperte es etwas in diesen Fächern. Ich sagte zu, und wir vereinbarten einen Abend, an dem er zu mir kommen sollte. Tags darauf fragte er mich, ob er noch einen Freund mitbringen könnte, womit ich einverstanden war. Der Abend kam. Das Hausmädchen klopfte an meine Zimmertür und sagte, daß draußen zwei Herren für mich wären. Ich ging hinaus auf den Flur. Da stand mein Freund und neben ihm jener junge SA-Mann (diesmal in Zivil), der mich in den Tagen des Umsturzes so bedroht und die anderen Kommilitonen gegen mich aufgehetzt hatte. Wir sahen uns an. Ich konnte nichts sprechen, und auch er wußte nichts zu sagen. Weigand hatte keine Vorstellung, was hier vorging. Endlich nahm ich mich zusammen, bat die beiden in mein Zimmer, und bald war das Eis gebrochen. Wir lernten von da an gemeinsam, und die beiden bestanden ihre Prüfung. Den Namen des SA-Mannes habe ich vergessen, ich weiß nur noch, daß er mit schwäbischem Akzent sprach. Nach unserer Lern- und Lehrepisode war er übrigens sehr freundlich zu mir und besuchte mich später sogar oft in meinem Labor, wo ich, getrennt von den anderen Studenten, arbeiten mußte. Einmal, als ich mir den Arm verbrannt hatte, half er mir bereitwillig, so daß ich nicht in meinem Pensum zurückfiel. Auch tranken wir manches Fläschchen Bier zusammen. Ich hatte nämlich immer Bier in meinem Spind, weil ich wußte, daß kleine Geschenke die Freundschaft zu erhalten pflegen.

In den nun folgenden Jahren wurden meine Arbeitsbedingungen an der Universität zunehmend erschwert, da die Regierung laufend neue Sonderbestimmungen erließ. Mit dem Beginn der sogenannten klinischen Semester sah ich mich außerdem vor ein zusätzliches Problem gestellt. Es kamen immer viele Leute in die Zahnklinik der Universität, um dort behandelt zu werden. Die Studenten brauchten ja auch Patienten, um praktische Erfahrungen zu sammeln. Als jüdischer Student aber mußte man sich bald nach 1933 seine eigenen Patienten besorgen. Das war nicht leicht, doch gelang es uns irgendwie. Manchmal zahlten wir sogar den Patienten die Gebühren, nur damit sie uns an ihren Zähnen arbeiten ließen.

Bis zum Herbst und Winter 1933 war die Geselligkeit in den jüdischen Kreisen wiederhergestellt. Wir hatten Tischtennisabende (anstelle des früheren Fechtens) und trafen uns im »Café Mayer«, einem jüdischen Café am Franziskanerplatz. In zahlreichen anderen Städten gab es auch wieder kulturelle Veranstaltungen, die in Würzburg allerdings fehlten. Unter den süddeutschen Juden war die jüdische Gemeinde von Stuttgart weithin bekannt für das hohe Niveau ihres Kulturprogramms, in dessen Vordergrund die jüdische ebenso wie die deutsche Traditionspflege stand.

6. Die Angst wird übermächtig

Ich habe zu zeigen versucht, daß man als Jude im damaligen Deutschland noch ein erträgliches Leben führen konnte – wenn auch ein Leben unter ständiger Panik, die jung und alt immer wieder befiel. Die unablässigen Demütigungen durch Presse und Rundfunk führten zusätzlich zu einer Verstärkung des vorhandenen Gefühls der Ohnmacht. Wir Juden waren unser Leben lang patriotisch gewesen, waren stolz auf unsere Heimatstadt, stolz auf unser Land, ja fühlten uns als Teil dieses Landes – und auf einmal mußten wir uns als Abgesonderte sehen, waren von bestimmten Restaurants ausgeschlossen, durften nicht in allen öffentlichen Anlagen und Stadtteilen spazierengehen und fanden vor mancher Dorfeinfahrt den pauschalen Hinweis: »Juden unerwünscht!« Nur wer eine solche Metamorphose selbst durchgemacht hat, kann die inneren Kämpfe verstehen, denen wir ausgesetzt waren.

Ein Verwandter von mir, der zwanzigjährige Student Rudolf Lippmann, konnte mit den veränderten Bedingungen nicht fertig werden. Er beging im Juni 1933 in Köln Selbstmord. Unter den neuen Reglementierungen hatte er überhaupt keine Chance zu einem eigenen Leben gesehen. Auf seiner Begräbnisfeier hielt sein Onkel, Staatsrat Leo Lippmann, der frühere Finanzminister der freien Hansestadt Hamburg, eine Ansprache, in welcher er die Gefühle und Gedanken vieler Zeitgenossen zusammenfaßte. Die Beisetzung fand auf dem jüdischen Friedhof von Hamburg-Ohlsdorf statt.

Gedenkrede für Rudolf Lippmann (1913–1933),
gehalten von Leo Lippmann, Staatsrat a. D.*

Es ist Herbst, die Blätter fallen von den Bäumen. Blätter, die den Kreislauf vollendet haben und Schönheit und Freude verbreiteten, Blätter, von denen einige noch frisch, jung und grün aussehen und keineswegs bereit zum Sterben scheinen. Die Bäume selbst aber bleiben und werden sich im kommenden Frühling erneuern und dann vielleicht stärker und schöner sein.

Wir trauern heute an der Bahre eines jungen Mannes, eines Blattes, das vom Lebensbaum der Seinen abgefallen ist, ein Blatt, das jung war und so grün und voller Leben erschien.

> *Wir sind nur Gestade.*
> *Tief in uns*
> *Fließt das Blut vergangner Dinge.*
> *Es fließt der Zukunft entgegen,*
> *Blut unserer Väter,*
> *Voller Unruhe und Stolz.*
> *Alle sind in uns!*
> *Wer wollte sich einsam fühlen?*
> *Du bist ihr Leben,*
> *Ihr Leben ist dein.*

Blut vergangner Dinge – Blut deiner Väter – Das warst du,
Rudolf Lippmann,
ein Deutscher und ein Jude.

---

* Diese Rede lag den Aufzeichnungen Bruno Sterns in englischer Übersetzung bei; der Originalwortlaut muß als verschollen gelten. Die folgende Rückübersetzung ins Deutsche kann daher nicht als Zitat der historischen Trauerrede betrachtet werden. Anm. d. Übers.

Deine Vorväter lebten seit Jahrhunderten in Deutschland. Mit jeder Faser ihres Herzens hingen sie an Deutschland. In Glück und Unglück, in Frieden und Krieg taten sie ihre Pflicht als Deutsche. Sie liebten dieses Land mehr und mit größerer Leidenschaft als mancher, der heutzutage glaubt, nur er und seinesgleichen seien Deutsche. Du verstandest den einfachen deutschen Mann und die einfache deutsche Frau, und sie verstanden dich, den Deutschen. Dein letzter Weg führte dich an den Rhein, Deutschlands großen Strom, den zu sehen du dir so lange ersehnt hattest, wie alle, die deutsch fühlen.

Deine Vorväter, Rudolf Lippmann, waren Juden von Abstammung und Religion. Jüdisches Blut kreiste in ihren Adern, ruheloses, stolzes Blut. Blut voller Unruhe. Im Nachdenken über die Probleme des Lebens beugen wir uns leichter vor allem, was den menschlichen Geist und das menschliche Herz angreift – wie unsere Väter, diese Männer, die von Natur aus leichter ergriffen waren als andere, die dünneres Blut ererbt haben. Blut voller Stolz. Im Bewußtsein der hohen Werte unserer Väter hat sich das Menschenbild der Juden immer von neuem erhoben, trotz der Schicksalsschläge, die uns so oft und so schwer getroffen haben. Zäh am Leben hängend, sind wir unablässig bestrebt, den Fährnissen zum Trotz menschlich zu bleiben, niemals die Hoffnung zu verlieren und zu retten, was gut ist, um den Stürmen und Verfolgungen standzuhalten und das Gute zum Segen der ganzen Menschheit für bessere und glücklichere Tage zu bewahren. So kämpften auch in dir, du früh Verschiedener, die beiden Ströme, die beiden natürlichen Veranlagungen des jüdischen Blutes. Beunruhigt über die Ereignisse der Zeit, hast du dich mit den Fragen des Lebens auseinandergesetzt. Obwohl körperlich nicht stark, warst du doch voller Stolz, du wolltest kämpfen und wolltest beweisen, daß du stark und aufrecht warst.

Also stelltest du dich mutig und standhaft den Problemen, mit denen du, wie Hunderte, Tausende, ja Millionen anderer Deutscher, so plötzlich und auf grausame Weise konfrontiert wurdest. Genau wie deine Väter und Vorväter fühltest du dich zuerst und vor allem als ein Deutscher und sehntest dich danach, mit Millionen anderer junger Menschen deines Alters deine Pflicht zu tun, so wie du sie verstandest.

Du hast sehr darunter gelitten, daß man dich zurückwies und dir in unmißverständlichen Worten zu verstehen gab, daß man deine Hilfe nicht brauchte. Dein Blut wurde unruhiger. Du versuchtest, der Schwierigkeiten alleine Herr zu werden. Vielleicht lag es am Stolz deines Blutes, daß du den Weg zu deinen Eltern, Schwestern, Brüdern und Freunden nicht mehr finden konntest.

Sicherlich aber war es derselbe, von deinen Ahnen ererbte Stolz, der dich an einen Freund schreiben ließ: »Wenn es irgend etwas gibt, weswegen ich den Kopf hochtrage, dann ist es das Wissen, daß niemand mir mein Deutschtum wegnehmen kann. Gott sei Dank, habe ich meine Ehre in mir selbst. Sie wird in mir bleiben, auch wenn viele behaupten, daß ich keine hätte.«

Du allein hast mit dir gekämpft. Wieder und wieder hast du versucht, einen Weg zu finden, der es dir, dem Deutschen, ermöglichen würde, in Deutschland zu leben und zu arbeiten. Und weil du nur von dir selbst abhängig warst, erkanntest du nicht, daß du irrtest, als du weiterschriebst: »Ich weiß, ich bin ein Deutscher, solange ich es sein will.«

Nein! Du warst ein Deutscher und wärest immer ein Deutscher geblieben mit dem Blut deiner Ahnen, die ebenfalls alle Deutsche waren und es immer bleiben wollten. Auch du hättest das gewünscht, wo immer du gewesen wärest. Aber du dachtest, als ein in Deutschland Ausgestoßener, daß du an der Zukunft verzweifeln müßtest und dein Deutschtum freiwillig, zusammen mit deinem Leben, aufgeben könntest. Du hast nicht erkannt, daß deine Vorfahren schon viele Stürme überlebt und dank ihres stolzen Blutes verstanden haben, sich gegen jede

Unbill zu wehren und die Verfolgungen zu bestehen. Dadurch gerade bewahrten sie als Juden und als Deutsche die edle Menschlichkeit für die gesamte Menschheit. Blut deiner Väter – das heißt: ihr Leben war in dir! Ihr Beispiel hätte dir helfen können!

Es ist nicht der sterbende Baum, der das Land verschönert. Doch kann sein Tod möglicherweise den anderen Bäumen und Blumen mehr Licht schenken und sie dadurch stärken. Also könnten wir ihn als Opfer für die anderen betrachten. Aber der Baum, der selbst Schönheit und Freude verbreiten will, muß den Stürmen des Winters trotzen, wobei er neue Kräfte sammelt, um in jedem Frühling wieder die Welt mit seinem frischen Grün und seinen Blüten zu beglücken. Dann sind Stürme und rauhe Witterung überwunden. Das hättest du am Kreislauf der Natur erkennen sollen, der herrlichen Natur, über die du einmal geschrieben hast: »Ich weiß, daß sie für jeden da ist und keinen nach seiner Abstammung fragt.« – Auch die Menschen müssen den Winterstürmen standhalten. Sie helfen uns, die Lebenskräfte zu erneuern und zu stärken. Und im menschlichen Leben ist es ähnlich wie in der gesamten Natur: auf jeden Winter folgt ein Frühling voller Freude, Schönheit und Glück.

Es ist Herbst, die Blätter fallen von den Bäumen. Doch bald schon wird der nächste Frühling sie mit frischem Grün, neuen Blättern und Blüten schmücken. Nach den Stürmen, denen wir in diesen Tagen ausgesetzt sind, werden auch wir wieder eine an Freuden und Glück reiche Zeit erleben – eine Zeit, in der wir wieder Deutsche sein werden und für Deutschland arbeiten können.

Leider wirst du, Rudolf Lippmann, dann nicht mehr unter uns weilen. – Wir gedenken deiner immer als eines edlen und aufrechten Menschen, eines Menschen, der das Blut seiner Väter in sich trug, dieses Blut voller Unruhe und Stolz. Du warst Jude – aber zuerst und vor allem ein Deutscher!

So sprach Leo Lippmann an der Totenbahre seines Neffen; er stand, obwohl aus dem Staatsdienst entlassen, im eigentlichen Sinne des Wortes noch immer im öffentlichen Dienst, und sein Denken war nach wie vor so aufrecht wie sein Gang. Was Leo Lippmann über den jungen Selbstmörder sagte, spiegelte sein eigenes Wesen wider. Weil er Jude war, hatte er, wie erwähnt, 1933 seine Stellung als Staatsrat aufgeben müssen nach einer langen und erfolgreichen Laufbahn im öffentlichen Dienst. Seither widmete er den größten Teil seiner Zeit der jüdischen Gemeinde von Hamburg. – Seine Frau und er hatten übrigens viele Angebote von vermögenden Leuten im Ausland erhalten, Deutschland mit ihrer Hilfe den Rücken zu kehren und sich in England oder Amerika niederzulassen. Aber er glaubte, daß sein Platz in Hamburg, bei seiner jüdischen Gemeinde, sei. Gegen Ende der dreißiger Jahre wurde er deren Präsident, kein beneidenswertes Amt in jenen kritischen Tagen.

Leo Lippmann war es auch, der mit mir am Stammbaum der Lippmann-Familie arbeitete, der ich mütterlicherseits angehörte. Ich sah ihn zum letzten Mal kurz vor meiner Abreise in die Vereinigten Staaten. 1939 sandte er mir sein Buch über die Familiengeschichte der Lippmanns nach New York. In seinem Vorwort wies er darauf hin, daß er die Nachforschungen nun einstellen müsse, obwohl er wußte, daß man noch weitersuchen und -finden könnte. »Aber«, so setzte er hinzu, »ich fürchte, daß die Geschichte der Familie Lippmann überhaupt nicht geschrieben wird, wenn ich noch länger warte ...«. Er erntete hohes Lob von allen Seiten für seinen Einsatz als Präsident der jüdischen Gemeinde. Doch machte das Verhängnis auch vor den Größten nicht halt. Im Juni 1943 erhielten er und seine Frau Anna den Deportationsbefehl in Richtung Osten. Am 11. Juni – zehn Jahre nach dem Selbstmord ihres Neffen – nahmen Leo

Lippmann und seine Frau Gift. Der Freitod war die einzige Rettung vor der äußersten Erniedrigung.

In den vielen Jahren, die seitdem vergangen sind, habe ich oft über diesen Mann nachgedacht, der so stolz war und soviel Sinn für Loyalität und Pflicht hatte. Ich habe mir vorgestellt, wie es ihm und seiner Frau zumute gewesen sein muß, bis sie das tragische Ende auf sich nahmen. Zu Ehren seiner geliebten Frau Anna sei daran erinnert, daß sie getreu ihrem Ehegelöbnis bis zur schwersten Stunde eins mit ihrem Mann blieb.

Herbst 1933. Immer war die politische Szene in Bewegung, damit das Volk in Erregung und ständigem Aufruhr gehalten wurde. Für November hatte man Wahlen angesetzt, um vor aller Welt zu demonstrieren, daß die deutsche Bevölkerung hinter ihrem Führer stand. Auf den Wahlzetteln mußte man nur »Ja« (für Hitler) oder »Nein« (dagegen) ankreuzen. Sämtliche Trommeln des Propaganda-Apparates wurden für eine möglichst hohe Wählerbeteiligung und, natürlich, für die »Ja«-Stimmen zugunsten Hitlers gerührt. Jeder mußte wählen gehen. Keine Frage, daß auch die Juden dazu aufgefordert waren. Es handelte sich um eine geheime Wahl, doch wollte ich sichergehen und zeigte meinen Wahlzettel, bevor ich ihn in die Urne warf, einem der anwesenden Beamten. Ich hatte mein Kreuz schon in den »Ja«-Kreis gemalt, stellte mich aber dumm und fragte den Wahlhelfer, ob ich es auch richtig gemacht hätte. Fast alle Juden wandten diese Taktik an, um sicherzugehen, daß man, für den Fall, daß irgendwelche »Nein«-Stimmen dabei waren, nicht sie verdächtigte. In Niederstetten gab es tatsächlich kein einziges »Nein«. Aber im nahe gelegenen Wildentierbach, wo keine Juden lebten, wurden ein paar Gegenstimmen abgegeben. Es gab allerhand Rätselraten, wer das gewesen sein könnte.

Lazi und ich arbeiteten unterdessen hart, doch vergaßen wir nicht, daß wir jung waren, und amüsierten uns zwischendurch auch gerne. Über die Weihnachtsferien kam mein Freund mit mir nach Hause und wurde ein »voller Erfolg« bei den jüdischen Mädchen von Niederstetten. Vater und Mutter betrachteten Lazi wie einen ihrer eigenen Söhne. Wenn sie mir Eßpakete nach Würzburg schickten, waren sie immer auch für ihn mitbestimmt. Er lebte in dauernder finanzieller Not, weil seine Eltern ihm kein Geld überweisen konnten. Ich bewunderte ihn, wie er, trotz bitterer Entbehrungen, sein Leben meisterte.

86 Bruno Stern und Laszlo Schwarz (rechts). Meine Eltern betrachteten meinen Freund Lazi wie einen ihrer eigenen Söhne.

87 Freunde in Würzburg. Lazi und ich hatten eine ziemlich gemischte Freundesgruppe. Von links nach rechts: ein deutsch-christlicher Student, eine polnisch-jüdische Studentin, ein amerikanischer Student und ich.

Kaum waren Lazi und ich aus den Weihnachtsferien nach Würzburg zurückgekehrt, da erreichte uns die traurige Nachricht vom Tod des Pfarrers Umfrid.* Seit den Ereignissen des März 1933 hatte der Pfarrer auf der schwarzen Liste der Partei und der staatlichen Behörden gestanden, weil er es wagte, seine Stimme gegen jegliche Ausschreitungen zu erheben. Er war ein tief religiöser Mann und erachtete es als seine moralische Pflicht, für das, was menschlich geboten war, auch den Mund aufzumachen. Die amtlichen Stellen gaben sich alle Mühe, ihn zum Widerrufen seiner Äußerungen zu zwingen, aber weder Versprechungen noch Drohungen konnten den tapferen Mann erschüttern. Im Januar 1934 wurde er ein paar Tage in »Schutzhaft« genommen. Er kam als gebrochener Mann zurück. Es gab keinen Ausweg mehr für ihn. Wenige Tage später war der Vater von vier kleinen Kindern und geliebte Gatte tot. Die offizielle Feststellung der Todesursache lautete: Selbstmord.

Das Begräbnis fand in Stuttgart statt. Unsere jüdische Gemeinde sandte Alex Roberg als ihren Vertreter, um dem heldenhaften Mann die letzte Ehre zu erweisen. Pfarrer Umfrid wird unvergessen bleiben als einer der gerechten und wahrhaften Menschen, die auf dieser Erde gelebt haben. Wie die Bevölkerung tatsächlich zu seinem Tod stand, war schwierig herauszufinden. Für die Presse war die Sache nicht einmal der Erwähnung wert. Wir selbst fühlten, trotz unserer eigenen Existenzbedrohung, tiefes Mitleid mit der armen Witwe und den Kindern. Diese Anteilnahme aber offen zu zeigen, wäre für die Familie nur von Nachteil gewesen. Schließlich zog Frau Umfrid mit den Kindern aus Niederstetten weg. Aber inzwischen war ihre Leidensgeschichte aus den Alltagsgesprächen der Leute schon durch neue Themen verdrängt.

Wir erinnern uns, daß die Viehhändler noch immer gute Geschäfte mit den Bauern der umliegenden Landstriche machten; so auch in Niederstetten, weil es niemanden gab, der ihre Stelle hätte einnehmen können. Anderen jüdischen Händlern und Kaufleuten hingegen, besonders denjenigen aus der Textilbranche, ging es wesentlich schlechter. Die Leute hatten alle Angst, in jüdischen Läden einzukaufen, weil sie nie wußten, ob jemand es an die große Glocke hängen würde. In einigen Dörfern und Kleinstädten wie etwa in Ermetzhofen, wo wir Verwandte hatten, konnten Juden nicht einmal mehr etwas einkaufen, geschweige denn

---

* Anm. d. Hrsg.: Vgl. dazu J. Umfrid, Hermann Umfrid. Erinnerungen an die Jahre 1930–1934 in Niederstetten, in: Württ. Franken 66, 1982.

verkaufen. Wir in Niederstetten hatten dieses Problem nicht. Nur ins Schwimmbad, das die Gemeinde übrigens größtenteils dem Einsatz meines Vaters verdankte, als er noch Stadtrat gewesen war, hatten Juden keinen Zutritt.

Eines Morgens traf ich in Würzburg meinen ehemaligen Mitschüler Butz auf dem Bahnhof. Er arbeitete in einem Berliner Ministerium und trug die Ausgehuniform eines Parteifunktionärs. Butz fragte mich, ob wir im Bahnhofsrestaurant ein Bier trinken wollten – ich selbst hätte nie gewagt, einen Uniformierten einzuladen. So saßen wir zusammen und unterhielten uns über das, was wir seit unserem Schulabgang (Frühjahr 1932) gemacht hatten. Im Laufe des Gesprächs fragte ich ihn: »Was wird eigentlich deiner Meinung nach mit den Juden geschehen?« Er antwortete: »Ich weiß nicht, aber wenn die in Berlin ihren Kopf durchsetzen, werden alle Juden aufgehängt.« Die Antwort habe ich niemals vergessen können.

Um dieselbe Zeit wurde in Niederstetten der siebenundachtzigjährige Moritz Strauß schwer krank. Glücklicherweise hatte er eine christliche Haushälterin, die ihn schon seit Jahren gut versorgte. Früher war Moritz Strauß von Beruf Metzger gewesen und Mitglied des Stadtrats (bis nach dem Ersten Weltkrieg); nach Kriegsende waren alle älteren Ratsherren in ihrem Amt von einer Gruppe jüngerer Männer abgelöst worden, zumeist Soldaten, die kürzlich heimgekehrt waren, darunter auch mein Vater. Wir kannten Moritz Strauß als einen sehr klugen Mann und einen der besten Kartenspieler, die mir je in meinem Leben begegnet sind – er hatte oft sogar Schwierigkeiten, einen Partner zum Spielen zu finden, weil er so gut war. Ich bewunderte sein Geschick und spielte gerne mit ihm. Am Samstag, dem 5. Mai 1934, schloß der Schwerkranke seine Augen für immer. Ein fleißiges und fruchtbares Leben war damit zu Ende gegangen.

Die Trauerfeier mit Beerdigung sollte am darauffolgenden Montag oder Dienstag stattfinden. Der Zimmermann von Niederstetten fertigte den einfachen Sarg an, und die Männer unserer Gemeinde hielten die vorgeschriebenen Gottesdienste für den Toten, wie sie der Tradition entsprachen. Am Nachmittag des für die Beisetzung bestimmten Tages fanden sich Verwandte, Männer und Frauen der jüdischen Gemeinde und sogar ein paar andere Bewohner des Ortes vor dem Wohnhaus von Moritz Strauß ein. Alex Roberg, unser Lehrer und Kantor, erschien in seiner Amtsrobe. Alle warteten auf den von zwei Pferden mit schwarzem Überwurf gezogenen Leichenwagen. Dieser Leichenwagen war gemeinsames Eigentum der drei in Niederstetten vertretenen Kirchengemeinden: der evangelischen, der katholischen und der jüdischen. Je nach Religion des Verstorbenen waren die Vorhänge des Wagens mit einem Kreuz oder einem Davidsstern geschmückt. Die Trauergäste warteten und warteten. Endlich erschien der beauftragte Bauer mit den beiden Pferden, aber ohne Leichenwagen. Er erzählte, daß jemand die Räder des Wagens abmontiert hatte und er sie nirgends finden konnte. Es wurde daraufhin entschieden, daß der Bauer einen anderen Wagen, mit dem er sonst die Ernte von den Feldern heimbrachte, als Leichenwagen zur Verfügung stellen sollte. Er kehrte auch bald mit dem Gefährt zurück, und die Prozession konnte sich endlich in Bewegung setzen. Normalerweise führte ein Polizist in schmucker Uniform diese Trauerzüge an – diesmal aber kam keiner. Die Gruppe mit den beiden Pferden, dem Bauernwagen, auf dem der zugedeckte Sarg stand, und den wenigen hinterhergehenden Männern und Frauen bewegte sich langsam den Hügel hinauf zum Friedhof. Es war ein trauriger Anblick. Die Leidtragenden mußten eine Art Spießrutenlauf durchmachen, von allen Seiten verfolgten sie feindselige Augen, hier und da aber auch Augen voller Entsetzen und Mitleid. Der Bauer, ein alter Freund des Verstorbenen, wollte es sich auf keinen Fall nehmen lassen, Moritz Strauß den letzten Liebesdienst zu erweisen. Die Beerdigung selbst verlief ohne weitere Zwischenfälle.

Der Sohn von Moritz Strauß war eigens aus Berlin angereist, wo er seinen Wohnsitz hatte. Er wollte die *Schivo*-Woche (Trauerwoche) im Haus seiner Eltern verbringen, denn hier hatte er eine glückliche Jugend verbracht und die Grundbegriffe seines Glaubens erlernt. Nachdem nun die Störenfriede, die das ordnungsgemäße Begräbnis hatten verhindern wollen, nicht zum Zuge gekommen waren, machte auf einmal ein Gerücht die Runde, daß der Sohn des Verstorbenen im Ersten Weltkrieg ein Spion gewesen sei. In der ganzen Zeit während des Krieges und in all den Jahren danach hatte niemals jemand irgend etwas davon gehört, jetzt aber, in der Zeit der großen Lüge, fand eine Geschichte wie diese nur allzu leichtgläubige Zuhörer. Albert Strauß verließ Niederstetten daraufhin eiligst und suchte für den Rest der Trauerwoche Zuflucht bei Verwandten in Würzburg.

Die Episode hörte damit aber noch keineswegs auf. Alex Roberg sandte einen Bericht über die Vorfälle an den Oberrat des Zentralverbandes württembergischer Juden, und dieser, Oberrat Levi, berichtete seinerseits dem stellvertretenden Reichsstatthalter Dill davon (den Titel Reichsstatthalter erhielten damals die ständigen Vertreter der Reichsregierung in den deutschen Ländern). Dill galt als gemäßigter Mann. Er kam ursprünglich, wie schon an anderer Stelle erwähnt, aus Niederstetten und war ein Jugendfreund meines Vaters. Es hieß, daß er es gewesen war, der im März 1933 den Prügelexzessen Einhalt geboten hatte, sobald er davon hörte. – Kurze Zeit nach der Berichterstattung kam Dill nach Niederstetten anläßlich der Einweihung einer neuen Schule. Er nutzte die Gelegenheit, um den ortsansässigen Nazis eine Lektion zu erteilen, und ließ wissen, daß er keine Wiederholung ähnlicher Vorfälle wie die Verhinderung des Leichenzuges wünschte. Einige Anwesende fragten Dill, von wem er denn die Sache erfahren habe. Er war freundlich genug zu erklären, daß er die Meldung über einen Rundfunksender in Straßburg gehört hätte. Aber die Niederstettener NSDAP gab keine Ruhe, bis sie herausbekam, daß ein gewisser Herr Levi den Bericht an Dill weitergeleitet hatte. Unmittelbar darauf wurde zuerst die Ehefrau von Michael Levi, einem Bürger unserer Stadt, verhaftet – angeblich wegen einer Bemerkung, die sie in einem Lebensmittelladen gemacht hatte. Und noch am selben Tag kam auch ihr Mann »in Schutzhaft« oder besser gesagt: ins Zuchthaus.

Alex Roberg stand gut mit dem Landjäger Bergdold von der Kreispolizei, denn beide stammten aus dem Dörfchen Berlichingen. Bergdold erzählte Roberg nun, daß die Ortsgruppe der NSDAP herausbekommen hätte, wie Dill unterrichtet worden war, nämlich über keinen anderen als jenen Levi aus Niederstetten. Roberg sagte, daß dies ein Irrtum wäre, nicht Herr Levi aus Niederstetten, sondern der gleichnamige Präsident des jüdischen Oberrats habe den Bericht weitergeleitet. Daraufhin wandte sich Bergdold an die zuständigen Stellen, und Herr und Frau Levi wurden tatsächlich entlassen.

Allmählich sickerte auch durch, wer die Räder des Leichenwagens abmontiert hatte. Der Anführer war der Ortspolizist Dodel gewesen, und zwei Helfershelfer hatten sich ihm angeschlossen. – Es dauerte kein Jahr, da waren alle drei Männer tot: Dodel beging Selbstmord in den Räumen des Rathauses, einer der Mittäter starb bei einem Autounfall und der andere zu Hause im Schlaf. Vielleicht war es nur Zufall, vielleicht aber auch Schicksal, jedenfalls machten die drei Todesnachrichten so kurz hintereinander auf die Bevölkerung einen tiefen Eindruck.

Viele Deutsche hofften, daß Hitler nach ein paar Monaten Regierungszeit ausgespielt haben und vergessen werden würde. Aber sie sahen sich enttäuscht. Hitler war mächtiger denn je. Wenn es innerhalb seiner eigenen Reihen irgendeine Opposition gab, so war sie jedenfalls nicht erkennbar. Im Ausland stellten sich Frankreich und die Vereinigten Staaten offen gegen das

»Neue Deutschland«. Der französische Außenminister Barthou warnte wiederholt vor der faschistischen Bedrohung. Um diese Zeit spätestens lernte man, genau zwischen den Zeilen zu lesen und die Dementis der Presse zu analysieren. So konnte man auch gerade aus den deutschen Kritiken und Reaktionen auf Barthous Verhalten oder seine öffentlichen Reden eine Vorstellung von dem bekommen, was der Außenminister wirklich anstrebte. Mitte Juni 1934 hielt der ehemalige Reichskanzler von Papen, der zur gemäßigten Rechten zählte, an der Universität von Marburg eine wichtige Ansprache. Darin lag eine versteckte Drohung von seiten der Konservativen. Wie wir inzwischen wissen, gab es damals noch andere aktive Gegenströmungen – aber wir, die Unterdrückten, ahnten nichts davon.

Am Samstag, den 30. Juni, setzte in der Nacht plötzlich eine abermalige »Aktion« von bislang unerreichtem Ausmaß ein. Auf Kommando des Führers wütete die SS (in schwarzer Uniform) in einem unerhörten Massaker unter den »Elementen« der Rechten, auch innerhalb der SA (braune Uniform). Das Massaker dauerte drei Tage. Während dieser Zeit sah man kaum SA-Uniformen auf der Straße. Bis zur Mitte der darauffolgenden Woche war die Menschenjagd vorüber, und der Führer gab eine öffentliche Erklärung seiner »patriotischen« und »ethischen« Beweggründe für das Blutbad ab. Die Bevölkerung, die schon bei jeder Äußerung vorsichtig war, wurde nun noch verängstigter. Für ein paar Tage waren die Juden in ihrem Unglück nicht allein, denn absolut niemand konnte seines Lebens mehr sicher sein. Carl Schmitt, Staatsrechtslehrer des Führers, nannte die Maßnahmen wahrhaft »rechtlich«, weil das wahre Recht nicht den Gerichtshöfen dienlich sei, sondern in sich selbst die höchste Gerechtigkeit darstelle ... Wer noch irgendwelche Erwartungen gehegt hatte, daß innerhalb Deutschlands eine Veränderung einbrechen könnte, war nun eines Besseren belehrt. Ein Menschenleben bedeutete nichts. Niemand wußte, wieviele Bürger überhaupt umgebracht worden waren. In den Zeitungen standen weder Todesanzeigen noch Hinweise auf die Beerdigungen der Betroffenen. Die Leute hoben ihre Arme beim »Heil Hitler«-Gruß noch höher als bisher, und kaum einer wagte noch frei zu sprechen, nicht einmal im Schutz der eigenen vier Wände.

7. Auf der Suche nach einem Ausweg

Anfang 1934 – ich weiß nicht mehr das genaue Datum – bestand mein Freund Lazi das Staatsexamen und zugleich seine Promotion. Ich hatte ihm bei den Vorarbeiten geholfen, was er sogar in seiner Dissertation erwähnte. Er war der beste Freund, den ich je hatte. Nun galt es, Lebewohl zu sagen, weil er Würzburg verließ. Wir hingen sehr aneinander, waren auch daran gewöhnt, vieles gemeinsam zu machen. Lazi, als der um zwei Jahre ältere, war so etwas wie ein Mentor für mich gewesen. In diesen Tagen des Abschieds beschlossen wir, daß ich ihn und seine Familie während der Sommerferien einmal in Ungarn besuchen sollte. Meine Ungarnreise wurde auf Anfang August festgelegt. Schon Wochen vorher hatte ich dafür auf dem Rathaus von Niederstetten einen Antrag für einen Paß zu stellen. Man zitterte und bangte immer ein bißchen, wenn man mit irgendwelchen Behörden und Ämtern zu tun bekam. Auch die Beamtenschaft von Niederstetten hatte seit der Machtergreifung ja manche Veränderung erfahren, und an der Stelle unseres Bürgermeisters Schroth amtierte nun ein neuer Mann. Schroth, 1919, also nach dem Ende des Ersten Weltkriegs, in sein Amt gewählt, war in eine andere Stadt versetzt worden. Solche Personalpolitik geschah ausnahmslos durch administrative Anordnungen von oben. Öffentliche Bürgermeisterwahlen gab es nicht mehr. Unser neues

Stadtoberhaupt war ein Herr Weber, der nicht aus Niederstetten oder der unmittelbaren Umgebung stammte. Natürlich war die jüdische Bevölkerung mißtrauisch gegen ihn eingestellt, denn an manchen Orten schon hatten Erz-Nazis die höchsten Positionen erhalten und alle Bürger in große Aufregung versetzt, weil sie alle anderen übertreffen und beweisen wollten, was für gute Nazis sie waren. In dieser Hinsicht hatten wir Glück in Niederstetten. Gewiß, auch Herr Weber mußte sich nach den Befehlen richten, aber er war wenigstens kein Mann, der den Juden das Leben noch schwerer machte, als es ohnehin war.

Die Ausstellung eines Reisepasses wurde damals nicht ohne weiteres bewilligt. Man mußte einen guten Leumund haben und benötigte eine offizielle »Unbedenklichkeitsbescheinigung«, aus der hervorging, daß man weder für politisch verdächtig gehalten wurde noch den »guten Ruf« Deutschlands in der Fremde gefährdete. Bei mir ging alles gut, ich bekam meinen Paß.

Die direkte Reiseroute nach Ungarn wäre die über Wien gewesen. Wenn man diesen Weg nehmen wollte, mußte man 1000 Mark Steuer-Aufschlag zahlen, weil der österreichische Staat damals noch als deutschfeindlich galt. Ich wäre trotzdem gerne über Wien gefahren, zumal wir dort Verwandte hatten – aber am Ende wagte ich es nicht.

Es war gesetzlich verboten, mehr als 40 Mark über die Landesgrenze auszuführen. Ich hatte meinem Freund Lazi aber schon vor der Abreise mehrere Male 40 Mark zugeschickt (einmal pro Monat durfte man diesen Höchstbetrag ins Ausland senden). Wenige Tage, bevor ich aufbrach, erhielt ich von meinem Bruder Theo aus Amerika noch zwei Dollar, die er einem Brief beigelegt hatte. Wir beschlossen, daß ich nur einunddreißig Mark und die beiden Dollars mit über die Grenze nehmen sollte.

Meine Reise führte über Crailsheim und Nürnberg nach Eger. Eger war die Grenzstation. Mein Herz schlug heftig, weil ich schon soviel über Schwierigkeiten an Grenzübergängen gehört hatte. Diese Schwierigkeiten endeten gewöhnlich – ob zu Recht oder Unrecht – mit Zuchthaus oder Konzentrationslager. Schon betrat die deutsche Paßkontrolle mein Abteil. Der Beamte prüfte meinen Ausweis und hatte nichts daran auszusetzen. Dann fragte er mich, wieviel Geld ich dabeihätte. Ich gab an: einunddreißig Mark und zwei US-Dollar. Als er das hörte und die Dollar-Scheine sah, sagte er: »Wissen Sie denn nicht, daß Sie keine ausländischen Devisen besitzen dürfen? Sie hätten das Geld gleich zur Reichsbank bringen sollen! Ich muß Sie auffordern, mit mir zum Polizeirevier zu kommen.« Also ging ich mit ihm, quer über die Geleise, zum Büro der Bahnhofspolizei. Mein Gepäck ließ ich im Zug. Der Kontrolleur schlug die Hacken vor seinem Vorgesetzten zusammen, streckte den Arm hoch, rief »Heil Hitler« und erklärte, daß ich ausländisches Geld bei mir hatte und damit die Grenze passieren wollte. Daraufhin fragte mich auch der Amtmann: »Wissen Sie nicht, daß sie alle ausländische Währung der Reichsbank anbieten müssen?« Ich erzählte, daß ich die Dollars erst zwei oder drei Tage vor meiner Abreise von meinem Bruder aus den Vereinigten Staaten erhalten und nicht gewußt hätte, daß die Reichsbank so dringend Devisen brauchte, daß man auch eine so geringe Summe wie zwei Dollar abgeben mußte. Die Antwort gefiel ihm, und er ließ mich gehen. Ich erwischte gerade noch meinen Zug. Wenig später war ich in der Tschechoslowakei.

Nachdem ich schon seit über einem Jahr in einem Polizeistaat lebte, freute ich mich natürlich, nun in einem freien Land zu sein und Deutschland einmal vergessen zu können. Aber ich mußte alsbald erkennen, daß dies unmöglich war. Solange ich wieder zurückkehren mußte und meine Eltern noch in Deutschland waren, konnte ich die Beklemmung nicht abschütteln, die ein Leben unter der Diktatur mit sich bringt. Nichtsdestoweniger empfand ich es aber als angenehm, einmal weit weg von allem zu sein, wenn auch nur als ein »Beobachter«. Nach kurzem Aufenthalt in Prag fuhr ich im Orient-Express weiter nach Ungarn und erreichte mein Ziel Székesfehérvár (Stuhlweißenburg) am nächsten Tag. Hier verbrachte ich dann vier herrliche Wochen. Jeden Morgen las ich den *Pester Loyd*, eine deutschsprachige Zeitung, die in Budapest gedruckt wurde. Viele ungarische Juden waren erstaunt, einen Besucher aus Deutschland zu sehen. Eines Tages machte ich in einer Straßenbahn die Bekanntschaft eines Verwalters des Grafen Esterházy. Auch er zeigte sich überrascht, als er hörte, daß ich aus Deutschland kam, und lud mich zu einem Besuch in sein Haus ein, wo er mich dann bat, ihm die Wahrheit über die Zustände unter Hitler zu erzählen. Ich bewunderte sein Haus, lenkte vom Thema ab und versuchte überhaupt, jede Deutschland betreffende Unterhaltung zu umgehen. Wo das nicht möglich war, gab ich einfach ausweichende Antworten. Es lag mir nicht zu lügen, aber die Wahrheit konnte ich auch nicht sagen. Trotzdem fühlte ich mich, alles in allem gesehen, wohl. Lazi und seine Familie taten für mich, was sie nur konnten.

Auf meiner Rückreise nach Deutschland blieb ich noch ein paar Tage in Prag. Dort wohnte ich in dem bekannten Hotel Steiner. Die in Hamburg lebenden Brüder meiner Mutter hatten in Prag Geschäftsfreunde, die sich um mich kümmerten und mir die Stadt zeigten. Schließlich war es aber soweit, daß ich wieder nach Hause fahren mußte. Auch auf der Rückreise kam ich bei Eger über die Grenze, wo ich damit rechnen mußte, daß es noch einmal problematisch werden konnte – aber diesmal ging alles reibungslos. Ich erreichte mein Elternhaus einen Tag vor *Jom Kippur*.

Seit die Nazis an der Macht waren, standen wir immer Ängste aus, wenn die jüdischen Feiertage nahten. Insbesondere die Zeitschrift *Der Stürmer* druckte oft boshafte Artikel, in denen unsere Feste und unser Glaube verleumdet wurden. Zur Zeit der Feiertage war das Blatt noch gemeiner als sonst. Dessen ungeachtet, versuchten die Juden auf dem Land, diese Tage ganz im alten Geist zu zelebrieren. Teil der Fest-Tradition war ein stimmungsvolles Familienessen mit einem Hühnchen oder sonstigem Fleisch. Nun hatte seit März 1933 der Staat ja die rituelle Schlachtung von Tieren, wie sie unserer Vorschrift entsprach, verboten, so daß alles Koscher-Fleisch und -Geflügel aus dem Ausland importiert werden mußte. Das bedeutete sehr hohe Kaufpreise und knappes Angebot. Wie schon erwähnt, versuchten manche Juden, heimlich selbst weiterzuschlachten, was meinem Vater jedoch ganz gegen die Natur ging. Niemals hätte er solches Fleisch angerührt. Auch der andere Weg, einfach das gesetzlich erlaubte Angebot zu nutzen (das natürlich nicht aus ritueller Schlachtung kam) und das Fleisch gründlich zu waschen, zu salzen, in einer Extra-Schüssel zu servieren und das Gericht dann »neu-koscher« zu nennen, war vielen Juden nicht geheuer. Damals gab es in Hohebach einen Mann, der heimlich Geflügel nach Vorschrift schlachtete. Wir selbst kannten ihn nicht. Doch sprach sich die Sache herum, und bald zog sein Haus magnetisch die Kunden an. Drei Tage vor *Rosch Haschanah* kam am Ende, wie zu erwarten war, die Polizei und verhaftete zwei Mitglieder der jüdischen Gemeinde von Niederstetten, die gerade auf dem Heimweg waren. Sie wurden sofort in das Landesgefängnis von Langenburg gebracht. Nun herrschte große Aufregung unter allen Juden: zwei ihrer Glaubensbrüder hatte man erwischt, was würde sich daraus für die anderen ergeben? Und was den Verhafteten selbst geschehen? Überdies gab es Gerüchte, daß die Nazis vorhätten, während der Feiertagsgottesdienste in die Synagogen einzumarschieren. Eine eiligst einberufene Versammlung von Vertrauensmännern schickte Alex Roberg als Delegierten der Gemeinde zum obersten Nazi-Funktionär von Niederstetten, einem Herrn Thomas. Dieser erklärte Roberg, daß nichts dergleichen geplant wäre. Aber trotzdem verliefen die Vorbereitungen für die Feiertage in gedrückter Stimmung weiter. – Die beiden Verhafteten wurden überraschenderweise am ersten Tag nach *Rosch Haschanah* aus dem Langenburger Gefängnis entlassen und nur mit einem geringen Bußgeld bestraft. Sie setzten sich in den Zug und fuhren auf dem kürzesten Weg nach Hause. Ein paar Strenggläubige kritisierten diese Bahnfahrt – weil Feiertag war; ihrer Meinung nach hätten die Männer die etwa achtundzwanzig Kilometer zu Fuß zurücklegen sollen.

Während der ganzen Feiertage herrschten Angst und Nervosität, weil wir doch befürchten mußten, daß die Nazis Ernst machen und in die Synagogen einmarschieren würden. Aber ich konnte beobachten, daß sich meine Ungarnreise auch im nachhinein als wohltuend erwies: ich hatte wieder geistige und körperliche Reserven erlangt.

Eine Diktatur verbreitet ja von der ersten Minute ihres Bestehens an Haß und Verleumdung gegen ihre wirklichen und imaginären Feinde. In einem solchen Klima zu leben, ist keine gute Voraussetzung, erst recht nicht, wenn man selbst zum Feind abgestempelt wird, ohne irgend einen Grund dafür zu erfahren. Als ich nach Niederstetten zurückkehrte, mußte ich den Leuten von meiner Reise erzählen. Sie alle hätten nur zu gern etwas von einem hoffnungsvollen Silberstreifen am dunklen Horizont der Politik gehört. Aber darin mußte ich sie enttäuschen.

Wann immer ich neben meinem Studium etwas Zeit erübrigen konnte, fuhr ich nach Hause, um bei meinen Eltern und den Mitgliedern unserer jüdischen Gemeinde zu sein. Vater und ich waren seit Jahren an der Genealogie interessiert, und ich wurde Mitglied der »Gesellschaft für jüdische Familienforschung« – ein Gebiet übrigens, das sich im Dritten Reich zu einer wahren Modeströmung entwickelte. Die Christen nämlich mußten sich damit befassen, um ihre arische Abstammung nachweisen zu können. Die Juden taten es teils aus dem neuerworbenen Bewußtsein für das Judentum, teils aber auch, um etwaige Verwandte im Ausland aufzuspüren, die ihnen Papiere für die Emigration schicken könnten, und nicht zuletzt, um demonstrieren zu können, daß manche Familie seit Generationen in Deutschland ansässig war. Aus irgend einem Grund gelangten die meisten jüdischen Nachforschungen, die in unserer Gegend anfielen, zu meinem Vater und mir. Einmal erreichte uns sogar die Anfrage eines Juden aus Norddeutschland, der als deutscher Staatsbürger in die Vereinigten Staaten auswandern wollte und dazu seine Geburtsurkunde brauchte. Von seiner verstorbenen Mutter hatte er noch erfahren, daß er in Niederstetten, damals im Königreich Württemberg (das war vor dem Ersten Weltkrieg), geboren war. In den Rathausakten fand sich jedoch keine Eintragung. Die Frage ging daraufhin an meinen Vater weiter. Er entdeckte tatsächlich einen Vermerk im *Mohel*-Buch meines Großvaters, der Beschneider gewesen war und seinerzeit die *Brith Mila* des Kindes mit Namens- und Geburtsangabe festgehalten hatte. Die Eltern des Mannes waren arme Leute und auf der Wanderschaft durch Deuschland gewesen, ihren Sohn hatten sie in Niederstetten zur Beschneidung zu meinem Großvater gebracht. (Das Amt des *Mohels* war in meiner Familie seit Generationen ausgeübt worden.) Aus nicht erklärlichen Gründen hatten die Eltern aber versäumt, die Geburt ihres Sohnes der Ortsbehörde zu melden, obwohl ein bereits im frühen neunzehnten Jahrhundert erlassenes Gesetz dies vorschrieb. Die Eintragung aus den achtziger Jahren des letzten Jahrhunderts im *Mohel*-Buch meines Großvaters rettete dem Mann das Leben.

Eine zweite Anfrage erreichte uns von einem amerikanischen Studenten namens Ralph Altman, der in Berlin studierte. Er schrieb uns, daß seine Vorfahren aus Niederstetten Mitte des neunzehnten Jahrhunderts in die Vereinigten Staaten ausgewandert waren und daß er nun mit seinen Eltern wieder seit einiger Zeit in Deutschland lebte. Sein Vater war ein namhafter Theaterdirektor in Mannheim und Hannover. Ralph Altman selbst war kein Jude, aber er war stolz auf sein jüdisches Erbe und gehörte der obengenannten »Gesellschaft für jüdische Familienforschung« als Mitglied an. Wie sich herausstellte, hatte es um 1820, als die Juden unserer Gegend Familiennamen angenommen hatten, unter seinen Vorfahren drei Brüder gegeben. Einer nannte sich mit Nachnamen Neuhöfer, der zweite Stern und der dritte Altman. Ralph Altman und ich wurden gute Freunde und »Cousins«. Die Freundschaft dauerte an, auch als wir beide in die Vereinigten Staaten umsiedelten.

Wenn ich unter der Woche zu Hause war, besuchte ich öfter die Abendlehrgänge in Hebräisch, nicht so sehr, um zu lernen, sondern um mit anderen Menschen zusammenzusein. Es kam auch vor, daß man an solchen Abenden nur über die eigenen Probleme sprach. Eine dieser Sitzungen ist mir heute noch gegenwärtig und kommt mir oft in den Sinn. Der Lehrer fragte uns damals: »Angenommen, Sie bekämen Bescheid, daß Sie Ihre Heimat innerhalb einer Stunde verlassen müßten, und Sie dürften nur einen einzigen, kleinen Koffer mitnehmen – was würden Sie einpacken?« Schon die Fragestellung wirft ein Licht auf die geistige Verfassung und die Überlegungen, welche die Leute anstellten. Ich kann mich nur noch an eine Antwort erinnern, diejenige, die mich am tiefsten beeindruckte. Frau Rosenthal, Ehefrau des *Schammes*, sagte einfach: »Ich würde meine Fotos mitnehmen.« Zuerst waren die Anwesenden alle erstaunt, aber dann begannen sie einzusehen, daß dies eine wirklich gute Antwort gewesen war. Mir sind der Abend und die Gespräche jedenfalls unvergeßlich geblieben. (Frau Rosenthal ist mit ihrem Mann später in Riga ums Leben gekommen.)

An einem anderen Abend ging ich nach dem Lehrgang noch zum Briefkasten am Hotel zur Post, um eine Postsendung einzuwerfen. Ein Passant, dem ich auf der Straße begegnete, erzählte mir aufgeregt, daß König Alexander von Jugoslawien und Barthou, der französische Außenminister, gerade einem Attentat zum Opfer gefallen wären. Der König hatte sich damals – im Oktober 1934 – zu einem Staatsbesuch in Frankreich aufgehalten. Die offizielle Version lautete, daß die Täter, kroatische Extremisten, es auf ihr Staatsoberhaupt abgesehen hatten, aber uns kam es so vor, als seien sie eher Barthou auf den Fersen gewesen. Barthou war der letzte große Gegenspieler Hitlers, der auch den Mut hatte und das außenpolitische Wissen, um effektiv gegen den Diktator zu agieren. Jetzt, da Barthou tot war, hatte Hitler freie Bahn. Viele beklagten den Verlust des französischen Politikers.

8. Der Beginn des Exodus

Mein Onkel Nathan Landauer führte sein Geschäft – Felle und Lederwaren – mehr oder weniger wie in alten Zeiten weiter. Er lebte und arbeitete in Crailsheim, das damals etwa 10 000 Einwohner hatte. Sein christlicher Buchhalter war Geschäftspartner geworden, und die beiden Männer kamen gut miteinander aus. Früher einmal hatte auch mein Vater mit Onkel Nathan gemeinsam firmiert.

Der Onkel kannte die Gerber der ganzen Umgebung persönlich. Er besuchte sie häufig, verkaufte Felle und Häute und kaufte ihnen Leder ab. Eines Tages behauptete eine Frau, sie hätte gehört, wie Onkel Nathan zu einem Gerber sagte: »Die Katholiken sind heutzutage Bürger zweiter Klasse...« Da eine solche Aussage einer Staatsverleumdung gleichkam, meldete die NS-Polizei den Bericht der Anklägerin der zuständigen Behörde in der Landeshauptstadt

Stuttgart. Der Fall wurde vor den Volksgerichtshof* gebracht, der auf politische Verhöre spezialisiert war. Die Familie war außer sich. Urteile des Volksgerichtshofs fielen gewöhnlich sehr streng aus. Mein Vater schrieb an seinen Jugendfreund, den bewährten stellvertretenden Reichsstatthalter Dill, und bat um Schonung des Angeklagten, der die angebliche Behauptung ja nicht geäußert hatte. Onkel Nathan nahm sich einen guten Anwalt. Einen Tag vor der Gerichtsverhandlung schon trafen sich alle Brüder und Schwestern sowie mein Vater mit Onkel Nathan in Stuttgart. Sie hielten sich aber im Hintergrund und gingen nicht mit zum Gericht. Der Gerichtshof tagte dann, und der Staatsanwalt verlas die Anklage, um schließlich die Hauptzeugin aufzurufen: jene Frau, welche die Denunziation in Umlauf gebracht hatte. Sie schwor, daß sie Nathan Landauer bei der vorher erwähnten Bemerkung belauscht hätte, und blieb bei ihrer Behauptung ohne Einschränkung. Zwischen Rechtsanwalt und Staatsanwalt folgten nun heftige Wortwechsel. Der Anwalt meines Onkels hatte herausgefunden – und erklärte den Sachverhalt jetzt dem Gericht –, daß die Hauptzeugin früher schon einmal eines Meineids für schuldig befunden worden war. Schließlich befand das Gericht den Angeklagten für »nicht schuldig«, und Onkel Nathan wurde freigesprochen. Die ganze Familie war sehr erleichtert. Wir hatten zwar gehofft, auch gegen unsere eigene Skepsis, daß die Verhandlung so ausgehen möchte, letztlich aber doch nicht gewagt, daran zu glauben, daß man einen Juden wirklich freisprechen würde. Seltsamerweise war der einzige, den diese Sorge nicht so sehr beunruhigt hatte, mein Onkel Nathan selbst, obwohl nur sehr wenige Angeklagte den Volksgerichtshof ohne Verurteilung wieder verlassen konnten. Wir alle waren überglücklich, und die Familie zerstreute sich wieder in die verschiedenen Himmelsrichtungen, aus denen die Geschwister angereist waren. Wir haben nie herausgefunden, ob Herr Dill irgend etwas mit dem Freispruch zu tun hatte.

Damals kam mein Vater, den das Gefühl der ständigen Gefahr nicht mehr losließ, auf die Idee, daß die jüdische Gemeinde von Niederstetten nach Israel auswandern könnte. Er dachte an eine richtige Gruppenauswanderung, auch Witwen und ältere Leute, die nicht mehr arbeiten konnten, sollten dabei sein. Mit vereinten Kräften würde schon alles gut gehen, wenn die Jüngeren sich der Älteren fürsorglich annahmen. Ein Vorschlag in dieser Richtung wurde erarbeitet und dem Oberrat in Stuttgart vorgelegt. Natürlich gab mein Vater den Plan auch vor der Gemeinde bekannt, und alle waren dafür.

Als Präsident des Oberrats fungierte eine Zeitlang Otto Hirsch, ein sehr fähiger Mann, der vorher im württembergischen Staatsdienst gestanden hatte und nach 1933 entlassen wurde, trotz seiner Fähigkeiten und Dienstjahre. Kurz nachdem mein Vater seinen Auswanderungsvorschlag eingereicht hatte, kam der Sekretär des Oberrats, ein Herr Wissmann, und gab vor versammelter Gemeinde kund, daß der Oberrat das Projekt nicht begrüße und es auch nicht finanziell unterstützen würde. Zur Panik gäbe es keinerlei Anlaß. Vater fühlte sich tief getroffen, aber was konnte er tun? Nichts.

In der Politik gab es zu dieser Zeit einige wichtige Veränderungen. Reichspräsident Hindenburg, der Hitler das Mandat als Reichskanzler erteilt hatte, war im August 1934 verstorben, und Hitler hatte seine Nachfolge angetreten. Als Führer und Reichskanzler vereinigte er nun die Ämter des Partei-, Regierungs- und Staatschefs und erlangte auch den Oberbefehl über die Reichswehr. In meiner Kindheit, als Hindenburg noch General gewesen

---

* Anm. d. Hrsg.: Der Volksgerichtshof wurde 1934 in Berlin errichtet und hatte keine Außensenate. Der geschilderte Prozeß fand wahrscheinlich vor dem Oberlandesgericht Stuttgart statt.

war, hatte ich diesen Mann als ein Idol betrachtet. Die ganzen zwanziger Jahre hindurch hatte er sich überparteilich verhalten, war aber im hohen Alter doch der Übermacht erlegen. Jetzt wurden die Propagandatrommeln lautstark gerührt, vor allem für das noch unter französischer Aufsicht stehende Saargebiet. Für Anfang Januar 1935 wurde eine Volksabstimmung festgesetzt, die über die Rückgliederung an Deutschland entscheiden sollte. Die Sache verlief wie geplant, und das Saargebiet wurde als Saarland alsbald einem deutschen Reichskommissar unterstellt.

Aus dem allgemeinen öffentlichen wie gesellschaftlichen Leben wurden die Juden nun mehr und mehr ausgeschlossen. Viele Ärzte zum Beispiel behandelten keine jüdischen Patienten mehr, und vielerorts wurde den Bürgern auch verboten, ihrerseits jüdische Ärzte zu konsultieren. Dr. Heller und Dr. Dörr, beide als Ärzte in Niederstetten tätig, behandelten ihre jüdischen Patienten jedoch weiter. Gleichgültig, wieviel Nachrichten der Presse und dem Rundfunk zur Erfüllung ihrer Informationsvermittlung verfügbar waren, ließen die Medien dennoch ihre ständige Flut infamer Beschuldigungen und Hetzkampagnen gegen die Juden keinen einzigen Augenblick abreißen. Dr. Goebbels hatte ja gesagt, daß das Volk jede Lüge glaube, wenn man diese nur oft genug wiederhole. In den Städten konnten viele Juden noch ihren Berufen nachgehen und gut davon leben, auf dem Land aber wurde es zunehmend schlimmer. Deshalb begannen einige Familien, in die Stadt zu ziehen. Dort war auch alles andere leichter als auf dem Dorf, wo einen jeder kannte. Und diejenigen, die durch die veränderten Umstände auf finanzielle Hilfe angewiesen waren, konnten ebenfalls in der Stadt eher Unterstützung finden.

Parallel zu dieser Entwicklung setzte langsam die Auswanderung der jüdischen Jugend ein. In Niederstetten verließ als eine der ersten Else Kirchheimer die Heimat, eine Tochter von Max Kirchheimer, der einen kleinen Verkaufsladen für Herren- und Damenoberbekleidung besaß. Kirchheimer ging immer in die Nachbardörfer, um seine Ware auch dort anzubieten, oft vollbepackt mit den Kleidungsstücken. Aber das Geschäft lohnte immer weniger.

Im nahe gelegenen Bad Mergentheim wurde damals eine *Hachscharah* eröffnet, an der sich jeder, der nach Israel auswandern wollte, auf die zukünftigen Lebensbedingungen vorbereiten konnte. Viele junge Leute, die ihren Arbeitsplatz verloren hatten oder ihre Ausbildung abbrechen mußten, hielten Israel für das ideale Land. Aber um dort leben zu können, brauchte man möglichst Kenntnisse und praktische Erfahrung in der Landwirtschaft. Einige deutsche Bauern waren bereit, jüdische Jugendliche auf ihren Höfen mitarbeiten zu lassen, natürlich ohne Entgelt. Für Mahlzeiten und Unterkünfte kam die jüdische Gemeinde auf. Abends lernten die *Hachscharah*-Schüler Hebräisch sowie die theoretischen Grundbegriffe von Landwirtschaft, Ackerbau und Viehzucht. Selbstverständlich gab es mehrere Organisationen, die den jungen Leuten finanziell weiterhalfen und sie während des Studiums unterstützten. Arthur Kirchheimer, ein Sohn des Viehhändlers Simon Kirchheimer, war der erste Jugendliche aus Niederstetten, der die *Hachscharah* besuchte.

1935 wanderte die erste Familie geschlossen in die Vereinigten Staaten aus: Fritz Neuburger mit Frau und Kindern. Neuburger war einer der beiden Koscher-Metzger von Niederstetten. Jetzt, wo es kein Fleisch mehr gab, brauchte man auch keine Metzger mehr, und Neuburgers Zweitgeschäft mit Tierfellen und Häuten war auch am Ende. Die wirtschaftlichen Umstände ließen der Familie also gar keine andere Wahl als den Weggang. Es war ein trauriger Tag für die Gemeinde, als wir den Neuburgers Lebewohl sagten, denn alle wußten, daß sie nur den Anfang einer langen Reihe bildeten.

88 Die erste jüdische Familie, die Niederstetten verließ: Unser Metzger mit Frau und Söhnen. Da es kein Fleisch mehr zu verkaufen gab, brauchte man auch keine Metzger mehr.

Um diese Zeit eröffnete uns Frieda, die seit einigen Jahren unser Hausmädchen war, daß sie uns verlassen würde, weil sie heiraten wollte. Vor 1933 wäre ihre Kündigung für uns kein großes Problem gewesen – aber nun standen die Dinge ganz anders. Unsere früheren Haushaltshilfen waren immer aus Vorbachzimmern gekommen, einem kleinen Dorf, knapp fünf Kilometer von Niederstetten entfernt. Dort hatten wir eine gute Freundin, Frau Gollwitz, übrigens eine Nicht-Jüdin. Ihr Mann, ein Schreiner und Tischler, war einige Jahre zuvor gestorben. Witwe Gollwitz kannte jeden im Dorf, und sie half uns tatsächlich auch diesmal, ein Mädchen zu finden. Die neue Hilfe hieß Gretel und war wie eine Tochter zu meinen Eltern. So gab es, trotz der ständigen Vergiftung des allgemeinen Klimas, noch viele gute Menschen um uns herum, wie diese Frau Gollwitz, die uns sogar immer besuchte, wenn sie sich in Niederstetten aufhielt.

In Paris mußte mein Bruder Justin indessen sein Studium an der Sorbonne aufgeben, weil die Geldsumme, die wir ihm legal zukommen lassen konnten, nicht ausreichend war. Schließlich bekam er aber die nötigen Papiere, um Frankreich verlassen zu können und ging nach Südamerika. Bevor er abreiste, wollten Vater und Mutter ihn noch einmal sehen. Es wurde ein Treffen in Straßburg vereinbart. Meine Eltern beantragten für die Grenzüberschreitung nach Frankreich einen Paß und bekamen den Ausweis anstandslos. Dann fuhren sie nach Straßburg, es war das erstemal seit der Machtergreifung, daß sie ins Ausland reisten. Ein paar Tage lang konnten sie ein glückliches Wiedersehen mit Justin feiern, das allerdings schon von vornherein von dem verzweifelten Abschied überschattet war. Später haben meine Eltern oft erzählt, wie sie zu dritt am Rheinufer standen und Justin über den Strom hinweg in Richtung Deutschland sah, das Land seiner Geburt. Völlig aufgewühlt kamen Vater und Mutter nach Hause. Hier angekommen, sagte mein Vater: »Ich bin so froh, wieder daheim zu sein! Neben all den Aufregungen hatte ich auch noch ständig Angst wegen meines Goldstücks!« Er trug immer ein Goldstück in seiner Brieftasche bei sich, aber erst in Straßburg war ihm eingefallen, daß er die Münze ja gar nicht über die Landesgrenze hätte mitnehmen dürfen. Die Sache hatte ihn mit größter Sorge erfüllt, und während der ganzen Zeit war ihm schon sehr bange vor der

Rückreise. Doch hatte er meiner Mutter nichts gesagt, um sie nicht noch mehr zu belasten. Als Mutter jetzt alles erfuhr, fragte sic ihn sofort, warum er das Goldstück denn nicht Justin gegeben hätte. Und Vater mußte betroffen zugeben, daß das allerdings das einzig Richtige gewesen wäre, zumal Justin fast ohne einen Pfennig aus Frankreich auswanderte. Irgendwie war ihm aber die einfachste und unbestreitbar beste Lösung des Dilemmas nicht in den Sinn gekommen. Soweit können Angst und Gehirnwäsche die Menschen bringen.

Bis dahin hatten die jüdischen Mädchen noch an der evangelischen Schule von Niederstetten Handarbeitsunterricht erhalten. Aber auch damit war es jetzt zu Ende. Meine Mutter, die in ihrer Jugend eine Klosterschule besucht hatte, war eine Expertin in Handarbeiten aller Art und erteilte von nun an zweimal die Woche den Mädchen in den Räumen der jüdischen Gemeinde Unterricht. Die meisten kleineren Ortschaften besaßen gar keine eigene jüdische Volksschule, so daß die Kinder der Juden entweder auf die katholische oder evangelische Schule gegangen waren. Viele dieser konfessionellen Schulen nahmen inzwischen aber keine jüdischen Schüler mehr auf. Deshalb wurden, wie in Niederstetten, hier und da neue Schulen in den Räumen der jüdischen Gemeinden eingerichtet.

Vier Wochen dauerte es, bis Justin wohlbehalten in Argentinien ankam. Wir alle atmeten auf, denn in Frankreich mußten die Flüchtlinge allmählich unter unerträglichen Bedingungen leben. Jetzt endlich konnte mein Bruder versuchen, seßhaft zu werden und sich eine neue Existenz aufzubauen.

89 Eine Handarbeitsschülerin bei meiner Mutter. Als die öffentlichen Schulen keine jüdischen Schülerinnen mehr zu den Handarbeitsstunden zuließen, gab Mutter den Mädchen Unterricht.

9. Die Nürnberger Gesetze

Januar 1935. Hitler war seit zwei Jahren an der Macht. Zahlreiche Veränderungen hatten die Lage der Juden in Deutschland zunehmend verschlimmert. Von allen Seiten wurden sie schlecht behandelt, diffamiert und gedemütigt. Darüber hinaus waren viele auch der Einnahmequelle für ihren Lebensunterhalt beraubt. Inmitten all dieser Schwierigkeiten erhielt mein Vater das Ehrenkreuz nebst Urkunde als Auszeichnung für seine Verdienste während des Ersten Weltkriegs. Wäre unsere Existenz nicht so gefährdet und die allgemeine Lage nicht so bedrohlich gewesen, man hätte womöglich über die Ironie der Situation noch lachen können.

Um diese Zeit starb in Niederstetten Meta Kahn. Sie hatte ihre Jugend in den Vereinigten Staaten verbracht, etwas Geld gespart und war schließlich in ihren Heimatort zurückgekehrt, um dort ihre Rentnerjahre zu verleben. Der Zug der Trauergäste sammelte sich vor ihrem Haus. Es gab kaum eine christliche Seele, die es noch gewagt hätte, an einem jüdischen Begräbnis teilzunehmen. Kathy Lüders jedoch, dem evangelischen Glauben zugehörig und eine Tante meiner Freundin Käthe, kam tatsächlich mit, um ihrer lebenslangen Freundin die letzte Ehre zu erweisen. Sie wurde fotografiert und das Bild am Schwarzen Brett des *Stürmer* auf dem Marktplatz mit dem einschlägigen Kommentar ausgehängt, daß sie ihre Lektion offenbar noch nicht recht gelernt hätte. – Eines anderen Tages ging Frau Korder, eine Bäuerin und gut befreundet mit uns, auf dem Heimweg vom Feld mit einem Korb über dem Arm an unserem Haus vorbei. Zufällig stand meine Mutter gerade im Eingang. Die beiden Frauen begannen, miteinander zu sprechen. Einige Tage später erschien auch davon ein Bild im Aushang des *Stürmer* mit der Bemerkung: »Frau Korder bringt ihre guten Sachen zu der Jüdin Stern«. Der berüchtigte Schaukasten enthielt, geschützt durch eine Glasscheibe, die jeweils neueste Ausgabe der bösartig antisemitischen Wochenzeitschrift *Der Stürmer* und daneben alles nur erdenkliche judenfeindliche Belastungsmaterial, dessen man irgend habhaft werden konnte. Die Nazis, die es in Niederstetten ansonsten schwer hatten, ihre neue Lehre durchzusetzen, versuchten den Ort auf diese Weise unter Druck zu halten und im lokalen Bereich Einfluß auszuüben, um ihrer Haßpropaganda größere Wirkung zu verschaffen.

90 Auszeichnung ohne Bedeutung. Vater erhielt das Ehrenkreuz für Kriegsteilnehmer und eine Urkunde in Anerkennung seiner Verdienste während des Ersten Weltkriegs.

91 Bruno Stern mit einem Patienten. Es war schwierig, überhaupt Patienten zu bekommen, aber wir schafften es.

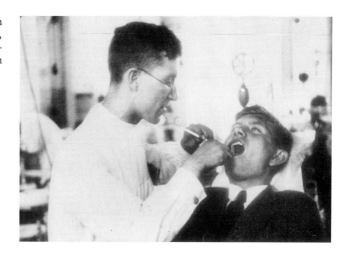

Trotz all dieser Vorgänge vernachlässigte ich mein Studium keineswegs. An der zahnärztlichen Fakultät waren damals nur noch wenige jüdische Studenten eingeschrieben, und wir hatten große Schwierigkeiten, die erforderlichen Patienten zu bekommen, schafften es am Ende aber doch. Die Beziehung der Kommilitonen untereinander war nicht schlecht. Wir jüdischen Studenten gingen allerdings so gut wie nie auf öffentliche Veranstaltungen. Einigemale fuhr ich übers Wochenende zum Besuch meiner Verwandten nach Hamburg. Eine ganz schöne Reise: samstags abends von Würzburg nach Hamburg, Sonntag abends von Hamburg zurück nach Würzburg und Montag morgens wieder auf die Universität. Aber das lange Unterwegssein hat sich doch gelohnt. In Hamburg lebte man fast wie in alten Zeiten. Meine Verwandten bewohnten eine herrliche Villa am Ise-Ufer, hatten Dienstmädchen und einen Chauffeur und alles, was sonst noch das Dasein angenehmer machen konnte. Mein Onkel Jakob besaß eine große Firma, die bedeutendste Importniederlassung des Kontinents für Gerbauszüge. Ihm oblag die Alleinvertretung für Quebracho-Extrakte in Deutschland und Osteuropa, fast ein Monopol. Auch war Onkel Jakob Mitglied des Präsidiums der jüdischen Gemeinde von Hamburg. Wenn ich von einem Besuch bei ihm nach Hause kehrte, hatte ich immer Hoffnung, daß sich die Dinge doch noch zum Besseren wenden würden.

Eines Abends, als ich wieder einmal auf dem Weg nach Hamburg war, betrat ein schönes junges Mädchen das Zugabteil, in dem ich saß. Es war schon beinahe Mitternacht, und die Zeit war bis dahin äußerst langsam vergangen. Wir kamen nun ins Gespräch und unterhielten uns über alles Mögliche, nur nicht über Politik. Ich nehme an, daß das Mädchen nicht wußte, daß ich Jude war. Als wir uns dann in Hamburg verabschiedeten, merkte ich, daß sie mit einem künftigen Rendezvous rechnete, aber ich hielt mich zurück – aus guten Gründen. Ohne Dritte mit einem nicht-jüdischen Mädchen in einem Zugabteil zu sitzen, war, wie unschuldig auch immer, bereits ein gefährliches Unterfangen gewesen. So sehr mich die Begegnung auch erfreut hatte, von jetzt an blieb ich immer bemüht, nicht mehr allein oder in ähnlicher Zweisamkeit in einem öffentlichen Verkehrsmittel zu reisen.

Als die Sommerferien begannen, nahm ich wieder eine Einladung zu meinen Hamburger Verwandten an. Wir hatten ziemlich viele Angehörige in dieser Stadt, einen Bruder meiner

Mutter, Onkel Henri, dann den Staatsrat a. D. Leo Lippmann sowie dessen beide Brüder und ihre Familien. Daher hatte ich immer allerhand Besuche zu machen, bei den Verwandten und auch bei den Bundesbrüdern. Die A. W. V. Veda hatte in Hamburg eine große Mitgliedschaft. Man traf sich regelmäßig in der Wohnung des einen oder anderen, und die Gespräche drehten sich immer wieder um die Frage, was aus den ehemaligen Bundesbrüdern geworden war. Eine beträchtliche Anzahl von ihnen war bereits ausgewandert oder bereitete sich gerade darauf vor. Die Ärzte und Rechtsanwälte unter uns hatten Schwierigkeiten mit den Behörden. Niemand wollte ja von einem jüdischen Anwalt vertreten werden; deshalb versuchte man, jedes öffentliche Gerichtsverfahren zu vermeiden, weil man für den Fall, daß eine nichtjüdische Person dabei angeklagt wurde, niemals sicher sein konnte, ob nicht eine Denunziation und später ein »Besuch« der Gestapo folgte. Die Ärzte und Zahnärzte andererseits verloren ihre Akkreditierung, oft auch die Zulassung zu den gesetzlich vorgeschriebenen Krankenkassen.

Außer meinen Freundes- und Verwandtschaftsbesuchen sah ich mich aber immer auch in der Stadt selbst um. So unternahm ich diesmal eine Hafenrundfahrt. Wenn ich mich recht erinnere, fand damals sogar noch eine öffentliche Gemäldeausstellung mit den Werken des jüdischen Malers Max Liebermann statt, der im Februar des Jahres 1935 gestorben war. Zufällig fiel mein Aufenthalt in Hamburg noch mit der Veranstaltung des Nürnberger Parteitages zusammen, dieses gigantischen Spektakels, das die Nazis alljährlich aufführten und auf dem Hitler Deutschland und der Welt zu verkünden pflegte, was für eine großartige Einrichtung seine Regierung wäre, wobei er gleich neue Pläne, neue Richtlinien, neue Kampfmethoden und neue Gesetze bekanntgab. Die Propaganda lief auch jetzt wieder auf Hochtouren, und die jüdische Bevölkerung wartete ängstlich auf die Verlautbarung neu ausgeklügelter Schikanen, die man gegen sie anwenden sollte, obwohl eigentlich niemand auf das, was dann tatsächlich kam, wirklich vorbereitet war.

Am Sonntag nachmittag des 15. September saßen wir im schönen Wohnzimmer der Villa meines Onkels Jakob und hörten am Radio die Übertragung der Nürnberger Vorgänge. Dann folgte die Bekanntmachung der sogenannten »Nürnberger Gesetze«, die allen in Deutschland lebenden Juden fortan das Wahlrecht absprachen, jegliche Mischehen verboten und sogar die persönliche Freundschaft zwischen Juden und Christen untersagten. Auch sollten wir nicht mehr die deutsche, sondern nur noch die jüdische Flagge tragen dürfen. Die Gesetze traten von sofort an in Kraft. Seit Januar 1936 war es außerdem keiner jüdischen Familie mehr gestattet, eine deutsche Hausangestellte oder überhaupt deutsche Bedienstete zu halten. Onkel Jakob und Tante Margarete wurden von dieser Anordnung hart getroffen. In ihrer großen Villa hatten sie drei Hausmädchen (Schwestern aus Michelbach an der Lücke, wo mein Onkel geboren war) und den Chauffeur angestellt. Als innerhalb und außerhalb Deutschlands Weitgereiste hatten diese Verwandten überdies einen wahrhaft aufgeschlossenen, internationalen Freundeskreis in der oberen Gesellschaft. Was sie nun hörten, verschlug ihnen die Sprache. Gewiß, die Hitlerregierung war bereits seit über zwei Jahren an der Macht, aber Onkel Jakob und Tante Margarete hatten noch kaum unter den Restriktionen und Exzessen leiden müssen, die wir anderen, auf dem Land Lebenden schon seit geraumer Zeit zu spüren bekamen. Jetzt waren die Juden in ganz Deutschland schockartig wachgerüttelt und voller Angst vor dem härteren Kurs und der Zukunft. Weit deutlicher als bisher mußten sie die jüngsten Gesetze als ein Signal verstehen und sich ernstlich an die Vorbereitungen machen, um Deutschland so bald wie möglich zu verlassen.

92 Hafenrundfahrt in Hamburg. In Hamburg spürte man kaum etwas von den Pressionen des Dritten Reichs. Man konnte sich noch völlig frei bewegen. (Bruno Stern: obere Reihe, siebter von links.) Drei Tage später wurden die Nürnberger Gesetze erlassen.

Doch was auch geschehen würde – an erster Stelle mußte der Alltag mit seinen Verpflichtungen weitergehen. Einige Tage nach den Nürnberger Kundgebungen kam aus Stettin Frau Dienemann angereist, die Schwester meiner Tante Margarete. Sie war auf dem Weg in die USA, um dort ihre Kinder zu besuchen. Ihr Schiff ging von Antwerpen ab, ein Linien-Dampfer der Arnold Bernstein-Gesellschaft. Bernstein war ein deutscher Jude, der seine Firma nach Antwerpen verlegt hatte. Seine Schiffe berührten keinen einzigen deutschen Hafen mehr, weil er besorgt war, daß man sie dort konfiszieren könnte. Er galt als Pionier für gute und zugleich preiswerte Personenbeförderung von Europa nach Amerika sowie für den Transport von Automobilen nach Übersee.

Wir beschlossen, daß ich Frau Dienemann zu ihrem Schiff bringen und anschließend ein paar Tage in Antwerpen und Brüssel bleiben sollte. In Brüssel fand damals gerade die Weltausstellung statt. Mit dem Zug verließen wir Hamburg und reisten über Aachen nach Antwerpen. Zum erstenmal in meinem Leben fuhr ich zweiter Klasse, ein Komfort, den sich nur die oberen Zehntausend leisten konnten. Wir hatten ein bequemes, gepolstertes Abteil ganz für uns. In Aachen, der Grenzstation, stiegen alle möglichen Aufsichtsbeamten zu, um unsere Papiere zu kontrollieren und ihre Fragen zu stellen, so zum Beispiel, wieviel Geld wir bei uns

94 Keine Heimat mehr. Max Rödelsheimer war ein jüdischer Fotograf. Neben seinen Auftragsarbeiten machte er auch eine Reihe von Genre-Bildern jüdischen Lebens. – Die hier abgebildete Fotografie zeigt ihn selbst, an einer Wegkreuzung auf einem Koffer sitzend. Er klagt, nicht mehr nach Hause gehen zu können, weil die Heimat verloren war.

93 Frau Dienemann aus Stettin. Viele ältere Leute besuchten ihre Kinder in Amerika. – Die meisten kehrten nie wieder nach Deutschland zurück.

hatten. Wir führten nur die gesetzlich erlaubte Summe mit, keinen Pfennig mehr. Aber aus irgendwelchen Gründen wollten die Polizisten auf Nummer sicher gehen. Sie führten Frau Dienemann ins Nachbarabteil und befahlen uns beiden, sämtliche Kleider abzulegen. Völlig nackt stand ich da, als eine Rangierlokomotive am Abteilfenster vorbeifuhr. Der Lokomotivführer sah zu mir hinein, offenbar an solche Anblicke gewöhnt, und lächelte und winkte hinüber. Dann kam der Kontrolleur und begutachtete meine Siebensachen. Wieder und wieder wurde alles durchsucht. Man fand nichts. Wir hatten ja auch nichts Unrechtmäßiges dabei.

Am Ende konnte der Zug aber doch weiterfahren, und wir reisten ohne Unterbrechung nach Antwerpen. Ich brachte Frau Dienemann zum Schiff. Wir hatten nur wenige Tage zusammen verbracht, waren aber schon gute Freunde geworden. An Bord sahen wir viele deutsch-jüdische Emigranten. Die Auswanderungsquote stieg von Monat zu Monat an. Das Neujahrsfest, *Rosch Haschanah*, verbrachte ich anschließend noch in Antwerpen und fuhr dann nach Brüssel. Mein Aufenthalt dort war sehr kurz. Auf der Weltausstellung aber konnte ich damals die ersten Versuche dessen sehen, was später als »Fernsehen« bekannt wurde. In Antwerpen hatte ich übrigens einige Geschäftsfreunde meines Onkels Jakob besucht, die sich meiner finanziellen Nöte annahmen, denn die vierzig Mark, die ich über die Grenze ausführen durfte, waren bald aufgebraucht. Auf meiner Rückreise nach Deutschland fuhr ich wieder über Aachen. Diesmal gab es keine unliebsamen Zwischenfälle.

Ein oder zwei Tage blieb ich dann noch in Hamburg und war zu *Jom Kippur*, dem Fest des Versöhnungstags, wieder zu Hause in Niederstetten. Die jüdische Landbevölkerung reagierte

gelassener auf die Nürnberger Gesetze als die Städter: für viele von ihnen war ein Großteil dessen, was nun als staatliche Verordnung erklärt wurde, ja schon vorher spürbare Wirklichkeit gewesen. Dennoch waren die Menschen hier wie dort jetzt noch deprimierter und fragten sich, was sie wohl falsch gemacht hatten, daß man sie, die so stolz auf ihr Deutschland waren und teilweise sogar ihr Leben dafür eingesetzt hatten, derart erniedrigend behandelte! Wie bereits erwähnt, hatte mein Vater im Januar dieses Jahres das Ehrenkreuz für Kriegsteilnehmer erhalten, und gleich ihm waren viele Juden für ihre Verdienste im Ersten Weltkrieg ausgezeichnet worden.

Die Zahl derer, die den neuen Pressionen schließlich nicht mehr standhalten konnten, wuchs unaufhörlich, und als Folge stieg auch die Rate der Selbstmorde. Den Oberen unserer jüdischen Gemeinde fiel damit die Aufgabe zu, noch stärker als sonst moralischen Beistand zu leisten. Zu Gunsten der Rabbiner in Deutschland muß an dieser Stelle gesagt werden, daß sie alle, ohne Ausnahme, zu ihrem Volk hielten. Die meisten kümmerten sich in bewundernswerter Weise um ihre Gemeindemitglieder, zeigten Mut in ihren Predigten und gaben den Schwachen Hoffnung und seelischen Auftrieb. Vor den Feiertagen wurden Rundschreiben solcher Predigten in die Stadt- und Landbezirke ausgesandt, um die Moral der Gläubigen zu festigen. Anläßlich des Versöhnungsfestes kam aus Berlin von dem berühmten Rabbiner Leo Baeck einmal die folgende Botschaft, die am *Jom Kippur*-Abend in allen Synagogen Deutschlands verlesen werden sollte. (Was hatte sich nicht alles verändert, seit Leo Lippmann an der Totenbahre seines Neffen gesprochen hatte!)

Jom Kippur-Abendpredigt des Rabbiners Dr. Leo Baeck:*

Zu dieser Stunde stehen alle Menschen Israels aufrecht vor ihrem Herrn, dem Gott der Gerechtigkeit und der Gnade, um ihre Herzen im Gebet zu öffnen. Vor dem Angesicht Gottes wollen wir unsere Wege befragen und unser Handeln ergründen, sowohl die Taten, die wir begangen, als auch diejenigen, die wir unterlassen haben. Öffentlich wollen wir die Sünden bekennen, deren wir schuldig sind, und den Herrn bitten, uns zu verzeihen und sie zu vergeben. Im Eingeständnis unserer eigenen Übertretungen, der persönlichen wie der gemeinsamen, lasset uns die gegen uns selbst und unseren Glauben gerichteten Verleumdungen und Anklagen geringschätzen. Ja, lasset sie uns zu Unwahrheiten erklären, zu niedrig und sinnlos, als daß wir sie ernst nehmen dürften.

Gott ist unsere Zuflucht. Ihm laßt uns vertrauen, dem Urgrund von Menschenwürde und Stolz. Danket dem Herrn und lobet Ihn um unseres Schicksals willen, um die Standhaftigkeit und Ausdauer, mit der wir jegliche Verfolgung bis heute ertragen und überlebt haben.

Unsere Geschichte ist die Geschichte von der Größe der menschlichen Seele und der Würde des menschlichen Lebens. Am heutigen Tag der Sorgen und der Schmerzen, umgeben von Infamie und Schande, wollen wir unseren Blick auf die vergangenen Tage richten. Von Generation zu Generation hat Gott unsere Väter bewahrt, er wird auch uns und unsere Kinder bewahren. Wir beugen unser Haupt vor Gott und bleiben aufrecht und standfest vor den Menschen. Wir kennen unseren Weg und sehen die Straße zu unserem Ziel. In dieser Stunde ist das ganze Haus Israel vor seinem Gott versammelt. Unser Gebet ist das Gebet aller Juden; unser Glaube ist der Glaube aller Juden auf dieser Erde. Wenn wir uns gegenseitig in die Augen sehen, wissen wir, wer wir sind; und wenn wir unsere Augen zum Himmel erheben, wissen wir, daß die Ewigkeit in unserem eigenen Inneren wohnt. Denn der Hüter Israels wird nicht müde, noch jemals schlafen. Trauer und Verlassenheit überfluten unsere Herzen, doch wollen wir fromm und ehrfürchtig bis auf den tiefsten, geheimsten Grund unserer Seelen schauen, um das, was mit Worten nicht zu sagen ist, in die Stille unseres Nachdenkens eingehen zu lassen.

Gegen einige dieser Passagen erhoben die Nazis Einspruch, und Rabbiner Dr. Leo Baeck wurde verhaftet. Nicht nur, was er offen aussprach, sondern auch das, was er der Vorstellungskraft seiner Zeitgenossen überließ, macht seine Predigt zu einem solch lebendigen Zeugnis jener Epoche.

---

* Aus Eric Böhm: *We survived* (Wir haben überlebt), Yale University Press, 1949. Hier eine Rückübersetzung aus dem Englischen, da der Wortlaut des deutschen Originaltextes nicht zur Verfügung stand.

10. Studienabschluß und Vorbereitung auf die Auswanderung

Nach kurzem Aufenthalt in Niederstetten fuhr ich zurück nach Würzburg, um mein Studium fortzusetzen. Als ich bei Frau Bravmann, meiner Wirtin, vorsprach, um mein früheres Zimmer wieder zu mieten, gab sie mir zu verstehen, daß ich nach einer anderen Unterkunft Ausschau halten müßte. Sie selbst wolle nicht mehr an Juden vermieten, da das neue Gesetz nur für den Fall, daß kein erwachsener männlicher Jude zum Haushalt gehörte, den Verbleib einer christlichen Hausangestellten gestattete. Ich fand zwar ein anderes Zimmer bei einer Familie namens Schwab in einer sehr guten Gegend von Würzburg, doch lag es auch sehr viel weiter entfernt von meiner Universität. Aber was sollte ich machen? Ich hatte ja keine Wahl.

Mit der Zeit zeigte sich, daß der Wechsel aber auch seine guten Seiten hatte. Außer mir beherbergten die Schwabs noch einen französischen Studenten, gleichfalls Jude, mit Namen Paul Stern (er war gebürtig aus Saarbrücken) und einen deutschen Studenten christlichen Glaubens namens Max Rau, der aus der Gegend von Ulm stammte. Wir drei wurden enge Freunde und bald ein unzertrennliches Trio. Frau Schwab war eine gute Wirtin. Sie hatte eine geräumige Wohnung, einen Ehemann und zwei eigene Söhne zu versorgen. Außerdem arbeitete sie noch in der Versicherungsbranche. In früheren Zeiten mochte sie wohl kaum daran gedacht haben, Zimmer an Studenten zu vermieten, denn ihre Familie war renommiert und gesellschaftlich hoch angesehen. Es gab mehrere Kommerzienräte mit dem Namen Schwab.

95 Ein Automobil hatte viele Vorteile. So konnte man damit die Umgebung von Würzburg erkunden. Auf dem Foto: Paul Stern (kein Verwandter von mir) und ich. Oft fuhren wir nach Veitshöchheim in ein Café, um dort zu lernen. Der kleine Wagen leistete treue Dienste.

Paul Stern und Max Rau standen im letzten Semester ihres Medizinstudiums und kurz vor ihrem Staatsexamen. Max Rau war es bis jetzt gelungen, nicht in die NSDAP einzutreten. Sein Vater allerdings, ein Lehrer, hatte Mitglied werden müssen, um seine Stelle zu behalten. Paul war stolzer Besitzer eines Opels. In seinem Wagen fuhren wir häufig hinaus nach Veitshöchheim und lernten dort in einem Café. Es war damals durchaus üblich, in solchen Lokalen zu sitzen und zu studieren, ohne daß die Konzentration darunter gelitten hätte. Man bestellte sich zuerst eine Tasse Kaffee, ein Stück Kuchen oder ein Glas Wein, breitete dann seine Bücher und Papiere auf dem Tisch aus und machte sich an die Arbeit. Der »Tapetenwechsel« hatte auf die Studenten sogar einen günstigen Einfluß.

Seit April 1933 war mein Leben zwar keiner körperlichen Bedrohung mehr ausgesetzt worden, doch hatte es immer wieder Zwischenfälle gegeben, die einem das Dasein sehr erschwerten. Der kumulative Effekt all dieser Ereignisse mußte schließlich seine Spuren hinterlassen, sei es nun im Bereich der physischen oder psychischen Gesundheit oder auch nur im Hinblick auf die Fähigkeit des »reibungslosen Funktionierens«. Zum Beispiel lief ich eines Tages in der zahnärztlichen Klinik die Hintertreppe hinab. Es war ein enges Treppenhaus. Und wer kam mir ausgerechnet in diesem Moment von unten entgegen? Kein anderer als der Gauleiter Hellmuth, in schmucker Ausgehuniform, flankiert von seinem Stab und einem ganzen Schwarm von Beamten, alle ebenfalls in Uniform und schweren Stiefeln. Neben ihm erkannte ich seinen Vetter, der zahnärztlicher Assistent der Klinik war und auch Hellmuth hieß. Der Gauleiter, selbst ein ehemaliger Zahnarzt, der seine Ausbildung in eben diesem Institut erhalten hatte, war zu einem Überraschungsbesuch gekommen. Ein paar Stufen des Treppenabschnittes hatte ich bereits zurückgelegt, konnte also schlecht kehrtmachen und dem Herrn Gauleiter dabei den Rücken zuwenden. Das wäre Beamtenbeleidigung gewesen. So mußte ich ihm entgegengehen. Wie aber sollte ich ihn grüßen? »Heil Hitler« kam ja nun wirklich nicht in Frage! Ich beschloß, die Stufen schnellstmöglich hinabzurennen, den Arm andeutungsweise zu heben und meine Lippen dabei zu bewegen, in der Hoffnung, daß alles gut ginge. Der Assistent Hellmuth an der Seite des Gauleiters hatte mich schon erkannt und lächelte mir zu. Im nächsten Augenblick war ich vorbeigeeilt. Es hatte geklappt! Der ganze Vorfall dauerte nicht einmal eine Minute. Hätte der Assistent es jedoch auf mich abgesehen gehabt, so wäre ein Anlaß wie dieser ausreichend gewesen, mich in ein Konzentrationslager zu schicken. Solche kleineren Episoden, die allerdings ziemlich häufig vorkamen, zehrten unmerklich und kräftig an sämtlichen Nerven.

Paul Stern und Max Rau verließen Würzburg, sobald sie ihr Examen bestanden hatten. Nun kam auch ich an die Reihe und mußte mich auf die Schlußprüfungen vorbereiten. Vier Jahre Studium unter den schwierigsten Bedingungen lagen hinter mir. Bis jetzt hatte ich alle Examen mit guten Noten bestanden. Wie aber würde das Ende aussehen? Würden die Professoren für einen fairen Verlauf sorgen? Die Anmeldeformulare hatte ich bereits ausgefüllt und ging damit zum Universitätssekretariat. Auch alle anderen Papiere, die für die Zulassung zur Prüfung erforderlich waren, hatte ich bei mir. Ich betrat das Büro der Sekretärin und gab ihr die Unterlagen. Daraufhin reichte sie mir einen Vordruck zur Unterschrift, von dem ich zwar schon gehört hatte, gleichwohl aber hoffte, daß er mir selbst nie vorgelegt werden würde. Nach erfolgreich bestandenem Examen – so war darauf zu lesen – müßte ich innerhalb Deutschlands auf eine Zahnarztpraxis verzichten, könnte mich also nirgends niederlassen. Die Unterzeichnung dieser Verzichtserklärung war ein harter Schlag für mich.

An dem Abschlußexamen nahmen insgesamt drei jüdische Studenten teil, Günther Heilborn aus Gleiwitz, einer meiner Bundesbrüder, Isfried Stern aus dem hessischen Burghaun (kein Verwandter von mir) und ich selbst. Wir waren in allen Prüfungen zusammen. Abgesehen von der angewandten Zahnarztkunde handelte es sich durchweg um mündliche Examen. Wir mußten mit dem zuständigen Professor oder dessen Sekretärin einen passenden Termin ausmachen, an welchem der Professor Zeit hatte. Das einzige größere Problem, das auf uns zukam, war eigentlich die Beschaffung von Patienten, an denen wir die praktische Anwendung unseres Lehrstoffes demonstrieren konnten. Aber auch das gelang uns schließlich.

Am Stichtag erschienen wir im dunklen Anzug beim Professor, wurden in sein Büro geführt und von ihm, wie üblich, mit dem Standardgruß »Heil Hitler« empfangen. Wir selbst antworteten mit »Guten Morgen«, worauf uns sämtliche Anwesenden etwas genauer zu mustern begannen. Die Prüfungen waren nicht einfach, doch bestanden wir sie ausnahmslos, nachdem sich die Professoren-Kommission vom ersten Schock über unseren unzeitgemäßen

Gruß erholt hatte und unverzüglich zur Sache kam. Am Ende wünschten uns alle Glück. Und das hatten wir wahrhaftig nötig!

Im Sommer 1936 nahm ich Abschied von Würzburg. Wären die Ereignisse insgesamt nicht so bedrückend gewesen, es hätte eine herrliche Zeit sein können. In meinem ersten Studienjahr (1932/33) hatte ich noch ein Studentendasein erleben dürfen, wie es später nie wieder kommen sollte. Der 30. Januar 1933 hatte bereits die Wende gebracht: den Umbruch eines ganzen Jahrhunderts, der die Welt unwiderruflich veränderte. Schweren Herzens kam ich nach Hause. Unter anderen Umständen hätte ich froh und erleichtert sein können, da vier Jahre harter Arbeit nun endlich mit der Abschlußnote »Gut« gekrönt worden waren. Ich blieb einige Wochen in Niederstetten und fuhr dann zu meinen Verwandten nach Crailsheim, um etwas Abwechslung zu haben. Wir alle waren uns einig, daß ich Deutschland verlassen mußte. Da ich nicht nach Israel auswandern wollte, blieben als einzige, damals mögliche Ziele nur die Vereinigten Staaten und Argentinien übrig. Wofür ich mich auch entschied, in jedem Fall würde es eine geraume Weile dauern, bis ich die erforderlichen Papiere erhielt. In der Zwischenzeit sollte ich weiterstudieren und soviel wie möglich lernen.

Noch andere junge Leute in Niederstetten trafen damals Vorbereitungen zur Emigration. Die Isolierung der Juden wurde von Monat zu Monat größer. Am 31. Dezember 1935 hatte unsere christliche Hausangestellte Gretel uns verlassen müssen, worüber wir alle traurig waren, doch mußte das neue Gesetz ja befolgt werden. Vom 1. Januar 1936 an war dann ein jüdisches Mädchen namens Friedel bei uns. Sie stammte aus dem Nachbarort Edelfingen.

Nach mancherlei mühseligen Verhandlungen bekam ich überraschenderweise dann doch eine Lehrstelle, und zwar als Volontär bei der *Jüdischen Krankenhilfe* in Berlin. Mein Vater hatte schon alles für mich in die Wege geleitet: in einem Heim für jüdische Mädchen sollte ich verköstigt werden, ein Zimmer stand bereit bei einer Familie Manteuffel, und mein Arbeitsplatz war nicht weit davon entfernt in der Alexanderstraße. Für Kost und Logis mußte ich natürlich zahlen, erhielt aber für meine Arbeit keinen Pfennig (ich durfte ja nichts annehmen, da ich den bereits erwähnten Vordruck unterschrieben und damit erklärt hatte, mich innerhalb Deutschlands nicht beruflich niederzulassen).

In jenem Sommer 1936 stand Berlin auf der Höhe seines Rufes als Weltstadt. Es war das Berlin der Olympischen Spiele. Die überwiegende Mehrheit der deutschen Juden jubelte allerdings nur einer einzigen Teilnehmerin zu: der Meisterfechterin Helene Mayer, einer aus Offenbach am Main gebürtigen Jüdin. Sie hatte schon 1928 die Goldmedaille für Deutschland gewonnen und erkämpfte sie 1936 wieder – diesmal für die Vereinigten Staaten, ihre neue Heimat. Während der Dauer der Olympiade enthielt man sich in der Öffentlichkeit aller antijüdischen Kundgebungen und Aktionen, denn der Nazi-Regierung war sehr daran gelegen, aller Welt vor Augen zu führen, welch eine »großartige« Staatsform man erreicht hatte. Mit dem wahren Berlin indessen, dem einstigen Mittelpunkt des kulturellen Lebens und der Stadt des Fortschritts, ging es zu dieser Zeit bereits abwärts. Anläßlich der Olympiade flackerte das Feuer, das einst so strahlend geleuchtet hatte, nur noch einmal kurz auf, ehe es für immer erlosch.

Die jüdische Gemeinde von Berlin besaß damals, drei Jahre nach Hitlers Machtergreifung, weitverzweigte Einrichtungen zur Unterstützung ihrer eigenen Mitglieder. Sie leitete Krankenhäuser, Apotheken, Schulen und Ausbildungsstätten jeglicher Art. Sie half den Bedürftigen und denen, die auswandern wollten. Natürlich waren nicht alle diese Institutionen erst in den drei vorangegangenen Jahren gegründet worden – viele konnten sogar auf ein stattliches Alter zurückblicken. Aber der größte Teil war quantitativ und hinsichtlich der Aktivitäten erweitert worden, und eine beträchtliche Anzahl der Einrichtungen verdankte ihr Bestehen tatsächlich dem veränderten sozialen »Stellenwert« der Juden im Dritten Reich. So gab es einen speziell jüdischen *Kulturbund*, der Theaterstücke und zahlreiche kulturelle Veranstaltungen auf die Bühne brachte. Dann fanden Tanzabende für jüdische Jugendliche statt, auf denen sich diese näher kennenlernen konnten, ohne gleich befürchten zu müssen, daß sie womöglich an einen »arischen« Tanzpartner gerieten. Das *Gemeindeblatt der Jüdischen Gemeinde zu Berlin* publizierte die Adressen jüdischer Geschäftsniederlassungen, Handwerker etc. zur internen Information. Auch sei an dieser Stelle Rabbiner Dr. Joachim Prinz erwähnt, der jeden Freitag abend vor voller Synagoge seine Predigten hielt, in denen er zu Hoffnung und Selbstachtung aufrief.

96 Vortrag in Berlin. Ich war ein guter Student und hoffte, das, was ich unter schwierigen Umständen gelernt hatte, auch anwenden zu können.

In Berlin traf ich auch meinen neugefundenen »Vetter« Ralph Altman wieder. Mein Zimmernachbar bei den Manteuffels war ein Student namens Henry Ehrenberg, ein ehemaliger Mediziner, der jetzt aber eine Ausbildung zum Kantor absolvierte. Gemeinsam gingen wir immer zu den Mahlzeiten in jenes bereits erwähnte Heim für jüdische Mädchen, wo Henry seine spätere Frau Paula kennenlernte, die dort an einem Kochkurs teilnahm. Oft ließ sie uns schon im voraus wissen, wann es einmal Fleisch gab. Die Zubereitung koscherer Speisen war für unsere Institutionen eine wahre Kunst, da sie nur überaus knappe Geldmittel besaßen und sehr wenig Fleisch bekommen konnten. Ich muß Frau Abramson, der Leiterin des Heimes, noch heute ein Kompliment machen für ihre vorzügliche Organisation. Auch war sie in der Lage, die jungen Leute moralisch aufzurichten, obwohl deren Aussichten für die Zukunft wahrhaftig dunkel und unsicher waren.

Meine Arbeit in der zahnärztlichen Abteilung des jüdischen Krankenhauses war lehrreich. Es gab großen Mangel an Arbeitskräften, so daß ich auch bei Operationen und überall sonst, wo jemand gebraucht wurde, aushalf, wenn ich nicht selbst in meinem eigenen Aufgabenbereich zu überlastet war. Auch Leute, die nie daran gedacht hätten, daß sie jemals die Dienste einer solchen Sozialeinrichtung in Anspruch nehmen müßten, kamen nun zu uns, weil sie ihre Firmen und Arbeitsplätze verloren und die mageren Ersparnisse aufgebraucht hatten. Wir behandelten jeden, so gut wir konnten, ohne seine menschliche Würde zu verletzen, denn das Schicksal hatte ihnen allen schon genug zugesetzt.

11. Übergangszeit in der Schweiz

Unterdessen war ich weiter mit der Ausarbeitung meines Emigrationsplans beschäftigt. Wir dachten, daß vielleicht, solange der psychologische Kriegszustand anhielt, ein Zusatzstudium in der Schweiz mir nützen könnte. Möglicherweise hätte ich dort gar die Chance, ein Spezialexamen zu absolvieren. So stellten wir beim Berliner Finanzamt einen Antrag, der meinen Eltern die Genehmigung erteilen sollte, mir monatlich eine gewisse Geldsumme in die Schweiz zu überweisen. Die Sache wurde bewilligt, so daß ich bald Vorbereitungen treffen konnte und mich an der Universität Basel bewarb. Wir deponierten das Studiengeld auf einer Berliner Bank, von der aus die Raten auf eine Basler Bank transferiert werden sollten.

Im Herbst 1936 kam ich in Basel an. Zunächst mietete ich ein Zimmer in einem kleinen Hotel beim Bahnhof, hoffte aber, später als Untermieter in einem Privathaus wohnen zu können. Über die Grenze hatte ich nur vierzig Reichsmark mitnehmen dürfen. Gleich am ersten Morgen ging ich zur Universität und erkundigte mich, was für Formalitäten es zu erledigen galt. Anschließend begab ich mich auf die Bank, um dort das Geld abzuheben, das wir bereits vier Wochen vorher angewiesen hatten. Hier aber bekam ich nur zu hören, daß noch nichts angekommen sei. Dieselbe Geschichte erzählte man mir auch am nächsten Tag. Ich besuchte mehrere Verwandte und Freunde meiner Familie, die sich alle mein Dilemma anhörten – niemand aber kam auf den Gedanken, mir selbst etwas Geld zu leihen.

Da das Hotel gut war und auch eine gute Gaststätte dazugehörte, beschloß ich, weiter dort zu wohnen. Im Grunde hatte ich natürlich gar keine andere Wahl, denn ich konnte ja nicht ausziehen, weil ich die Rechnung nicht hätte bezahlen können. Die Mahlzeiten nahm ich alle in der Hotelgaststätte ein, wobei ich mich jedoch miserabel fühlte. Obwohl ich andererseits hätte glücklich sein sollen über die größere persönliche Freiheit, fand ich doch schnell heraus, daß Freiheit ohne Geld nicht gerade der erstrebenswerteste Zustand ist. Und das Leben in einer fremden Stadt kostet bekanntlich allerhand. Nach ein paar Tagen schon stand ich vor der Notwendigkeit, zu einem Pfandleiher zu gehen und meine goldene Taschenuhr zu verpfänden. Noch nie in meinem Leben war ich in einem solchen Geschäft gewesen. Der Pfandleiher besah sich die Uhr und nannte eine Summe, die mir geradezu lächerlich erschien, doch war sie wenigstens ausreichend, um die fälligen Gebühren an der Universität zu zahlen. Ich ging zurück ins Hotel. Verwandte oder Freunde wollte ich nicht mehr sehen. Die junge Kellnerin in der Hotelgaststätte versuchte mich aufzuheitern, sie spürte wohl, daß etwas nicht stimmte. Nach Hause zu telefonieren und meine mißliche Lage zu melden, hatte aber auch keinen Sinn, denn das Geld war in Berlin noch von mir selbst eingezahlt worden.

Jeden Morgen und jeden Nachmittag ging ich nun zur Bank. Endlich rief man von dort die Hauptgeschäftsstelle in Zürich an und erkundigte sich, ob der Transfer aus Berlin denn immer noch nicht eingegangen sei. Eines Tages war das Geld dann tatsächlich da. Jetzt sah ich mich sofort nach einem Zimmer um, verließ das Hotel am nächsten Tag und löste meine goldene Uhr wieder ein. Hin und wieder ging ich aber auch jetzt noch in die Hotelgaststätte. Mit den Leuten dort stand ich weiterhin auf gutem Fuß. Es war ja auch nicht sicher, ob ich sie nicht eines Tages vielleicht wieder brauchen würde. Aber das Schicksal war gnädig. Von nun an trafen die monatlichen Zahlungen jeweils pünktlich ein.

Basel war eine sehr angenehme und gemütliche Stadt. Neben dem Studieren und Repetieren hatte ich einen regen geselligen Umgang. Ende November sandten mir meine Eltern eine Nachricht des Amerikanischen Konsulats in Stuttgart mit der Aufforderung, mich dort zur

Überprüfung meiner Person einzustellen, wonach über die Ausstellung eines Emigrationsvisums für die Vereinigten Staaten entschieden würde.

Wir verabredeten, daß meine Eltern ein Reisebüro in Stuttgart beauftragen sollten, mir die Bahnfahrkarte für die Strecke Lörrach-Stuttgart postlagernd nach Lörrach, dem Grenzort, zu schicken. Mein Vater reservierte außerdem ein Hotelzimmer in Stuttgart und sandte mir etwas Geld, ebenfalls postlagernd, nach Lörrach voraus. All diese Dinge klingen wie »Viel Lärm um nichts«; aber ich würde sie gar nicht erwähnen, wenn sie nicht in den Zusammenhang gehörten und Folgen gehabt hätten. Die Zoll- und Devisengesetze waren heikel und kompliziert. Ohne Sondererlaubnis konnte niemand einen Wertgegenstand ins Ausland schicken oder einem Fremden, aus dem Ausland Zugereisten, deutsches Geld geben. Am 21. Dezember fuhr ich mit der Straßenbahn von Basel nach Lörrach, d.h. von der Schweiz nach Deutschland. Der Grenzübertritt verlief reibungslos. Natürlich war jeder, der die Grenze passierte, im voraus beunruhigt, nicht weil man ein schlechtes Gewissen gehabt hätte, sondern einfach, weil man nie wußte, was kommen würde. Es kursierten so viele Geschichten über schlechte, ja schikanöse Behandlung, wahre Geschichten, wie man sehr wohl wußte. In Lörrach ging ich auf das Postamt, wo die beiden Briefe auf mich warteten, der Geldbrief von meinem Vater und der Umschlag mit der Zugfahrkarte von unserem Stuttgarter Reisebüro. Selbstverständlich hatte ich aus der Schweiz kein Geld mit nach Deutschland genommen. Mit der Bahn fuhr ich dann nach Stuttgart und übernachtete dort in einem der besseren Gasthöfe, wo wir schon öfter gewohnt hatten und das Zimmer richtig für mich reserviert worden war. Am anderen Morgen suchte ich früh das Amerikanische Konsulat auf. Im Warteraum sah ich viele Juden aus allen Teilen Süddeutschlands, die ebenfalls auswandern wollten. Die Examinierung der Person bestand unter anderem aus einer ärztlichen Generaluntersuchung, wofür der Befund eines Röntgenlabors vorgelegt werden mußte. Die meisten von uns mußten sich also zunächst einen Termin zur Durchleuchtung der Lungen geben lassen. Das Ergebnis konnte man am Nachmittag abholen. Ich brachte gleich anschließend die Unterlagen zurück auf das Konsulat und erhielt dort tatsächlich mein Visum. Gültigkeitsdauer: vier Monate. Meine Gefühle waren gemischt. Was würde aus meinen Eltern werden, wenn ich nun wirklich auswanderte? In den drei hinter uns liegenden Jahren der ständigen Gefährdung und Ungewißheit waren Vater, Mutter und ich einander näher gekommen als je zuvor.

Sobald in Stuttgart alles erledigt war, nahm ich den nächsten Zug nach Hause. Dort herrschte eine bedrückte Stimmung. Vater und Mutter waren zwar froh, daß ich das Visum erhalten hatte, dachten aber mit Sorge und Trauer an den bevorstehenden Abschied. Doch gab es keinen anderen Ausweg. Wir hatten schon so viele Pläne gemacht und sie Augenblicke später wieder verwerfen müssen. Wie Vögel in einem Käfig fühlten wir uns unfähig, eigene Entscheidungen zu treffen, unfähig sogar, auch nur für den nächsten Tag irgend etwas zu planen.

Am darauffolgenden Sonntag fuhren meine Eltern nach Bad Mergentheim, um dort Freunde zu besuchen und in das jüdische Kaffeehaus zu gehen, wo immer viele Leute aus den umliegenden Ortschaften zusammenkamen. Ich blieb daheim mit unserer jüdischen Hausangestellten. Es war bereits die zweite seit der neuen Gesetzesregelung, sie stammte aus Schwäbisch Hall. Gegen Abend läutete es an der Tür. Das Mädchen öffnete. Herein kamen zwei Männer, die nach meinem Vater fragten. Schon an ihrem Auftreten spürte ich instinktiv, daß sie zur Gestapo gehören mußten. Ich wies mich als Sohn des Gesuchten aus und erfuhr, daß mein Vater und der Inhaber unseres Stuttgarter Reisebüros unter Anklage standen, weil sie einem

Ausländer – damit war ich gemeint – Geld zugeschickt hatten. Ein Angestellter des Reisebüros hatte seine Firma und meinen Vater bei der Behörde denunziert und die Geldsendung an einen aus dem Ausland kommenden Adressaten erwähnt – ein Gesetzesverstoß, der nach den geltenden Bestimmungen strenge Bestrafung nach sich zog. Die Gestapo-Männer ließen mich wissen, daß mein Vater am Nachmittag des folgenden Tages im alten Bad Mergentheimer Schloß zu erscheinen hatte. Dort war die Kreisleitung der Geheimen Staatspolizei einquartiert.

Als meine Eltern am Abend nach Hause kamen, erzählte ich ihnen den Vorfall. In dieser Nacht blieben wir lange auf und bedachten alle Möglichkeiten und Konsequenzen, die sich aus dem Verhör ergeben könnten. Wir waren immer bemüht gewesen, die staatlichen Gesetze korrekt zu befolgen. Sobald man es aber mit der Gestapo zu tun bekam, konnte jedes Gesetz einfach anders ausgelegt werden, so daß selbst der Unschuldigste und Vorsichtigste rasch zum Verbrecher gestempelt wurde. Die Gesetzesparagraphen jener Zeit unterschieden genau zwischen deutschen Staatsbürgern, die ihren Wohnsitz im Inland hatten, und solchen, die hauptamtlich im Ausland gemeldet waren, den sogenannten »Devisen-Ausländern«. Den letzteren Geld oder Wertgegenstände zukommen zu lassen, wenn sie einreisten, galt als strafbar, ebenso wie ein heimlicher, also nicht genehmigter, Transfer ins Ausland. Mein Hauptwohnsitz jedoch war nach wie vor Niederstetten gewesen. Ich hatte nur vorübergehend in der Schweiz gewohnt, war folglich kein eigentlicher »Devisen-Ausländer«.

Erst in den frühen Morgenstunden fanden wir ein wenig Schlaf, schweren Herzens und in großer Angst vor dem, was der Tag uns noch bringen würde. Vater fuhr dann allein nach Bad Mergentheim. Mutter blieb bei mir. Wir warteten und warteten. Am Abend kam Vater zurück. Als wir die Türglocke hörten, schlugen unsere Herzen schneller. Die Gestapo hatte die Erklärung unserer besonderen Umstände anerkannt und die Untersuchung abgebrochen. Damit waren vierundzwanzig Stunden voller Sorge und Beklemmung doch noch glücklich ausgegangen.

Etwa um diese Zeit herum hatte ich mir das Lied des Wolga-Soldaten aus der Operette »Der Zarewitsch« von Franz Lehár auf Schallplatte gekauft. Die Arie wurde zu einer Art Erkennungsmelodie für unsere Gemeinde. Oft kam der eine oder andere und bat: »Spiel mir doch mal das Lied!« Der Text lautete ungefähr so: »... In dunkler Nacht allein und fern, es leuchtet ihm kein Mond noch Stern ... eine Träne ihm ins Auge steigt ... und er fühlt wie's im Herzen frißt und nagt, wenn ein Mensch verlassen ist, und er klagt, und er fragt: Hast Du dort oben vergessen auch mich, es sehnt doch mein Herz nach Liebe sich, Du hast im Himmel viel Engel bei Dir, schick doch einen davon auch zu mir ...« Irgendwie identifizierten sich alle mit dem einsamen, verlassenen Soldaten. Und manche Träne floß, wenn sich die Platte auf meinem tragbaren Phonographen drehte, der nach dem Abspielen der einen Seite immer wieder neu aufgezogen werden mußte.

Die wenigen Tage, die mir von meinen Ferien noch übrigblieben, waren ausgelastet mit Vorbereitungen und Überlegungen, was ich alles in die Vereinigten Staaten mitnehmen mußte. Wir stellten eine Liste auf. Ich sollte im März aus der Schweiz zurückkehren und im April den Dampfer nach Übersee nehmen. Das würde mir etwa vier Wochen Spielraum lassen, meine Sachen in Ordnung zu bringen. Schon jetzt kauften wir Anzugsstoff und gingen damit zum Schneider, der meine Maße nahm. Mutter besorgte auch Taschentücher und Wäsche, Hemden und Kragen (die meisten Hemden hatten damals noch einen abnehmbaren Kragen). Die Taschentücher mußten handbestickt werden mit meinen Initialen. Auf diese Weise verging die Zeit wie im Flug, und schon mußte ich wieder nach Basel abreisen. Hier erst fand ich ein wenig

Muße, um mit meinen Gedanken und Gefühlen ins reine zu kommen, wobei sich vor allem die Frage stellte, was aus mir in der Neuen Welt werden sollte. Ich war jung und nicht arbeitsscheu. Seit früher Jugend hatte ich mitanpacken müssen und gelernt. Aber würde ich nun auch in der Lage sein, meine Fähigkeiten und Kenntnisse nutzbringend anzuwenden? Vor einigen Monaten erst hatte ich erfahren, was es bedeutet, ohne Geld in einem fremden Land sich selbst überlassen zu sein. Und in der neuen Heimat würde es keinen Pfennig mehr von der Familie geben. Sämtliche Verwandte hatten klipp und klar zum Ausdruck gebracht, daß sie zwar gerne formal für mich bürgen wollten, daß ich aber keine finanzielle Unterstützung von ihnen erwarten durfte. Darüber hinaus stand ich unter dem unablässigen Druck, was nach meiner Abreise mit meinen Eltern geschehen würde. Ich hatte natürlich die feste Absicht, sie in die Vereinigten Staaten nachkommen zu lassen, wußte andererseits aber keineswegs, ob ich dieses Vorhaben auch würde in die Praxis umsetzen können.

Unter diesen Umständen zu studieren, war nicht leicht. Hinzu kam die »Fasnacht«, etwas ganz Besonderes in Basel, während welcher ich versuchte, wenigstens einen Teil meiner Sorgen in den Umtrieben zu vergessen. Die Stadt war vom Maskenfieber gepackt. So hatte ich meine Gedanken überall, nur nicht beim Studium und den Prüfungen. Als es soweit war, daß ich Basel verlassen sollte, stand ich vor der Alternative, entweder der Examina wegen länger zu bleiben und mein Visum für Amerika verfallen zu lassen, oder aber auf den Studienabschluß zu verzichten. Genaugenommen war es gar keine Alternative. Ich mußte ja weg. Fort aus Deutschland und fort aus Europa. Die freie Presse in der Schweiz, über die ich mich regelmäßig informierte, hatte mich davon überzeugt, daß kein einziges europäisches Land in absehbarer Zukunft als Wohnort für mich in Frage kommen konnte.

12. Abschied von der Gemeinde

Im März 1937 kehrte ich, wie abgemacht, nach Niederstetten zurück, um dort die letzten Vorbereitungen für die Auswanderung zu treffen. Es war eine sehr traurige Zeit. Ich mußte Abschiedsbesuche bei unseren Angehörigen und Freunden machen, so in Ulm, wo eine Schwester meiner Mutter mit ihrem Mann lebte. Diese Verwandten, Paula und Arthur Strauss, hatten keine eigenen Kinder und erwarteten von ihren Nichten und Neffen immer besondere Aufmerksamkeit und Liebe. Auch bei meinen Verwandten in Crailsheim blieb ich eine Weile. Die Tochter, Senta, meine Cousine, war schon vor einem Jahr ausgewandert. Außerdem fuhr ich nach Michelbach an der Lücke, wo meine Mutter geboren war und ich manche Ferien im Haus der Großmutter und meines Onkels Nathan verbracht hatte, ehe sie später nach Crailsheim umgezogen waren. Ich kannte alle Juden dieser kleinen Gemeinde. Jedem einzelnen nun Lebewohl zu sagen im Bewußtsein, daß manchem keine Hoffnung auf Entkommen blieb, war überaus anstrengend und zehrte an den Nerven. Viele, die Verwandte in Amerika hatten, gaben mir deren Anschriften mit der Bitte, dort vorzusprechen und mich dafür einzusetzen, daß Auswanderungspapiere bzw. Bürgschaften nach Deutschland geschickt werden möchten. In Laudenbach zum Beispiel wohnte eine alleinstehende alte Dame, die Tochter des ehemaligen Kantors, der die Gottesdienste dieser Gemeinde bis zu seinem Tod geführt hatte. Sie war völlig verlassen. Ihre einzige Hoffnung richtete sich jetzt auf wohlhabende Verwandte in den USA, die Familie Morgenthau. Als ich später in den Staaten ankam, schrieb ich dorthin. Die Antwort aber war ablehnend.

Unterdessen waren Vater und Mutter zu Hause tapfer bemüht, meine Sachen so zu vervollständigen, daß ich auf lange Sicht nichts Neues zu kaufen brauchte. Der Schneider nähte meine Anzüge fertig. Ich bekam auch noch einen Mantel. Bei allem, was die Eltern für mich besorgten, achteten sie auf Qualität. Während wir derart beschäftigt waren und den notwendigen Verpflichtungen nachgingen, war jeder darauf bedacht, die anderen nichts von der inneren Bewegung und Anspannung spüren zu lassen, welche wir alle fühlten.

Zu dieser Zeit wurde in der jüdischen Gemeinde bekanntgegeben, daß Alex Roberg, unser Lehrer und Kantor, Niederstetten verlassen und eine Stelle an der Schule der jüdischen Gemeinde in Stuttgart annehmen wollte. Alex und ich hatten oft mitgeholfen, die anderen aufzumuntern, wenn sie deprimiert und über ihre Lage verzweifelt waren. Die damalige Grundstimmung richtig zu beschreiben, ist schwer. Da wir in einer Kleinstadt lebten, wo jeder jeden kannte, hatten viele Leute schon Angst, uns nur anzusehen – und uns zu grüßen, wäre geradezu unerhört gewesen. Einer meiner Freunde aus Kindertagen, Fritz Schumm, ging einmal in Richtung Bahnhof, und es fügte sich, daß Berta Kahn, ein jüdisches Mädchen, gerade denselben Weg hatte. Sie gingen auf der Straße ein paar Schritte nebeneinander und tauschten ein paar Worte. Jemand beobachtete die beiden und denunzierte Schumm, der damals Student an der Tübinger Universität war. Die Anzeige genügte, um ihn fast von der Universität zu verweisen. In einer Großstadt gemieden zu werden, ist schlimm, in einer Kleinstadt aber ist es das schlimmste, was einem überhaupt passieren kann, gerade weil alle sich kennen.

Eines Samstagabends trafen sich die Gemeindemitglieder im jüdischen Lokal von Niederstetten, um Alex Roberg und mir Lebewohl zu sagen. Es wurden einige kurze Ansprachen gehalten, ein paar Gedichte vorgelesen und sogar ein paar Späße gemacht. Tränen gab es nicht, aber jeder war dem Weinen sehr nahe.

Vorher schon hatte ich bei der Stadtverwaltung einen offiziellen Antrag auf Auswanderung gestellt und um die Genehmigung gebeten, einige Gepäckstücke, die ich nicht selbst mitnehmen konnte, voraussenden zu dürfen. Es war ein eigenartig fremdes Gefühl, nun zum Rathaus zu gehen, die Papiere abzuholen, die Einverständniserklärung des Finanzamts zu erhalten und sämtliche Formulare zu unterschreiben, die mir die Ausreise aus Niederstetten in die Vereinigten Staaten ermöglichten. Doch hatte ich keine Schwierigkeiten, die Unterlagen vollzählig zu bekommen.

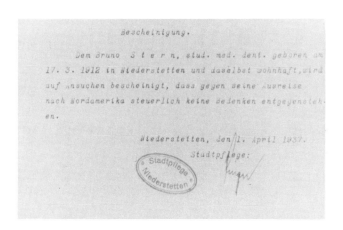

97 Wichtige Bescheinigung. Das Stadtpflege-Amt von Niederstetten bestätigt, daß meiner Ausreise steuerlich nichts entgegensteht.

Als es an der Zeit war, die ersten Sachen zu packen, stellte sich ein Beauftragter vom Zollamt ein und prüfte alles, was in meine große Holztruhe wanderte. Unter den Dingen, die ich mitnahm, waren auch die Negative meiner Fotografien. Zur Feier meiner *Bar Mitzwah* hatte ich zwei Kameras bekommen und seitdem immer wieder Aufnahmen gemacht. So waren einige hundert Negative zusammengekommen. Der Beamte inspizierte jedes einzelne, um sicher zu gehen, daß ich nicht irgendwelche Bilder bei mir hatte, die das Dritte Reich diskreditieren konnten. Ich wußte allerdings zu gut Bescheid über die Bestimmungen, um etwas dergleichen mitzunehmen. Pflichtbewußt erfüllte der Mann seinen Auftrag und hatte keinerlei Einwände gegen den Inhalt meiner Truhe. Auch eine ganze Ausrüstung zahnärztlicher Instrumente war dabei, weil ich noch immer auf die Möglichkeit hoffte, vielleicht in den Vereinigten Staaten einmal als Zahnarzt arbeiten zu können. Die Truhe wurde schließlich versiegelt, mitsamt sechs Flaschen Schnaps, die als Mitbringsel gedacht waren, und zum Schiff vorausgeschickt.

Mittlerweile wußte jeder in Niederstetten, daß ich nach Amerika gehen wollte. Unsere christlichen Nachbarn, aber auch viele nur entfernte Bekannte zeigten deutlich ihr Mitgefühl. Die meisten erkannten ganz klar, daß es keinen anderen Ausweg gab. Fritz Hammer, dem alten Schmied, der seit meiner frühen Kindheit wie ein zweiter Vater zu mir gewesen war, ging alles schrecklich nahe, wie überhaupt die Mehrzahl unserer Nachbarn, mit denen wir immer in Frieden gelebt und denen ich als Junge auf dem Feld oder in ihren Läden geholfen hatte, sehr bedrückt war. Als Passah kam, besuchte ich noch einmal jedes Mitglied unserer Gemeinde persönlich. Es war so herzzerreißend, daß wir uns alle gegenseitig trösten mußten. Samstag abend, gegen Ende des Festes, kam einer unserer christlichen Freunde und brachte uns *Chomez* (gesäuertes Brot, das wir vor Passah an ihn verkauft hatten) zurück. Später, im Schutz der Dunkelheit, stellten sich noch weitere Nachbarn ein, um Abschied zu nehmen. Frau Abendschein, Mutter von vier Buben, mit denen ich früher gespielt hatte, schloß mich in ihre Arme und konnte gar nicht mehr aufhören zu weinen. Es dauerte nicht lange, da fingen auch einige andere Nachbarn an zu schluchzen. Aber bald schon rissen sich alle zusammen, es hätte ja jemand zuhören, etwas mißverstehen und falsch weitermelden können.

Die Zeit schritt rasch vorwärts. Wir fühlten uns alle erschöpft und mußten doch früh morgens wieder aufstehen. Schließlich ging ich auf mein Zimmer, das hinter der Küche lag. Viele Jahre hindurch hatte ich hier gewohnt. Die Decke bog sich schon vom Alter. In dem Raum standen zwei Betten nahe beieinander. Direkt über meinem Bett führte eine Treppe auf den Dachboden. Dann gab es noch einige alte Möbelstücke und viele Bücher in dem Zimmer. Die Räume in solchen alten Häusern waren klein. Was wir an Möbeln hatten, stammte zum großen Teil aus dem Besitz von Vorfahren, die auch hier gelebt hatten. Man ließ die Sachen als Erinnerungsstücke stehen.

Zum letzten Mal schlief ich nun im elterlichen Haus ein. Ich dachte an die lange Reihe der Ahnen, an mir bekannte und unbekannte Verwandte, die über Generationen hinweg in diesem Gebäude beheimatet waren. Mit meinem Weggang würde diese Kette unterbrochen werden, kein Stern-Nachkomme würde in voraussehbarer Zukunft hier mehr wohnen. Für uns alle war dieses Haus nicht nur von sentimentalem Wert, es war ein Teil von uns selbst. Wir hatten uns zwar öfter gefragt, ob man es nicht abreißen und durch einen Neubau ersetzen sollte. Dies in die Tat umzusetzen, wäre uns jedoch wahrscheinlich nie eingefallen. Ein Abriß wäre uns wie ein Sakrileg vorgekommen. Vater hatte das alte Haus, oft unter beträchtlichen Kosten, lieber immer wieder ausgebessert. In dieser letzten Nacht daheim bat ich meine Vorfahren um

Vergebung, daß ich ihr Erbe verlassen mußte. Ich erinnere mich nicht, ob ich danach noch fest geschlafen habe, wenn ja, dann jedenfalls nur für kurze Zeit.

Am Morgen nach *Passah*, dem Fest zur Erinnerung an den Auszug aus Ägypten, begann für mich der Tag des Auszugs aus der Stadt, in der ich geboren war und die meiner Familie so lange Obdach gegeben hatte. Vater und ich gingen schon sehr früh durch die vertrauten Straßen zum Gottesdienst in der Synagoge. Ein letztes Mal hörte ich die Stimme meines Freundes unsere alten Gebete nach traditioneller Weise vortragen. Es waren überwiegend alte Männer gekommen. Aus ihren zerfurchten Gesichtern konnte ich erkennen, daß sie kein leichtes Leben hatten und immer mit Not und Schwierigkeiten konfrontiert worden waren. Der Fels, auf dem ihre ganze Seelenstärke gründete, war die Religion. Schon die Kindheit dieser Menschen war voller Entbehrungen gewesen, in ihren Zügen konnte man noch die Spuren des letzten Krieges lesen, und manch einer hatte seine Angehörigen vorzeitig verloren. Ihr Leben war ein einziger unablässiger Kampf, immer mußten sie alles einsetzen, immer hart arbeiten, um doch nur ein bescheidenes Auskommen zu sichern. Und sie ertrugen das alles dank der Kraft, die ihnen ihr Glaube gab. Auch in mich strömte neue Kraft und neuer Glaube, als ich sie alle hier beten sah mit einer Hingabe, wie sie nur der wahre Gottesglaube, der letztlich unerklärlich ist, hervorbringen kann.

Noch einmal blickte ich mich in der Synagoge um, in der ich sozusagen aufgewachsen war. Sie war nicht so imposant wie die Synagogen in den größeren Städten, auch nicht so schmuck ausgestattet, nicht einmal so gut erhalten, wie man es gewünscht hätte, aber es war *unsere* Synagoge, unser Gotteshaus. Als Dreijährige hatten wir unsere Thorarollen mit dem Wimpel hierhergebracht, auf welchem unser Name und persönliche Glückwünsche gestickt waren. Dieser Wimpel, ein Stück Leinwand, hielt die heiligen Schriftrollen zusammen. Immer waren unsere Namen auf diese Weise im Gotteshaus aufbewahrt. Hier auch hatten wir jeden Freitag und Samstag abend, am Ende des Gottesdienstes, einen Schluck Wein erhalten, durften zum Ausklang des *Sabbath* eine brennende Kerze halten und waren *Bar Mitzwahs*, »Söhne der Pflicht«, geworden, erfüllt mit Freude und tiefer Bewegung. Wie lange aber würden in diesem Haus noch Menschen zusammenkommen? Die meisten Jungen und Mädchen meiner Altersgruppe waren schon abgereist in eine neue Heimat, und diejenigen, die noch da waren, trafen nach und nach auch Vorkehrungen zur Emigration. Zum letzten Mal trat ich an die heilige Lade, um den Vorhang zu küssen. Während ich so in Gedanken stand und innerlich völlig aufgewühlt war, kamen die anderen Gemeindemitglieder zu mir, Männer, die ich von Kindheit auf kannte, und wünschten mir Glück und Gottes Segen, jeder auf seine Art. Der eine fand nur ein knappes Wort, der andere versuchte, mich zu trösten, wieder ein anderer machte einen Scherz und einer konnte gar nichts mehr sagen, sondern gab mir nur seine zitternde Hand. In diesem Moment erkannte und fühlte jeder von uns die aufrichtige Zusammengehörigkeit, keiner hatte irgend einen anderen Gedanken. Solange die Gruppe um mich herumstand und wir uns für immer verabschiedeten, war mein Vater in Kummer und Ergriffenheit an seinem Platz geblieben, betete und betete aus tiefstem Herzen für das Wohlergehen seines Sohnes, den er, gemeinsam mit seiner Frau, so liebevoll erzogen hatte und der sie nun beide verlassen mußte.

Schweigend gingen wir dann zum Ausgang. Es war das erstemal in meinem Leben, daß mir ein Gottesdienst zu kurz vorkam. Zwar war es kein besonders festlicher gewesen, aber eben m ein Gottesdienst.

13. Aufbruch in die Neue Welt

Auf dem Heimweg versuchte ich, jede Einzelheit der Umgebung in mich aufzunehmen und beobachtete alles ganz genau, um es mir einzuprägen. Bald nach dem Frühstück kamen wieder einige Mitglieder der Gemeinde, um sich zu verabschieden. Jeder hatte mir ein kleines Geschenk mitgebracht, damit ich ihn nicht vergäße. Manche dieser Gaben waren praktisch, manche mit religiöser Überlegung ausgewählt und andere wieder rein persönliche Andenken. Auch meine Verwandten aus Crailsheim und Tante Paula aus Ulm waren inzwischen gekommen.

Der Uhrzeiger rückte indessen gnadenlos vorwärts. Viele der Abschiedsgäste waren mir vertraut, soweit meine Erinnerung zurückreichte (ich war fünfundzwanzig, als wir uns Lebewohl sagen mußten). Nach dem Mittagessen ging ich noch einmal zur Synagoge. Wie alle Kirchen im damaligen Württemberg war sie durchgehend geöffnet. Dort stand ich und betete schweigend. Es war mein Wunsch, ein allerletztes Mal an die heilige Lade zu treten, den Vorhang zu berühren und die Verstorbenen, die vor mir an dieser Stelle gebetet hatten, um ihren Segen zu bitten. Ich verließ dies alles ja nicht freiwillig, geschweige denn gerne. Und wenn ich auch vorher schon öfter von zu Hause weggegangen war, so war es doch nie so weit gewesen. Die nun bevorstehende Trennung konnte eine Trennung für immer sein. Wieder, wie während der ganzen letzten Zeit, erhob sich vor mir die Sorge: »Was wird aus meinen Eltern werden?« Aber auf diese Frage gab es ja keine Antwort. Bei jener Gelegenheit kam mir, wie öfter in den vorangegangenen Tagen, das Buch meines Vaters in den Sinn, das er mir damals zum Abschied geschenkt hatte, ein Buch über Niederstetten, geschrieben sieben Jahre vorher im Auftrag des Stadtrats. Jetzt, 1937, gehörte mein Vater nicht mehr zu den umworbenen Bürgern. In seiner eigenen Heimat war er ein Fremder und Ausgestoßener. Mein Exemplar des Buches enthielt, speziell für mich, noch ein Widmungsgedicht, ebenfalls von Vater verfaßt: »Du gehst jetzt... unter fremden Menschen wirst du sein... Vergiß nicht und gedenke immer derer, denen Du in Freundschaft und Liebe verbunden bist... Wenn die Strahlen der Sonne Dich grüßen, denke daran, daß sie sechs Stunden zuvor Deine Heimat und Deine Eltern gegrüßt haben. Vergiß sie nicht...«

Auf nachmittags 16.30 Uhr hatten wir den Taxifahrer Hermann Groß vor unser Haus bestellt. Er war pünktlich. Bei seinem Eintreffen waren noch einige Verwandte und Freunde bei uns. Langsam stieg ich die Treppe hinunter zum Haustor und berührte die große *Mesusah*. Auch diese *Mesusah* hatte Generationen von Sterns gute Dienste getan und war ein sichtbares Zeugnis der Familientradition.

Rasch wurde mein Gepäck im Wagen verstaut. Ich sah auf die Uhr, und während ich die Heimat meiner Familie verließ, notierte ich beim Hinausfahren aus der Stadt die genaue Zeit: »Sonntag, 4. April 1937 – 17.05 Uhr. Abschied von **meiner Stadt**.« Vater und Mutter begleiteten mich noch bis Würzburg, von wo ich den Nachtexpreß nach Hamburg nehmen sollte. In Würzburg angekommen, hatten wir noch etwas Zeit und kehrten kurz im Koscher-Restaurant Katzmann ein, ehe uns Hermann Groß rechtzeitig zum Bahnhof brachte. Wir sprachen kaum ein Wort miteinander, die Kehlen waren uns wie zugeschnürt. Nur Mutter ermahnte mich ab und zu, dies oder jenes nicht zu vergessen.

Dann fuhr der Zug ein, und es galt, vielleicht für immer, auseinanderzugehen. Vater legte seine Hände auf meinen Scheitel und segnete mich mit biblischen Abschiedsworten, wie er es schon so oft getan hatte. Aber plötzlich überlief ihn ein Zittern, und er nahm mich in die Arme und weinte. Bis zu diesem Augenblick hatte er sich beherrscht, doch nun konnte er nicht mehr anders und ließ seinen Tränen freien Lauf. Fest hielt er mich umschlungen, ich wünschte, er hätte mich bis in alle Ewigkeit so halten können. Aber die Zeit drängte. Mutter segnete, küßte und umarmte mich noch unter heftigem Schluchzen, dann stieg ich in höchster Eile ein, und schon fuhr der Zug los. Solange wie möglich sah ich noch aus dem Fenster, hoffend und betend, daß Gott mir die Eltern erhalten möchte und sie mit seiner Hilfe einst bessere Tage erleben konnten. Die kurzen Augenblicke vor der Abfahrt meines Zuges werde ich niemals vergessen. Vater, Mutter und überhaupt alle Sterns waren keine Menschen, die ihre Gefühle in leidenschaftlichen Ausbrüchen zeigen konnten. Wir waren den Schlägen des Schicksals gegenüber so stoisch wie die Bauern und Handwerker, unter denen wir aufgewachsen waren. Nur Mutter war hin und wieder ein wenig emotional, während mein Vater noch in Momenten der äußersten Anfechtung seine Fassung bewahrte. Unsere jetzige Trennung jedoch machte alle Beherrschung zunichte.

Am Morgen des nächsten Tages erreichte ich Hamburg. Diesmal wohnte ich als Gast im Haus meines Onkels Henri. Onkel Jakob, bei dem ich sonst immer eingeladen war, hatte Deutschland bereits verlassen. Nachdem man ihn und seine Familie vorgewarnt hatte, waren sie eines Tages von einer Auslandsreise einfach nicht mehr zurückgekehrt. Die schöne Villa mit den wertvollen Möbeln wurde konfisziert. Aber so konnten mein Onkel und seine Angehörigen wenigstens ihr Leben retten. Er selbst hatte diesen Schritt lange hinausgeschoben, schließlich aber eingesehen, daß er nicht mehr in Deutschland bleiben konnte. Am Ende landete er mit den Seinen in Argentinien.

Ich hielt mich nur ein paar Tage in Hamburg auf. Einer meiner Besuche galt dem pensionierten Staatsrat Leo Lippmann und seiner Frau Annemarie. Wir unterhielten uns über die Genealogie unserer Familie, an der wir damals beide arbeiteten, ohne jedoch ein Ende voraussehen zu können. Auch die Lippmann-Brüder Franz und Arthur sah ich, sie dachten noch nicht ans Auswandern. Ein Jahr später änderten sie dann ihre Meinung und emigrierten mit ihren Familien nach Australien. Die Ahnenforschung der Lippmanns war in den zwanziger Jahren in Berlin von Hugo Lippmann begonnen worden. Bis dahin wußte man nur vom Hörensagen, daß um 1850 Brüder meiner Urgroßmutter Lippmann nach Australien ausgewandert waren. Einige ihrer Enkel wurden im Ersten Weltkrieg deutsche Kriegsgefangene. Sie wußten ihrerseits, daß sie irgendwo in Deutschland noch Verwandte haben mußten, nicht aber, wo diese wohnten. Nach Kriegsende fand die Familie irgendwie zusammen und begann mit der Arbeit an der Ahnentafel, die in den zwanziger Jahren allen Angehörigen zugesandt wurde, wie weit weg sie auch lebten, in Deutschland, England, Australien oder in den Vereinigten Staaten. 1938 und 1939, als die Notwendigkeit, aus Deutschland zu fliehen, weltweit erkannt wurde, schickten die »Australier« die erforderlichen Papiere an alle Angehörigen, die dorthin auswandern wollten. So kamen auch Franz und Arthur Lippmann mit ihren Familien Ende 1938 nach Australien.

Doch zurück nach Hamburg im Jahre 1937. Als die Zeit meiner Abfahrt gekommen war, machte ich mich in Begleitung von Onkel Henri auf den Weg zur Schiffsanlegestelle. Dort sagten wir uns Lebewohl; ich wollte nicht, daß er mit an Bord ging. Mein Schiff war die S. S. Manhattan, ein Passagierdampfer der United States-Linie. Ich reiste in der Touristenklasse.

Auf Deck waren außer den Auswanderern noch viele ihrer Verwandten, die bis zum Ablegen bei ihren Angehörigen bleiben wollten. Ich dachte wieder sehr lebhaft an den Abschied von meinen Eltern, Verwandten und Freunden. Es griff mir ans Herz, als die Kapelle zu spielen begann »Muß i denn, muß i denn zum Städtele hinaus«. Dann plötzlich heulten die Sirenen auf, und jeder wußte, daß jetzt die endgültige Trennung bevorstand, es gab kein Zurück. Doch war man wenigstens beieinander geblieben, solange es irgend möglich war.

Nun war auch das vorbei. Die Schiffsmotoren liefen an. Der Dampfer setzte sich in Bewegung. Alle Passagiere standen, in Gedanken versunken, an der Reling und verschlangen mit den Augen das allmählich schwindende Land, als ob sie es noch einmal ganz in sich aufnehmen und die Orte, an denen sie bis dahin mit ihren Lieben gewohnt hatten, heraufbeschwören könnten. Schließlich geriet das Land außer Sichtweite. Es gab nur noch Wasser, so weit das Auge reichte. Ein paar Wolken zogen in die Richtung der alten Heimat und nahmen unsere Grüße mit. Es dauerte eine Weile, bis wir uns recht bewußt wurden, daß wir Deutschland, das Land der Nazis und der Gestapo, nun wirklich hinter uns gelassen hatten. Tatsächlich vergingen sogar Monate und bei manchem Jahre, bis wir uns von der existentiellen Beklemmung frei machen konnten.

98 Ein letzter Blick zurück. Ich verließ Deutschland im April 1937 auf der S.S. Manhattan. Die meisten Passagiere waren, wie ich, Emigranten.

Mit einem Mal kam nun aber Leben in die schweigsame Menschenmasse. Jeder hatte das Gefühl, etwas Entscheidendes verloren zu haben, und suchte nach einer Art Ersatz dafür, indem er sich seinen Leidensgenossen zuwandte. Wir lernten einander kennen, spielten Gesellschaftsspiele, aßen und tranken zusammen. Kurz, die Beklemmung und Zurückhaltung, die uns alle zunächst umfangen hielt, löste sich bald auf. Gerade noch still und niedergeschlagen, fanden die Menschen jetzt zu sich selbst zurück und erzählten ihren Nebenmännern und allen, die sonst noch zuhören wollten, wer sie waren, was für Pläne und Absichten sie hegten, welche Empfehlungsschreiben sie bei sich hatten und wen sie in der Neuen Welt schon kannten, seien es Verwandte oder auch nur wichtige Kontaktpersonen, mit denen man brieflich das Wesentliche besprochen hatte. So kam es, daß ich unser Schiff »Das gute Schiff der Hoffnung« taufte.

Unter den Jungen und Mädchen bildeten sich nach kurzer Zeit bereits Pärchen. Schon in der ersten Nacht konnte man sie wie verliebte Turteltauben in sämtlichen Winkeln stehen sehen, wo sie sich mit altbekannten Schmeicheleien die Stunden vertrieben. Ein Lebensgefühl brach aus, als ob in irgend einem Niemandsland eine neue Gemeinde gegründet worden wäre und die Einwohner nun erwartungsvoll herbeiströmten. Nichts fehlte, sogar der Klatsch breitete sich schnell und ohne Vorwarnung aus. Das alles änderte sich jedoch, je näher wir unserem Bestimmungsort kamen. Die Gedanken wanderten weg von den Spielen und Vergnügungen. Noch einmal unterzogen wir uns einer Selbstprüfung, überdachten die Zukunftserwartungen und -pläne. Würde uns das neue Land überhaupt zusagen? Würden wir uns den neuen Bedingungen ohne weiteres anpassen können und die Zukunft wirklich eine gesegnete sein? Wie würden sich die Verwandten verhalten, die auf so viele von uns warteten und die mancher seit langem nicht gesehen hatte oder gar nur aus Briefen kannte?

Land kam allmählich in Sicht – das Land unserer Zukunft –, zunächst in Umrissen, dann immer deutlicher. Bald konnte man schon Häuser und die Konturen von Menschen erkennen. Gemächlich glitten wir an die Hafenmole. Viele Leute warteten dort, sie winkten und riefen uns Worte der Freude und des Willkommens zu, die wir allerdings noch nicht recht verstanden. Aber wir nahmen es als ein Zeichen der Liebe, daß wir auf diese Weise begrüßt wurden, als wir uns dem Land näherten, das unsere neue Heimat werden sollte.

Das Motorengeräusch setzte aus, und unser Schiff landete. Freitag, den 16. April, 9.30 Uhr. Nun konnten wir von der Reling aus schon einzelne Personen unter den Winkenden und Rufenden unterscheiden. Da die Beamten der Einwanderungsbehörde sich bereits seit den frühen Morgenstunden an Bord aufhielten, d. h. dem Schiff entgegengefahren waren, konnten sämtliche Formalitäten abgewickelt werden, bis wir anlegten. Die Landehalle am Pier war riesig, große Buchstaben hingen, zur alphabetischen Einreihung der Passagiere, von der Überdachung herunter. Aus dem Schiffsrumpf wurden nun die Koffer und Kisten heruntergelassen. Die Mehrzahl der am Hafen Wartenden mußte in größerem Abstand den Ankömmlingen zusehen. Nur zwei Personen pro Passagier durften sich innerhalb der Zollzone aufhalten, in der das Gepäck ausgeliefert wurde; sie hatten ihre Zulassungskarte schon Tage vorher beantragen müssen. Zu meiner Begrüßung waren, soviel ich mich erinnere, Onkel Hermann, ein Bruder meines Vaters, und dessen Schwägerin Emma Marx in diesen Vorraum gekommen.

Es dauerte eine Weile, bis meine Truhen und Koffer ausgeladen waren. Als endlich alles beisammen war, ging ich zu einem der Zollinspektoren, um mein Gepäck vorzuzeigen. Er durchsuchte jedes Stück gründlichst nach Schmugglerware. Ich hatte vor allem persönliche Gebrauchsgegenstände mitgenommen und meine zahnärztlichen Instrumente, wie schon erwähnt. Aber da waren auch noch die sechs Flaschen Schnaps. »Was sollen die denn?«, fragte der Beamte. Ich mußte sie als Geschenke deklarieren und wohl oder übel Zoll dafür bezahlen. So schrumpfte meine Barschaft noch weiter: von Hamburg war ich mit 96 Dollar, der Summe, die man bei einer Auswanderung aus Deutschland ausführen durfte, abgereist; Trinkgelder und ein paar Gläschen an der Schiffsbar hatten den Betrag auf 64 Dollar reduziert; und jetzt, nach den Lande- und Zollgebühren, war er noch kümmerlicher geworden. Ich ärgerte mich, weil niemand mich im voraus darüber aufgeklärt hatte. Wenn ich in diesem Moment noch einmal die Wahl gehabt hätte, so wäre der Schnaps zu Hause geblieben. Die Empfänger freuten sich natürlich alle sehr, doch zeigte mein Portemonnaie eben ein allzu bedenkliches Loch. – Nachdem auch der Zoll passiert war, durften wir endlich das Hafengebiet verlassen. Ein Gepäckträger beförderte meine Sachen zu einem schon wartenden Taxi.

Was mich stark beeindruckte, war, daß sämtliche Schilder der Hafenanlage, wie etwa »Rauchen verboten«, in vielen Sprachen beschriftet waren. Die Anweisungen auf Deutsch erschienen mir noch nicht einmal so ungewöhnlich, aber die jiddischen und sogar hebräischen Beschriftungen überraschten mich sehr. Einem jüdischen Einwanderer aus Deutschland mußte die Begegnung mit den hebräischen Zeichen wie ein Wunder erscheinen, und ich empfand sie als eine Willkommensgeste für mich ganz persönlich.

Wir luden das Gepäck ins Taxi. Der Chauffeur war ein älterer Mann, gebürtig aus Schwäbisch Hall und ein Freund meines Onkels Hermann. Ich wurde ihm als »Greenhorn« * vorgestellt, eine Bezeichnung, die mir in den folgenden Monaten noch viele Male gegeben werden sollte.

14. Sorge um die Eltern

Das Taxi fuhr in Richtung Bronx.** Ich staunte über die Hochstraße des Westside Highway und die Unzahl von Autos. Schnellstraßen dieser Art, die erhöht gebaut waren, hatte ich bis dahin überhaupt noch nie gesehen. Unser Ziel war die Fox Street Nr. 992 in der Nähe der Westchester Avenue. Dort wohnten, in einer hübschen Wohnung mit Treppenaufgang, im Zentrum der East Bronx meine Verwandten: fünf Personen in drei Zimmern mit Küche. Auch Mutter Marx, bei der ich früher als Student in Würzburg gewohnt hatte, war da. Außerdem Hermann und Hedwig Stern, ihr Sohn Teddy und Emma Marx, eine unverheiratete Schwester meiner Tante. Zu meiner Begrüßung stellten sich überdies noch eine Menge Freunde und weitere Verwandte aus der alten Heimat ein. Für sie alle hatte ich eine einzige Botschaft: »Holt eure Angehörigen aus Deutschland heraus!« Ich spielte ihnen auch die Schallplatte mit dem Lied des Wolgasoldaten vor. An der Stelle, wo es hieß: »... du hast im Himmel viel Engel bei dir, schick doch einen davon auch zu mir«, begriffen die meisten, was ich meinte, und ahnten, wie den Juden in Deutschland zumute sein mußte. Andere allerdings wollten nicht verstehen. Sie befürchteten, daß eine Übersiedelung ihrer Verwandten, besonders der älteren Leute, ihnen selbst zuviel Unannehmlichkeiten bringen würde und ein nicht unbeträchtliches Hindernis beim Erklettern der Erfolgsleiter in der Neuen Welt wäre.

Am Samstag nach meiner Ankunft nahmen mich einige Bekannte aus Deutschland in das neu gegründete deutsch-jüdische Gemeindezentrum *Shaare Tefillah* (Pforten des Gebets) mit. Alle Mitglieder dort waren Einwanderer, größtenteils aus Hessen. Der Gottesdienst wurde in derselben Weise abgehalten wie in unserer Niederstettener Gemeinde, und die Predigt war in Deutsch. Während der liturgischen Handlungen rief man mich zur *Thora* (d. h. zur Lesung aus den heiligen Schriften), und anschließend mußte ich den Segen sprechen; diese Aufgabe fiel jeweils einem Gemeindemitglied zu, das gerade einer großen Gefahr entronnen war. Nach dem Gottesdienst scharten sich alle Anwesenden um mich und wollten wissen, woher ich kam. Viele fragten nach Angehörigen und Freunden, die damals noch in der Gegend meiner Heimatstadt lebten. Zu meiner Überraschung traf ich auch einige Leute wieder, die vorher mit mir auf dem Schiff gewesen waren.

---

* Grünschnabel, Neuling, Unerfahrener.
** Anm. d. Übers.: Distrikt im Norden von New York.

Die Schlafmöglichkeiten in der kleinen Wohnung waren recht unbequem, so daß ich bald mit meinen Siebensachen umzog, und zwar zu Verwandten meiner Tante Hedwig, nämlich Meta und Leo Herzberger. Diese wohnten im oberen Stockwerk eines Zweifamilien-Hauses in der nahe gelegenen 165. Straße, zusammen mit Metas Mutter. Es war ein Holzhaus, wie man es oft in Amerika sieht. Darin gab es noch einen kleinen, ungenutzten Raum, wo ich so lange schlafen konnte, bis ich eine Arbeit finden würde. Die erste Woche in den Vereinigten Staaten hatte ich kaum hinter mir, war aber schon bei allen Adressen gewesen, für die mir Empfehlungsschreiben mitgegeben worden waren. Doch keiner konnte mir weiterhelfen. Die wirtschaftliche Lage insgesamt war damals noch schlimm, man spürte, daß die Depression noch immer nachwirkte. Verwandte und Freunde hörten sich ebenfalls nach einer Arbeit für mich um, aber es war nicht leicht. Endlich empfahl mich der Zahnarzt eines Freundes der Herzbergers an sein Dentallabor. Der Laborinhaber bat mich zu einem Gespräch, stellte einige Fragen und ließ mich dann wissen, daß er es mit mir versuchen wolle. So fing ich dort an. Ich sollte zunächst einige Wochen ohne Bezahlung arbeiten, danach sollte entschieden werden, ob ich bleiben konnte. Das Labor war im Gebäude der Sparkasse, Ecke 72. Straße und Broadway. Hier hatten viele Zahnärzte ihre Praxis. Sie erschienen häufig im Labor, um die anfallenden Arbeiten zu besprechen. Der Laborinhaber stellte mich ihnen vor, doch zeigten die Herren nicht den geringsten Ausdruck einer kollegialen Anerkennung mir gegenüber. Es dauerte nicht lange, da wollte ich mit Zahnärzten überhaupt nichts mehr zu tun haben. (Diese Abneigung ging in den folgenden Jahren sogar so weit, daß ich nach Möglichkeit jeden Besuch bei einem Zahnarzt vermied und mich nur noch behandeln ließ, wenn ich vor Schmerzen nicht mehr anders konnte.)

Ich suchte nach einer anderen Arbeitsstelle und gleichzeitig nach einem Weg, nebenher mein Zusatzstudium aufzunehmen, das von deutschen Zahnärzten verlangt wurde, wenn sie sich in den Vereinigten Staaten mit einer Praxis niederlassen wollten. Die Möglichkeit, wieder zu studieren, hätte sich vielleicht gefunden, auch jemand, der bereit gewesen wäre, mir das Studium zu finanzieren, aber die Sache konsequent durchzuführen und auch noch meine Eltern zu unterstützen, die ja baldigst nachkommen wollten, erschien mir unmöglich. Hinzu kam, daß dieses Zahnarztstudium nicht durch Abendvorlesungen absolviert werden konnte. So ging ich ratsuchend zur Jüdischen Frauenvereinigung (Council of Jewish Women), einer Organisation, die sich in erster Linie um Hilfe für die Flüchtlinge bemühte. Hier riet man mir, das Studium nachzuholen, egal unter welchen Umständen. Man wollte mit meinen Verwandten reden und ihnen nahelegen, mir das nötige Geld bereitzustellen. Ich mußte daraufhin aber erklären, daß ein solches Anliegen auf keinen Fall geäußert werden dürfte, da ich sonst schwerlich die »Affidavits«* für meine Eltern bekäme. Als letzte Zuflucht blieb mir jetzt noch das Jüdische Krankenhaus in Brooklyn, wo Frau Klau, eine Jüdin aus Theilheim bei Würzburg, als Küchenaufsicht arbeitete. Sie stand in dem Ruf, vielen Einwanderern bereitwillig zu helfen. Ich sprach mit ihr über alles, woraufhin sie meinte, daß es eigentlich zu schade wäre, wenn ich mit meiner Ausbildung in der Küche arbeiten müßte. Frau Klau wandte sich dann an einen Dr. Lederer, der die Labore für Pathologie unter sich hatte, und dieser vermittelte mir eine Stelle in seiner Abteilung. Der Traum, jemals als Zahnarzt in den Vereinigten Staaten zu praktizieren, mußte auf ungewisse Zeit verschoben werden. Jetzt hatte ich vor allem meinen Lebensunterhalt zu verdienen – und noch einiges mehr, wenn ich meine Eltern wirklich herüberholen wollte.

* Anm. d. Übers.: Beeidigte Bürgschaftserklärungen.

Zuerst träumte ich tatsächlich nur von einem »Hinausschieben«, aber wie sich zeigte, sollte die Notwendigkeit zu überleben mich von einer Rückkehr in meinen Beruf für immer abhalten. Und ich habe den Entschluß, der Rettung meiner Eltern aus Deutschland Priorität eingeräumt zu haben, auch niemals bereut.

48 Dollar pro Monat, inclusive Zimmer und Verpflegung, das waren die Bedingungen meines ersten Arbeitsplatzes in diesem Land. Oft mußte ich abends und an den Wochenenden noch Bereitschaftsdienst leisten, wofür es dann eine Zulage gab. Es war eine überaus schwere Zeit. Viele meiner Mitarbeiter waren ebenfalls vor den Nazis geflohen. Wenn wir uns zu den Mahlzeiten im Speisesaal trafen, konnte man sämtliche deutschen Dialekte hören. Auch einer meiner Bundesbrüder aus der Würzburger Studentenverbindung Veda arbeitete hier. Neben den Flüchtlingen aus Deutschland gab es noch eine Anzahl ehemaliger Internierter aus anderen europäischen Ländern, die Glück gehabt hatten und entkommen waren. Es mag seltsam erscheinen, aber wir Neuankömmlinge hatten große Vorurteile seitens der amerikanisch-jüdischen Gemeinde zu überwinden. Diese Leute arbeiteten zwar mit uns, sahen aber gesellschaftlich auf uns herab. Wir spürten das wohl, ließen uns jedoch nicht weiter davon belasten. Die beiden Ziele, die wir anstrebten, waren: gute Amerikaner zu werden und alles zu tun, daß unsere Lieben aus Deutschland herauskamen. War eine ansässige Familie hingegen einmal gut zu uns – was selten genug geschah – und bot uns vielleicht gar ihre Freundschaft an, dann gab uns das ungeheuren Auftrieb. Solche Güte wurde niemals vergessen. Ich hatte ja nur eine niedrige Position in den Laboratorien. Der Assistenzarzt Dr. Mortimer Rosenfeld war aber trotzdem nicht zu fein, mich zuvorkommend zu behandeln und seine Eltern zu bewegen, mich mehrmals in ihr Haus einzuladen. Man kann sich heute vielleicht gar nicht vorstellen, was diese Freundlichkeit bedeutete für jemanden wie mich, der unter so veränderten Bedingungen hier zurechtkommen mußte.

Die Isolierung der Juden in Deutschland wurde mit jedem Tag größer. Alle öffentlichen Schulen wiesen die jüdischen Kinder aus. Unsere eigenen Organisationen mußten binnen kurzer Zeit ein ganzes Schulsystem entwickeln und bestehende jüdische Schulen stark erweitern oder neue einrichten. Niederstetten hatte seit Beginn des 19. Jahrhunderts eine jüdische Volksschule gehabt. Anfang der zwanziger Jahre unseres Jahrhunderts war ein jüdischer Oberrat des Landes Württemberg daran interessiert gewesen, diese Schule aufzulösen. Mein Vater hatte sich damals für die Beibehaltung der Institution eingesetzt, was nun wie ein Geschenk des Himmels war. Aus allen Nachbargemeinden kamen die jüdischen Kinder nach Niederstetten. Während der Woche wurden sie bei Mitgliedern unserer Gemeinde beherbergt, sonntags fuhren sie nach Hause. In diese Zeit fiel Görings berühmt-berüchtigte Rede, daß Kanonen wichtiger als Butter wären. Die Lebensmittelversorgung wurde knapp. Noch gab es keine Rationen, aber doch spürbare Einschränkungen. Mehr und mehr jüdische Geschäfte wechselten den Besitzer, nachdem den Inhabern klargemacht worden war: »Entweder ihr verkauft und bekommt etwas für euer Eigentum, oder aber wir werden Mittel und Wege finden, die Transaktion ohne Entschädigung durchzuführen.« Eine einzige Denunziation oder willkürliche Beschuldigung, mehr war nicht notwendig, um den Leuten klar zu machen, in welch unhaltbarer Stellung sie sich befanden.

In New York schloß ich mittlerweile Freundschaft mit einer nicht-jüdischen Familie namens von der Porten. Maria von der Porten reiste noch im Sommer 1938 nach Süddeutschland, um dort einige Angehörige zu besuchen. Ich bat sie, auch zu meinen Eltern zu gehen und ihnen eindringlich ins Gewissen zu reden, daß sie alles tun müßten, um in die Vereinigten

Staaten zu gelangen. Sie sollten unbedingt Gebrauch machen von den Bürgschaften, die Verwandte und Freunde für sie leisteten und die ich ihnen in Form der schriftlichen »Affidavits« bereits zugesandt hatte. Es sei höchste Zeit, schnellstmöglich aufzubrechen. Maria besuchte meine Eltern mit ihren beiden kleinen Söhnen. Vater und Mutter waren glücklich über die Gäste. Doch konnte jemand, der aus den Vereinigten Staaten kam und kein Jude war, an den äußeren Umständen schwerlich auf Anhieb erkennen, unter welch mißlichen Voraussetzungen meine Eltern tatsächlich lebten.

Die Zahl der Freunde, die ansonsten noch wagten, mein Elternhaus zu besuchen, wurde immer kleiner. Aber Käthe Lüder, meine Freundin aus Frankfurt, verbrachte ihre Ferien noch in Niederstetten und übernahm oft kleinere Besorgungen für die Eltern, wie etwa Gänge zur Post, die am anderen Ende des Ortes lag. Das führte dann auch eines Tages zu einer lautstarken Auseinandersetzung zwischen der dortigen SA und den Leuten des Arbeitsdienstes, die in Niederstetten stationiert waren und Käthes Partei ergriffen. Die Lebensmittel wurden immer knapper. Christen bekamen schon wenig, Juden noch weniger. Koscheres Fleisch gab es so gut wie gar nicht mehr. Eier, Mehl und einige andere Zutaten waren die Hauptbestandteile, aus denen die Mahlzeiten zubereitet werden mußten. Die jüdischen Frauen waren gute Haushälterinnen und brachten es fertig, eine Vielzahl von Gerichten aus immer denselben Grundnahrungsmitteln zu zaubern. Eines Tages dann gab es nicht einmal mehr Eier. Da kam Vater auf die Idee, die Genossenschaftsfiliale der Bauern in Schrozberg anzurufen und dort zu fragen, ob man ihm drei Dutzend Eier liefern könne. Der Verwalter erklärte, daß er zwar keine drei Dutzend, aber gerne ein Gros (also 12 Dutzend) abgeben würde, wenn Vater es haben wolle. Grund genug zur Freude! Eine Zeitlang sollte nun kein Mangel an Eiern mehr im Haushalt der Sterns herrschen.

Die Jüdische Gemeinde von Niederstetten hatte damals eine Anweisung des Stuttgarter Oberrats erhalten (d. h. von der jüdischen Zentralorganisation), alle Silbergegenstände aus der Synagoge einzusammeln und bereitzustellen, wie Thora-Kronen und -schilde, die Gewürzbehälter und Becher. Daraufhin kam eines Tages ein Beauftragter des Oberrats und nahm die Sachen mit. Wir haben nie erfahren, was aus ihnen geworden ist.

August 1938. Endlich erhielten Vater und Mutter die offizielle Vorladung auf das amerikanische Konsulat in Stuttgart, wo sie ärztlich untersucht und gegebenenfalls das Visum für die Vereinigten Staaten in Empfang nehmen sollten. Sie waren allerdings in Sorge über den Ausgang, weil Vater seit der »Polizei-Aktion« von 1933 an Herzbeschwerden litt. In gewissen Abständen verschlimmerte sich sein Zustand jeweils, so daß der Arzt, Dr. Heller, bis zu sechs Wochen Bettruhe verordnen mußte. Aber normalerweise konnten die Schmerzen mit Nitroglyzerin-Tabletten unter Kontrolle gehalten werden. Diese Medizin hatte Vater immer bei sich. Während der Untersuchungen auf dem Konsulat kam es nun darauf an, größte Ruhe zu bewahren.

Bis zuallerletzt zögerte mein Vater, das Haus seiner Vorfahren zu verlassen und auszuwandern. Er sprach darüber auch mit seinem alten Freund und Nachbarn Fritz Hammer. Dessen Rat lautete: »Max, ich glaube, es ist das beste, wenn du gehst, es bleibt dir nichts anderes übrig.« Und der Alltag in Niederstetten gab ihm recht. Die jüdischen Bürger führten ein Leben der Vereinsamung, ihre Kinder waren größtenteils in Übersee, und für diejenigen, die noch da waren, suchten die Eltern verzweifelt nach einer Auslandsunterkunft. Die Gemeinde veranstaltete noch Gottesdienste in der alten Synagoge. Die Männer trafen sich nach wie vor an einigen Nachmittagen im jüdischen Restaurant Braun. Justin Schloß, ein junger Mann und Nachfolger von Alex Roberg im Amt des Lehrers und Kantors, suchte ebenfalls nach einem Weg, in die Vereinigten Staaten auszuwandern. Die meisten Juden blieben soviel wie möglich im Haus und gingen nur aus, um etwas zu besorgen oder um sich gegenseitig zu besuchen. Aber auch dann vermieden sie die Hauptstraßen. Kleine Kinder machten den Juden das Leben oft schwer. Sie wurden von fanatischen Lehrern und der Hitler-Jugend aufgehetzt. Die Eltern sagten nichts, aus Angst, daß die Kinder sie in der Schule oder bei ihren Jugendtreffen denunzieren könnten. An anderer Stelle habe ich die seinerzeit kursierende Redewendung: »Aus Kindern werden Briefe« schon einmal erwähnt. Die Richtigkeit dieser Behauptung sollte sich tagtäglich mehr bewahrheiten. Jeder Brief von den im Ausland lebenden Kindern wurde sehnlichst erwartet, über und über besprochen und von den Empfängern aufs liebevollste aufbewahrt.

Nachdem das Konsulat meine Eltern benachrichtigt und sie zur Untersuchung nach Stuttgart aufgefordert hatte, wandte sich mein Vater erst an die Auswandererstelle unseres Stuttgarter Oberrats und bat nach Möglichkeit um Auskunft über die Art der Untersuchung bzw. Personenüberprüfung. Die Auswandererstelle teilte ihm mit, daß er am Morgen vor dem Konsulatsgang vorbeikommen könne. Am Stichtag, früh um acht Uhr, fanden meine Eltern sich dort ein, aber niemand erwartete sie. Als sich auch nach einer Weile noch nichts rührte, machten sie sich unvorbereitet auf den Weg zum Konsulat und kamen dort an, noch bevor es um 9 Uhr öffnete. Glücklicherweise bestanden beide die Examinierung glänzend, sowohl die mündliche Befragung als auch die ärztliche Untersuchung, und waren schon vor Mittag im Besitz ihrer Visa. Daraufhin gingen sie nochmals zur Auswandererstelle und wurden diesmal auch empfangen. Erinnern wir uns: es war August 1938. Gleichwohl wurden meine Eltern noch befragt, ob es denn vernünftig wäre, auszuwandern. Hier hätten sie doch wenigstens ihr Auskommen, in Amerika aber wären sie auf das Wohlwollen ihrer Kinder angewiesen, die ohnehin sehr wenig verdienten. Vater und Mutter waren überrascht, gerade von einer jüdischen Stelle solche Fragen und Überlegungen zu hören. Sie gaben zur Antwort: »Unser Sohn hat uns geschrieben, daß wir unbedingt *jetzt* kommen sollen, auf keinen Fall später.« Das war das Ende des Gesprächs. Mutter hat in den folgenden Jahren oft wiederholt, diese sogenannten »Berater« hätten weder die Wandschmierereien an den Häusern wahrgenommen noch richtige Auskunft in Auswanderungsangelegenheiten erteilen können. Kein Wort darüber, wie man am besten aus Deutschland herauskam, kein Wort, wie man sein Eigentum auf wirtschaftlich solide Weise unter den geltenden Bestimmungen loswerden konnte oder was man bei der Ausreise unbedingt mitnehmen sollte.

Gleich nach Verlassen des Konsulats gaben meine Eltern ein Telegramm auf, um mir den Erhalt der Visa mitzuteilen und anzukündigen, daß sie, wenn alles nach Plan ginge, Anfang Dezember in die Vereinigten Staaten kommen würden. Ich verdiente damals 12,50 Dollar pro Woche. Als ich das Telegramm in Händen hielt, sagte ich zu mir selbst: »Mein Gott, jetzt heißt es aber sparen!« Auf der Stelle hörte ich mit dem Rauchen auf (obwohl eine Packung Zigaretten nur etwa fünf Cents kostete). Die Nachricht machte mich jedenfalls ebenso glücklich wie besorgt.

Seit Hitlers Machtergreifung hatte das deutsche Volk in ständiger politischer Aufregung gelebt. Die Ereignisse von 1938 gaben dem Ruhm des Diktators noch mehr Aufwind, und mit jedem seiner Triumphe wendete sich das Schicksal der Juden zum Schlechteren. Anfang des Jahres schon hatte er die Befehlsgewalt über die Reichswehr an sich gerissen, im März war er in Österreich einmarschiert, und im September fand die Münchner Konferenz über den »Anschluß« des Sudetenlandes statt.

Die Arbeitsbedingungen in dem jüdischen Krankenhaus, in dem ich angestellt war, hatten sich keineswegs als schlecht erwiesen. Es gab freie Unterkunft und Verpflegung, so daß man, obwohl die Bezahlung gering war, wenigstens ein sicheres Dach über dem Kopf hatte. Nun aber mußte ich einen Arbeitsplatz finden, wo ich genug verdiente, um auch meine Eltern mitversorgen zu können. Ich hatte Glück und bekam eine Stelle bei einem angesehenen Urologen, Dr. Abraham Ravich. Hier erhielt ich auch mehr Geld. Aber mit der Zeit zeigte sich als zusätzlicher Anreiz, daß der neue Aufgabenbereich auch eine berufliche Herausforderung war. Ich konnte sowohl wissenschaftliche Forschungen treiben als auch die Organisation einer sehr frequentierten Arztpraxis mitgestalten. Und noch etwas Erfreuliches geschah. Mein Bruder Theo, den ich acht Jahre lang nicht gesehen hatte, kam zurück nach New York. Wieviel war passiert seit dem Tag, an dem er Niederstetten verlassen hatte, einem Sonntag im März 1930. Alle Einwohner, Christen und Juden, waren zum Bahnhof gekommen, um sich zu verabschieden. Nun hatte ihn ein längerer Hotelstreik in San Francisco finanziell ruiniert, und er mußte per Anhalter die ganze Strecke vom Westen nach New York zurücklegen. In gemeinsamer Arbeit mit ihm konnte eine neue Existenz aufgebaut werden, auf daß es unseren Eltern an nichts Wesentlichem fehlte, wenn sie erst bei uns wären.

Die letzten Briefe wurden über den Ozean hin- und hergeschrieben. Was sollten Vater und Mutter mitbringen, was vorher verkaufen? Die Anzahl von Neuanschaffungen, die man einführen konnte, war gesetzlich begrenzt, und natürlich gab es auch Einschränkungen hinsichtlich der Einfuhr bereits gebrauchter Gegenstände. Die Wohnungen in New York waren nicht so geräumig wie unser kleines altes Haus mit dem Speicher, das von oben bis unten mit Möbeln vollstand und Platz hatte für Kleiderschränke, Tische, Stühle, Gobelins und Gemälde, Teller und Pfannen, Bücher und altehrwürdige Dokumente, ja sogar noch für einen Hund und mehrere Katzen.

Eine der vordringlichsten Aufgaben, die meinen Eltern bevorstand, war der Verkauf des Hauses. »Hausverkauf«, das war etwas, woran sie niemals auch nur im Traum gedacht hätten. Jetzt aber war es bittere und herzzerreißende Notwendigkeit. Nur ein einziger Käufer meldete sich, unser Nachbar Albert Kleinhans. Er wenigstens konnte zufrieden sein, denn Haus und Inventar stammten aus der guten alten Zeit, als man noch für Generationen vorausssorgte – und solange hatte auch alles standgehalten.

15. Verhaftung, Gefangenschaft und Flucht in die Freiheit

In diese Entscheidungen fiel die Zeit der jüdischen Feiertage. Unsere Familie hatte das sorgfältig gehütete Privileg, daß jeweils eines ihrer Mitglieder einen Teil der Festtagspredigt in der Synagoge übernehmen durfte. Zum letzten Mal sollte mein Vater nun vor der Gemeinde beten und singen. Er hatte eine sehr gute Singstimme; sogar die christlichen Bauern und Handwerker, die im Umkreis der Synagoge wohnten, sprachen oft anerkennend davon, wenn sie den Gesang während der Feiertage nach außen dringen hörten. Mein Vater hatte das Amt von seinem Vater übernommen. So war es von Generation zu Generation gegangen, die alten Melodien wurden eifersüchtig bewahrt und weitergegeben.

Diesmal bedeuteten die hohen Feiertage für Vater und Mutter zugleich ein zeremonielles Abschiednehmen von Niederstetten. Es war eine kleine, sehr zusammengeschrumpfte Gemeinde, die sich jetzt noch zu den Gottesdiensten traf. Ihre Gebete aber waren um so hingebungsvoller und ihre Andacht inniger und leidenschaftlicher denn je. Als am Ende der Feier einer dem anderen »Gesimo vechesimo tovo« wünschte (»Möge dein Name für ein gutes Jahr eingeschrieben werden«), war das keine leere Phrase.

Dann folgte *Sukkoth*. Es war schwierig geworden, die Laubhütten im Freien zu errichten, weil Jugendliche sie oft zu zerstören versuchten. Unser Haus hatte, aus früheren Zeiten noch, eine eingebaute Laubhütte, die von der Straße her unsichtbar war. Diese alte Vorrichtung aus vergangenen Jahrhunderten erwies sich jetzt als doppelt wertvoll.

Im Oktober, gleich nach den Feiertagen, begann der große Umtrieb mit dem Verkauf aller Gebrauchsgegenstände, die nicht mit nach Übersee kommen sollten. Es stellten sich die verschiedensten Käufer ein. Außer unseren gut bestückten Wohnräumen besaßen wir noch zwei Speicher voller Antiquitäten und Erinnerungsstücke an die Vorfahren. Auch waren Vater und Mutter Sammlernaturen. Vater hatte sich auf alte Zinnsachen spezialisiert, alte bemalte Holzgarderoben und gut erhaltene Möbel, Mutter auf edles Porzellan und Stickereiarbeiten; sie selbst hatte eine stattliche Anzahl wunderschöner Stickereien verfertigt. Und nicht zuletzt gab es auch Bücher. Die Sterns waren immer eine Familie von Lesern gewesen, so daß an sämtlichen Wänden Bücher standen, vom Erdgeschoß bis hinauf zur Mansarde. Das Packen, Verkaufen, Aussortieren und Befördern unter dem gegebenen Zeitdruck war hektisch. Und was kam nicht alles zum Vorschein, das jahrelang unbeachtet geblieben war oder für verschwunden galt! Das alte Haus hatte einfach alles geschluckt. Wir sagten zwar gerne: »Das Haus verliert nichts«, und das stimmte auch. Verloren ging nie etwas, nur dauerte es manchmal lange, bis man etwas Gesuchtes wiederfand. Für Menschen wie meine Eltern, die bewußt und gewissenhaft ihr Erbe pflegten, war es sehr schwer, die geliebten und respektierten Dinge in Geld umzusetzen. An zahlreichen Gegenständen hing außerdem soviel Persönliches.

Mitten in diese Betriebsamkeit fiel am 27. Oktober 1938 die offizielle Verlautbarung, daß alle Juden im Reich, die noch die polnische Staatsbürgerschaft besaßen, Deutschland auf der Stelle zu verlassen hatten. Sie durften lediglich das Notwendigste mitnehmen, wurden zur deutsch-polnischen Grenze befördert und dort sich selbst überlassen. Eine katastrophale Situation. Die Menschen wurden praktisch im Niemandsland ausgesetzt. Von der Vertreibung waren in Niederstetten keine Juden betroffen, aber viele aus Bad Mergentheim, Würzburg, Nürnberg und Stuttgart, die nun abgeschoben wurden. Ganz gleich, ob es einen unmittelbar erwischte oder nicht, die Gesamtheit der jüdischen Bevölkerung litt stark unter dieser Bedrohung ihrer Glaubensbrüder. Die Nazis waren ja eine Zeitlang bedacht gewesen, mit den ausländischen Regierungen nicht in Konflikte zu kommen. Den aus Polen stammenden Juden in Deutschland war es nach der Machtergreifung vorübergehend sogar besser gegangen als den seit Generationen hier ansässigen, da ihr Ausländerpaß ihnen einen gewissen Schutz gewährte. Mit den politischen Erfolgen der letzten Monate jedoch war die taktische Frage »Was wird die Welt dazu sagen?« aus dem Weg geräumt worden und der Paß eines fremden Staates keine Schutzgarantie mehr.

Der November kam und mit ihm eine wachsende Angst. November, das war der Monat der deutschen Revolutionen, derjenigen von 1918 und des Hitlerputschs von 1923. Die polnischen Juden darbten in der Fremde, und die Lage der deutschen Juden verschlimmerte sich zusehends. Sprachlos sah die Welt den Vorgängen zu, keiner rührte einen Finger. Am 7. November, einem Montag, schoß Herschel Grünspan vor der deutschen Botschaft in Paris auf Ernst vom Rath, den zweiten Legationsrat der Deutschen Botschaft, und tötete ihn. Grünspans Eltern waren von ihrem Wohnsitz in Hannover vertrieben worden und sahen sich im Grenzgebiet zwischen

Deutschland und Polen einem Leben in Schmutz und Elend ausgesetzt; der Sohn war als Flüchtling bis nach Paris gelangt. In seiner Verzweiflung über die eigene Ohnmacht angesichts der Not seiner Eltern schoß er auf den Legationsrat. Die Nachricht verbreitete sich wie ein Lauffeuer. Vater, Mutter und meine Tante Paula Strauß – die Schwester meiner Mutter, die aus Ulm nach Niederstetten gekommen war, um die letzten Tage vor der Auswanderung meiner Eltern mit ihnen zusammen zu verbringen – packten fiebernd ein, was noch nicht verstaut war, und bemühten sich nach Kräften, ihr inneres Gleichgewicht zu wahren. Wie alle anderen Juden fühlten auch sie, daß irgend ein Gegenschlag auf das Attentat folgen würde. Niemand aber war auf das vorbereitet, was tatsächlich eintreten sollte.

Am Morgen des 10. November, es war ein Donnerstag, erhielt meine Tante Paula einen Anruf aus Neu-Ulm. Am Telefon war ihr Mann, mein Onkel Arthur Strauß, mit der Schreckensbotschaft: »Die Polizei ist hier, sie wollen mich mitnehmen.« Tante Paula bat, einen der Polizisten sprechen zu dürfen, mit dem sie beide seit Jahren gut bekannt waren. Der Beamte gab ihr in seiner jovialen, bayerischen Art die Auskunft: »Frau Strauß, wir haben Befehl, die jüdischen Männer hier zusammenzutreiben. Wenn es da, wo Sie sind, noch nicht so weit ist, dann wird es jedenfalls nicht mehr lange dauern. In ganz Deutschland gibt es jetzt Razzien.« Was nützte aller Protest? Schweren Herzens mußte sie sich von ihrem Mann verabschieden. Er wurde wenig später, ohne daß meine Tante davon erfuhr, in das berüchtigte Konzentrationslager Dachau gebracht. Meine Eltern waren aufs höchste alarmiert. Wie sollten sie sich verhalten? Eines stand fest, sie mußten verschwinden, und zwar sofort. Aber wohin? Da fiel ihnen Maria von der Porten ein, die bei ihrem Besuch im Sommer erwähnt hatte, daß ihr Bruder, ein württembergischer Staatsbeamter, im Notfall vielleicht weiterhelfen würde. Sie riefen ihn an, und Minuten nach dem Gespräch war klar, was sie zu tun hatten. Ein Taxi wurde bestellt. Hermann Groß, unser Fahrer, hielt gleich darauf vor der Tür. Fast ohne Gepäck, um ja keinen Verdacht zu erregen, bestiegen meine Eltern den Wagen, und los ging es. Als sie sich dem Bahnübergang in Brettenfeld näherten, etwa 25 km von Niederstetten entfernt, gab ihnen der Bahnwärter ein Zeichen anzuhalten. Hermann Groß meinte: »Sicher ist etwas zu Hause passiert«, und brachte den Wagen zum Stehen. Mein Vater aber antwortete nur: »Bei Ihnen zu Hause ist sicher nichts passiert, die wollen mich!« Der Bahnbeamte verlangte die Ausweise und erklärte meinen Eltern, daß sie nach Niederstetten zurückfahren müßten. Man kann sich vorstellen, was nun in ihnen vorging, zumal sie die Nachwirkungen der »Polizei-Aktion« vom März 1933 noch keineswegs vergessen hatten. Das Taxi wendete und fuhr die Strecke zurück. Mein Vater gab Hermann Groß seine goldene Taschenuhr mit Kette zur Verwahrung. Er wollte lieber keine Wertgegenstände bei sich haben, denn er wußte ja nicht, was ihn in Niederstetten erwartete. Auf alle Fälle aber wollte er nicht die Gelegenheit begünstigen, daß jemand Gefallen an der Uhr fände und ihn deswegen womöglich tötete. Als sie sich dem Heimatort näherten, erkannten meine Eltern Jakob Neu, ein Mitglied unserer jüdischen Gemeinde. Er rannte auf einem schmalen Pfad eiligst dem Wald zu.

Vor unserem Haus angekommen, wurden sie schon von Landjäger Bergdold erwartet. Bergdold war ein guter Mann, aber er mußte seinem Befehl Folge leisten und erklärte meinem Vater, daß dieser mit ihm zum Rathaus gehen sollte. Mutter protestierte und verwies auf das Herzleiden meines Vaters seit der Mißhandlung von 1933. Sie wollte ihren Mann keinesfalls alleine lassen, sondern bestand darauf, bei ihm zu bleiben, wo immer er hinginge. Landjäger Bergdold versuchte, sie zu beruhigen. Als alles nichts nützte, gab er schließlich, obwohl ihm bewußt war, daß er damit gegen die Bestimmungen verstieß, den Bitten meiner Mutter nach und ließ sie mitkommen. Auf dem Rathaus fragte Bürgermeister Weber sofort, was sie denn hier zu suchen hätte. Sie wiederholte die Geschichte, und der Bürgermeister hörte sogar zu. Dann aber gestand er, daß er eine bestimmte Anzahl jüdischer Männer »abliefern« müsse, und davon seien viele schon gar nicht mehr in Niederstetten zu finden. Wenn sie, meine Mutter, ihm einen anderen Mann nennen würde, so könnte mein Vater nach Hause gehen. Aber sie nannte keinen Namen.

Wenig später wurden alle erfaßten Juden auf die Straße geführt, wo sich inzwischen viele Leute versammelt hatten. Mutter blieb bei meinem Vater, solange sie konnte. Die Männer wurden auf einen kleinen Coca-Cola-Lieferwagen verladen. Jetzt mußte Mutter zurückbleiben. Alle Anwesenden waren verstummt. Nur eine Frau mittleren Alters, die einige Jahre zuvor nach Niederstetten geheiratet hatte, schimpfte und fluchte ohne Ende. Mutter stand versteinert da. Sie konnte weder etwas sagen noch tun, sie starrte nur fassungslos auf den Lieferwagen und die zusammengepferchten Menschen. Den Anblick vergaß sie nie. Und bis zu ihrem Tod (sechsunddreißig Jahre danach) konnte sie auch nie wieder Coca-Cola trinken. Dann fuhr der Wagen los. Meine Mutter ging zurück nach Hause, wo angesichts der bevorstehenden Auswanderung ein einziges großes Durcheinander herrschte.

Niemand wußte, wohin die Männer gebracht werden sollten. Doch rumorte es überall, und die Gerüchte über das Unrecht, das in Deutschland an der Tagesordnung war, lagen in der Luft. Synagogen, so hieß es, wurden in Brand gesetzt, jüdische Geschäfte geplündert und zerstört, Menschen ins Gefängnis geschleppt und gequält. Selbst der ehrwürdige Rabbiner Moritz Kahn, oberster Rabbiner von Bad Mergentheim, sei mißhandelt und gefoltert worden. In Niederstetten jedoch geschah nichts dergleichen. Die Synagoge blieb verschont, und kein einziges jüdisches Haus, auch kein Laden, wurde auch nur angerührt. Gleichwohl brachten einige jüdische Einwohner – Männer, die der Razzia entkommen waren – eine ganze Woche in der Eisenbahn zu, ziellos immer im Kreis herumfahrend, weil sie Angst hatten, sich in der Stadt zu zeigen. Sie wagten nicht einmal, zu Hause anzurufen, für den Fall, daß die Telefone abgehört wurden. Zum Glück waren sie im Besitz von Monatskarten, die für die umliegenden Kreisorte galten, so daß die unfreiwillige Bahnreise sie wenigstens nichts kostete.

Kurz darauf erfuhr meine Mutter, daß Vater und einige andere Männer in das Gefängnis von Bad Mergentheim eingeliefert worden waren. Die restlichen Leidensgenossen, meist jüngere Männer, wurden nach Dachau gebracht. Schon am nächsten Tag machte sich meine Mutter auf den Weg. In Mergentheim angekommen, ging sie erst in die Koscher-Metzgerei Salomon, um etwas Wurst einzukaufen, und dann zum Gefängnis. Hier mußte sie hören, daß es nicht gestattet war, meinen Vater zu besuchen, aber sie schloß Freundschaft mit der Frau des Wärters und deren Töchterchen. Man versprach ihr, daß die Männer das Wurstpäckchen bekämen. Von nun an fuhr Mutter jeden Nachmittag nach Bad Mergentheim, ging erst in die Metzgerei, dann zum Zuchthaus und gab dort für die Gefangenen immer etwas anderes Nahrhaftes ab. Die Wärtersfrau sagte, daß sie in der Anstalt noch nie so freundliche Leute erlebt hätte.

Die Inhaftierten fanden in der Zelle schnell zu einem geregelten Tagesablauf. Pünktlich hielten sie sogar die jeweiligen Gottesdienste. Der Wärter und seine Frau bereiteten die Mahlzeiten für die Gefangenen zu und ergänzten sie mit den Nahrungsmitteln, die meine Mutter und später auch andere Frauen herbeibrachten. Selbst den Wein für *Kiddusch* und *Hawdoloh* konnten sie hereinschmuggeln. Währenddessen ließ meine Mutter aber nicht nach in ihren Bemühungen um Vaters Freilassung. Sie unterrichtete die Behörden von ihren Emigra-

99 Verhaftung der jüdischen Männer. Im Anschluß an die »Kristallnacht« vom November 1938 wurden jüdische Männer erfaßt und ins Zuchthaus oder Konzentrationslager deportiert. – Eine Freundin unserer Familie bewahrte dieses Bild auf. Sie wußte, daß irgendeiner der Sterns eines Tages zurückkommen würde. 1974 ließ sie mich wissen, daß sie mich zu sehen wünschte, und gab mir die beiden Aufnahmen. – Von rechts nach links: Michael Levi, mein Vater Max Stern, Justin Schloß, der Lehrer und Kantor Julius Löwenstein; ganz vorn: Julius Kirchheimer.

100 Verhaftung der jüdischen Männer. Von links nach rechts: Ein Unbekannter, Berthold Schloßberger, Julius Kirchheimer, Wolf Braun, Max Stern, Michael Levi. – Meine Mutter stand in der Nähe des Wagens. Niemals hat sie den Anblick vergessen und nie wieder Coca-Cola trinken können.

tionsvorbereitungen und Vaters Herzkrankheit. Eines Tages kam ein Arzt, um sich den Patienten anzusehen, und kurz darauf wurde Vater tatsächlich auf freien Fuß gesetzt.

In der Zwischenzeit hatte ich eine Postkarte meiner Mutter erhalten, was sehr ungewöhnlich war, da normalerweise immer mein Vater schrieb und Mutter nur ein paar Zeilen hinzufügte. Auf dieser offenen Karte (damit die Zensur rascher passiert werden konnte) stand, daß mein Vater geschäftlich unterwegs wäre – die Nachricht war so geschickt getarnt, daß sie wirklich befördert wurde. Ich wußte sofort, was das »Vater geschäftlich unterwegs« bedeutete.

Schließlich aber war alles überstanden, und nicht nur mein Vater, sondern auch die anderen Männer kehrten aus Mergentheim nach Hause zurück, einige früher, einige später. Sogar die nach Dachau Deportierten konnten eines Tages entlassen werden, allerdings erst, nachdem sie Schreckliches durchgemacht hatten. In die Zeit dieser Inhaftierungen fiel eine Verordnung von Hermann Göring, die den deutschen Juden ein Strafgeld über eine Milliarde Mark auferlegte als »Sühne« für das Pariser Attentat. Das Bankkonto meiner Eltern wurde gesperrt. Sie durften nur über eine kleine Summe Geldes verfügen, und selbst dafür mußten sie noch eine Sondergenehmigung vorlegen. An dieser Stelle sei jedoch dankend erwähnt, daß Hermann Groß, der Taxifahrer, die Uhr und andere Wertsachen, die mein Vater ihm nach und nach anvertraut hatte, sofort zurückgab, als sie nun gebraucht wurden.

Allmählich befürchteten die Männer unserer Gemeinde, daß der Synagoge von Niederstetten ein ähnliches Schicksal drohen könnte, wie es die Synagogen an anderen Orten bereits ereilt hatte. Es gab in unserem Gotteshaus viele Gebetbücher, die Verstorbene oder ausgewanderte Familien dort hinterlassen hatten. Die Gemeindemitglieder beschlossen, einen alten Brauch wieder aufleben zu lassen und die heiligen Schriften auf dem Friedhof zu vergraben. Sie schaufelten ein großes Loch, gingen mit einem Handwagen zur Synagoge, beluden ihn mit all den Büchern, deckten diese zu und zogen damit die Anhöhe hinauf zum alten Friedhof, der seit 1740 für Juden reserviert war. Dort fand die feierliche Eingrabung statt. Der Bürgermeister erteilte meinem Vater sogar die Erlaubnis, sämtliche Gegenstände aus der Synagoge zu holen, die uns persönlich gehörten, unter anderem eine Thorarolle, die bereits seit Generationen Eigentum der Sterns war. Ich selbst hatte in meinem Synagogenschrein eine Sammlung schöner alter Gebetbücher, die ich jedoch nicht mitnehmen wollte, als ich Niederstetten verließ, weil ich damals noch nicht wußte, wo ich eine Heimat auf Dauer finden würde. In der nun herrschenden Aufregung vergaß mein Vater, sie auszusortieren, so daß meine Bücher zusammen mit den anderen auf dem alten Friedhof eingegraben wurden.

Die Meldungen aus der Zeitung und im Radio, die Gerüchte unter den Juden selbst und nicht zuletzt die eigenen Erfahrungen ließen meinen Eltern keinen Zweifel, daß sie schnellstens ihre Sachen ordnen und abreisen mußten, solange noch Aussicht auf Entkommen bestand. Es war gestattet, einige wenige neue Möbelstücke mitzunehmen, aber fast alle anderen Gegenstände zur Ausfuhr mußten schon eine Zeitlang in Gebrauch gewesen sein. Aus Stuttgart kam ein Spediteur mit mehreren Hilfskräften, und es wurden zwei große Lattenverschläge mit Möbeln und persönlicher Habe vollgepackt. Auch der Inspektor vom Zollamt blieb nicht aus und sah zu, daß nur offiziell Genehmigtes eingeladen wurde. Vieles hatten Vater und Mutter noch verkaufen können, obwohl die Leute in Niederstetten nach dem 8. November ängstlich geworden waren und sich nicht mehr in mein Elternhaus getrauten. Dafür zeigten die Bauern aus den umliegenden Dörfern mehr Mut, zumal man sie in Niederstetten auch nicht persönlich kannte. Wohnhaus, Lagerhaus und noch zwei weitere Häuser in der nahen Umgebung, die zu unserem Besitz gehörten, hatten schon einen neuen Eigentümer gefunden. Auch das

Ackerland – bis auf ein einziges Feld – wechselte den Besitzer. Ich hatte meine Eltern vorher gebeten, keinesfalls allen Grund und Boden zu verkaufen, komme was wolle. Viele Erbstücke, von den Sterns seit Generationen gehegt und gepflegt, mußten weggegeben werden. Auch aus unserer stattlichen Bibliothek, die seit 150 bis 200 Jahren ständig erweitert worden war, konnte nur ein geringer Bestandteil mitgenommen werden. Mehr als 5000 Bücher gaben meine Eltern bei einem Stuttgarter Antiquar in Kommission, um sie so günstig wie möglich zu verkaufen.

Die zugenagelten Lattenverschläge gingen schon im voraus auf die Reise. Was jetzt noch an Zeit blieb bis zum Tag des Abschieds, verflog im Nu. Wieviel war noch zu erledigen, wieviel noch ein letztes Mal zu sehen! Und so vielen Bekannten mußte man noch Lebewohl sagen. Auch auf die Anhöhe zum alten Friedhof gingen Vater und Mutter noch einmal und besuchten die letzten Ruhestätten unserer Vorfahren, nicht nur der uns persönlich bekannten, sondern auch derjenigen, die uns lediglich vom Hörensagen ein Begriff waren. Im Laufe des Lebens war man ja mit ihnen allen irgendwie vertraut geworden, dachte an sie und stand ihnen innerlich nahe. Jahrhunderte vorher, als viele Juden aus Deutschland nach Spanien ausgewandert waren, hatten sie oft ihre Grabsteine mitgenommen. Meine Eltern und viele andere Vertriebene spürten jetzt dasselbe Verlangen, aber natürlich war es nicht in die Tat umzusetzen.

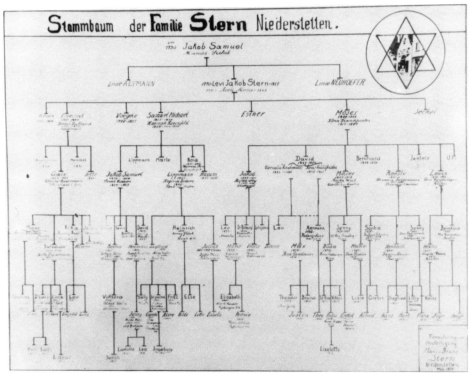

101 Stammbaum. Die Familie Stern konnte ihre Abstammung in direkter Linie bis ins Jahr 1580 zurückverfolgen. 1938 verließ der letzte Angehörige der Sterns Niederstetten.

Ein Lebewohl ganz besonderer Art war der Abschied von unserem Hund Buzzi. Wir hatten Buzzi um 1930 von einer Familie Limbacher übernommen, den Besitzern einer Mühle in Niederstetten. Buzzi erwies sich als ein großartiger Hund, war treu, gehorsam und klug. In den Tagen der bekümmerten und nervösen Aufbruchsstimmung hatte er sich fast so verständnisvoll wie ein menschliches Wesen verhalten. Auf Befehl zeigte er sich wachsam, wenn die Situation es anders erforderte, war er ruhig und gab uns ein gewisses Maß an Sicherheit – solange man noch an Sicherheit glauben konnte. Buzzi mitzunehmen war unmöglich. Die Frage, was mit ihm geschehen sollte, bereitete uns allen viel Kopfzerbrechen, besonders meinen Eltern. Es gab einfach keine Möglichkeit, das treue Tier in die Vereinigten Staaten zu transportieren. Vater ging daher zu den Müllersleuten, die uns Buzzi gegeben hatten, und kam mit ihnen überein, daß sie ihn wieder zurücknahmen. Am Abend vor dem endgültigen Aufbruch fiel meinem Vater die traurige Aufgabe zu, Buzzi den ehemaligen Besitzern zurückzubringen. Bis zur letzten Minute noch hatten meine Eltern, wenngleich wider besseres Wissen, gehofft, daß ihnen dieser Gang erspart bliebe.

Mutter war während all dieser Zeit in ständiger Unruhe, daß Vater sich nicht überanstrenge und zu sehr aufrege. Bei einem weiteren Herzanfall hätte vielleicht die ganze Reise rückgängig gemacht werden müssen oder die ärztliche Untersuchung bei der Ankunft in den Staaten wäre möglicherweise abschlägig ausgefallen. Am Ende aber war die Stunde des Aufbruchs da, ohne daß schwere gesundheitliche Komplikationen hinzugetreten wären. Eine kleine Gruppe treuer Freunde stellte sich ein. Im Haus waren zu diesem Zeitpunkt immer noch hinreichend Möbel und andere Gebrauchsgegenstände. Kaum konnte man erkennen, daß so vieles verkauft oder mit der Spedition unterwegs war. Es war wirklich ein gut bestücktes Heim gewesen.

Meine Eltern gingen ein letztes Mal durch alle Räume und berührten nach alter Sitte die Türrahmen. Unsere *Mesusoth* hatte mein Vater schon am frühen Morgen abgenommen. Als er nun aus dem Wohnzimmer trat, riß die goldene Kette seiner Taschenuhr entzwei. Die Uhr war ein Geschenk meiner Mutter zum gemeinsamen Hochzeitstag im Jahre 1906 gewesen. Aber nicht nur diese Kette war zerrissen – auch die Kette der Besitzer und Bewohner unseres Hauses.

Meine Eltern standen damals in ihrem sechzigsten Jahr. Den größten Teil ihres Lebens hatten sie hier verbracht. Natürlich freuten sie sich auf das Wiedersehen mit ihren Söhnen und auf die Zukunft in einem freien Land, aber im Herzen waren sie dennoch tieftraurig.

Hermann Groß, unser Taxifahrer, wartete schon. So verließen die letzten Mitglieder der Familie Stern die kleine Stadt, die ihre Heimat gewesen war. Nach seiner Rückkehr aus dem Ersten Weltkrieg hatte mein Vater in einem Gedicht geschrieben »Ich grüße dich Vielholde, dich treue Vaterstadt«. Nun mußte er, ein Ausgestoßener, diese Vaterstadt verlassen, um sie niemals wiederzusehen.

16. Ausklang

Was jetzt noch folgt, ist nur eine Art Nachtrag. Vater und Mutter erreichten die Vereinigten Staaten und liebten das Land vom ersten Tag an. Obwohl bisher nur deutsches Kleinstadtleben gewohnt, wurden sie beide binnen kürzester Zeit »waschechte« New Yorker. Es mag seltsam klingen, aber Leute aus kleineren Städten lebten sich oft viel rascher in der Metropole ein als andere, die aus großen Städten kamen.

Vater arbeitete, soweit möglich, als Agent für Druckereien. Ziemlich häufig war er gezwungen zu Hause zu bleiben, weil sein Herz nicht mehr mitmachte. Aber selbst an Tagen, an denen er größte Schmerzen litt, rief er immer wieder Bekannte oder Freunde an und versuchte sie von der Notwendigkeit zu überzeugen, daß auch sie ihre Angehörigen aus Deutschland herüberholen müßten. Es gelang ihm, die Mithilfe einer Familie Selz in Chicago zu gewinnen, deren Vorfahren schon im Jahre 1840 aus Niederstetten ausgewandert waren. Mit der finanziellen Unterstützung dieser Familie war es möglich, Hermann Braun und Berthold Schloßberger mit sämtlichen Angehörigen buchstäblich im allerletzten Augenblick zu retten.

Meinen Eltern gefiel New York überaus gut. Trotzdem lebte ein Gutteil Niederstetten in ihnen selbst und den Dingen ihrer Umgebung weiter. Wir wohnten in der südlichen Bronx, unsere Wohnungseinrichtung jedoch erinnerte an das Deutschland der Vorhitlerzeit und blieb eine eigene kleine Welt für sich inmitten der Millionenstadt. Anfangs bekamen wir noch Post aus Niederstetten, sowohl von jüdischen wie christlichen Freunden. Viele beklagten den Weggang meiner Eltern Max und Rosie Stern. Im Jahre 1939 dann ließ unser Nachbar Albert Kleinhans, der das Haus gekauft hatte, das ganze Gebäude abreißen. Bei dieser Nachricht erfaßte uns alle doch ein Hauch von Wehmut. Aber wir versuchten uns mit der Vorstellung zu trösten, daß dieses Haus für uns ein Ort mit Herz und Seele gewesen war und daß es jetzt, wo wir es hatten verlassen müssen, diese Eigenschaft ohnehin verloren hatte. Die traurigste Mitteilung aus der Heimat jedoch war das, was wir von Buzzi, dem treuen Hund, erfuhren. Wann immer er konnte, sei er ausgerissen und zurückgerannt und habe vor unserem Haus gewartet und gewartet... Wenn Kinder ihn so liegen oder herumstehen sahen, jagten sie ihn fort, warfen Steine nach ihm und schrien: »Judenhund, Judenhund, hau ab, hau ab!«

Dann kam der Krieg, wie vorauszusehen war. Noch erreichten uns einige wenige Briefe, die den Zensor passieren konnten, aber bald riß auch diese Verbindung ab. Die Nachrichten über das Schicksal deutscher Juden sickerten nur spärlich durch und überließen vieles der Spekulation. Keiner hatte eine genaue Vorstellung von dem, was tatsächlich passierte.

Fast genau fünf Jahre nach dem Tag seiner Ankunft in Amerika starb mein Vater nach kurzer Krankheit im Dezember 1943, umgeben von seiner geliebten Familie. Mein Bruder Theo war aus der Armee, wo er für sein neues Vaterland gedient hatte, heimgekehrt. Justin konnte erst kurz nach Kriegsende von Argentinien nach New York kommen. Meine Mutter erreichte das begnadete Alter von 96 Jahren und starb im Dezember 1974. Sie hatte noch die Freude, die Hochzeiten ihrer drei Söhne mitzuerleben, und wurde mit fünf Enkeln gesegnet.

Gegen Ende des Krieges versuchten die Deutschen Niederstetten zu verteidigen. Dabei ging die halbe Stadt in Flammen auf. Die Synagoge, die bis dahin unversehrt geblieben war, wurde ein Opfer des Feuers. Der jahrhundertealte jüdische Friedhof auf dem Hügel aber blieb verschont. Alle unsere ehemaligen Gemeindemitglieder, die keine Zuflucht im Ausland mehr gefunden hatten, wurden deportiert und in Konzentrationslager eingeliefert. Von dort kehrte nur eine einzige jüdische Frau zurück (sie war mit einem Christen verheiratet gewesen).

102 Unser geliebtes Haus. Das Gebäude, das wir als Bestandteil unseres Familienlebens betrachtet hatten, wurde 1939 abgerissen.

103 Drei, die gerettet wurden. Von links nach rechts: Max Stern, Rosie Stern und Abraham Kirchheimer, alle aus Niederstetten, vor dem Haus Nr. 854 Intervale Avenue, Bronx, New York.

104 120 Jahre alt. Wie Moses erreichte dieses ehrwürdige Gotteshaus ein Alter von 120 Jahren, und ähnlich wie es den Getreuen um Moses erging, starben viele, die einst hier im Gebet versammelt waren, fern von ihren Lieben in der Fremde, und kein Grabstein weist auf ihre ewige Ruhestätte hin.

105 Meine Jugenderinnerungen. Die Erlebnisse meiner Jugend sind niemals verblaßt. Immer wieder erinnerte ich mich der vielen menschlichen Begegnungen, sei es mit Juden oder Christen, die meine jungen Jahre belebt und bereichert haben. Was in Herz und Gedächtnis weiterwirkte, habe ich aufgeschrieben. Ich fühlte, daß es eine Verpflichtung für meine Generation war, nicht nur die Schrecken des Vergangenen zu überliefern, sondern auch das Gute und Schöne in unserem Leben wachzuhalten.

Insgesamt überlebte aber etwa die Hälfte der Niederstettener Juden, die sich rechtzeitig in alle Länder der Welt verstreut hatten.

Kein Mahnmal weist auf die Ruhestätten der Opfer. Doch leben sie weiter in den Herzen und Seelen derjenigen, die sie gekannt haben. Gelobt sei das Andenken an die Heilige Gemeinschaft von Niederstetten, gelobt das Andenken an die Märtyrer, die zum Ruhme Gottes starben. Amen.

Das historische Kapitel der Einwanderung und Integration deutscher Juden in die amerikanische Gesellschaft ist abgeschlossen. Viele Einwanderer der dreißiger Jahre sind inzwischen verstorben oder haben zumindest den Höhepunkt ihres Lebens seit langem überschritten. Was weiterwirkt, ist der bedeutende Beitrag, den die Vertriebenen zum Wohl ihrer neuen Heimat geleistet haben, sei es auf dem Gebiet der Wissenschaften, der Künste, der Industrie oder in sonstigen praktischen wie kulturellen Bereichen. Auf diese Weise haben sie sich für die Gastfreundschaft der Vereinigten Staaten, die ihnen in den Tagen der größten Not gewährt wurde, erkenntlich gezeigt. – Mittlerweile ist eine neue Generation herangewachsen und übernimmt die Zügel aus den müden, altersschwachen Händen ihrer einst so tatkräftigen und unbeugsamen Eltern.

106 Staatsbürger eines neuen Landes. Eine Klasse der *Akibah Academy* in den sechziger Jahren. Die Schüler sind alle in den USA geboren. Für sie sind die Geschichten und Erlebnisse der Einwanderergeneration schon Vergangenheit – Stoff für Unterhaltung, mehr nicht.

Ich möchte diesen Jungen ein Gedicht von Kurt Hamburger zu bedenken geben, das am 10. November 1967 im *Aufbau* erschien und hier abschließend zitiert sei:

An unsere Kinder *

Ihr seid so streng, so unerbittlich,
als hätten wir an Euch gefehlt
und unsre Pflicht nicht treu erfüllt.
Ihr kennt den Weg und seid so sicher,
als gäb es Schicksal nicht und Mächte,
die unsre Wege steil und dornig machten
und manchen Schritt im Nichts verhallen ließen, –
Ihr schämt Euch unser, weil die Sprache derer,
die wir einst liebten, noch immer heiß in unsrer Seele brennt
und weil die widerspenst'ge Zunge
dem neuen Klang zu fügen sich verweigert,
Ihr schämt Euch unser, weil wir kargen Lohn
mit viel zu schwerer Arbeit uns gewannen
und weil das Brot, das wir Euch gaben,
für uns das Brot der Fremde blieb.

Ach, daß der Tag nie kommen möge,
da Ihr im grellen Lichte des Verstehens
verzeiht, was besser unverstanden bliebe. – –

---

* Anm. d. Ü.: Die Wiedergabe des Gedichts, das in den Memoiren von Bruno Stern auf Englisch erscheint, erfolgt mit freundlicher Genehmigung der *Aufbau*-Redaktion, die mir auf Anfrage eine Xerox-Kopie des Abdruckes zusandte. (Offensichtliche Druckfehler wurden korrigiert.)

III. In der Neuen Welt

1. Das unbekannte Land

Nachdem wir als Einwanderer in die Vereinigten Staaten gelangt waren, ließen wir uns zunächst in der East Bronx nieder. Dieser Stadtbezirk von New York war damals eine ausgeprägt jüdische Gegend. Aus allen Ländern des Erdballs hatten sich hier Juden angesiedelt und eine neue Heimat gefunden. In unserer unmittelbaren Nachbarschaft gab es bereits Gemeinden von polnischen und ungarischen Juden, von Sephardim (d.h. spanischen und portugiesischen Juden) und anderen mehr. Nun kam als neues Element die Gruppe der deutschen Juden hinzu.

Vor meiner Auswanderung nach Amerika hatte ich ja die längste Zeit in der süddeutschen »Provinz« gelebt, war aber doch relativ weitgereist und kannte sowohl ganz Deutschland als auch die Tschechoslowakei, Ungarn, die Schweiz und Belgien. Trotzdem war mir eine solche Ansammlung von Juden an einem Ort noch niemals vor Augen gekommen. Ich war völlig überrascht. Die meisten konnten sich bereits stolz als amerikanische Staatsbürger ausweisen oder waren wenigstens auf dem Weg, es zu werden, während wir Neuankömmlinge erst einmal einen wahren Hindernislauf zu bewältigen hatten in Form der Abendschule, die fast alle Einwanderer besuchen mußten, um Englisch zu lernen, und vor allem im Kampf um das eigene Existenzminimum. Wir warteten sehnsüchtig auf die beiden Freudentage, die jedem Einwanderer lebenslang in Erinnerung bleiben sollten: erstens auf den Tag, an dem man die Staatsbürgerschaft erhielt, und zweitens auf den, an welchem man den obligatorischen schriftlichen Test bestehen und als wahlberechtigt anerkannt werden würde. Bis dahin blieb man in den Augen der »Vollblut«-Amerikaner noch ein Greenhorn.

Der Neueinwanderer aus Europa war besonders empfänglich für das pulsierende jüdische Leben und Treiben in New York, diese Mischung aus weltlicher Geschäftstüchtigkeit und traditionell jüdischem Brauchtum. Hier erhielt alles, was aus den Dörfern in Ost-, Süd- und Westeuropa überliefert worden war, einen großstädtischen Anstrich. Jeder Heimatort war repräsentiert durch eine eigene Synagoge oder »Schul«, manchmal sogar mehrere solcher Einrichtungen, wo man die alten Bräuche und Traditionen des Herkunftslandes beharrlich hütete und pflegte. Auch die nachwachsende Generation wurde ganz in diesem Sinn erzogen und mit dem Wissen um die eigene Vergangenheit vertraut gemacht, so daß sie beim Gebet zum »Gott unserer Väter« nicht nur eine Vorstellung davon hatte, wer diese Väter gewesen waren und woher sie kamen, sondern auch durch anschauliche Beispiele nachvollziehen konnte, daß es einen lebendigen Gott gibt, der sie auf allen ihren Wegen begleitete. Viele der Jüngeren hielten sich zwar nicht mehr strikt an die jüdischen Vorschriften und Traditionen, blieben aber mit Herz und Verstand ihren strenggläubigen Vorfahren und Zeitgenossen verbunden. Feiertage und freudige Anlässe im privaten Bereich wurden mit großem Einsatz und wahrer Begeisterung aufs festlichste begangen, ebenso wie in Tagen der Besinnung und Trauer die traditionellen Regeln meist eingehalten wurden.

Reich und Arm, Strenggläubige und Reformer, Jung und Alt, Neueinwanderer und Staatsbürger, sie alle hatten den einen großen Wunsch: »Gott segne Amerika!«, und das galt für das gesamte Land bis in den entferntesten Winkel und für jeden einzelnen Bewohner. Die ausgesprochen jüdischen Viertel – wie in Harlem oder auf der unteren Ostseite von Manhattan, in den Stadtbezirken Brooklyn und Bronx –, die damals noch existierten, sind heute bereits stark verändert. Vielleicht wird man die Geschichte dieser typisch jüdischen Zentren in New York bald nur noch vom Hörensagen kennen.

Wer heute als Besucher durch die Straßen mit den meist schäbigen Häusern geht, die aber noch gar nicht so alt sind, wie sie aussehen, sollte sich gut umschauen und daran denken, daß dort einmal unsere Väter und Mütter gelebt haben.

2. Im Umkreis der Intervale Avenue

Hier herrschte »Großstadt«-Leben mit kleinstädtischem, ja dörflichem Charakter. Jeder Straßenzug war eine eigene kleine Welt, autark und in sich geschlossen. Die Bewohner setzten ihren Stolz darein, alles schön und gepflegt zu erhalten, und standen miteinander in gutnachbarlichem Umgang. Die meisten von ihnen waren aus Europa eingewandert; einige lebten schon lange Zeit hier, andere waren gerade erst angekommen, als die folgenden Aufnahmen entstanden.

107 Main Street (163. Straße unweit des Southern Boulevard/Huntspoint). Die Bronx hatte viele »Main Streets«, d.h. Hauptstraßen. Eine davon war die 163. Straße. Rechts der Huntspoint-Palace, eine Begegnungsstätte, wo oft Tanzveranstaltungen und gesellschaftliche Ereignisse gefeiert wurden.

108 Ecke Intervale Avenue und Southern Boulevard. Die Gemeinde »Mishkinoth Israel of the Bronx« war von besonderer Bedeutung für die polnischen Juden. Sie hatte eine bekannte *Mikweh*. Viele Frauen der Neueinwanderer kamen aus Washington Heights hierher, bis die Gemeinde von Washington Heights ein eigenes Bad bauen konnte. – Unsere erste Wohnung lag im zweiten Haus links des Synagogengebäudes, im Erdgeschoß.

109 Die Synagoge der polnisch-jüdischen Gemeinde in der Bronx.

110 Fox Street. Häuserreihen über Häuserreihen, geradlinig und wenig abwechslungsreich, das war das äußere Bild der östlichen Bronx. Die Bewohner hielten ihre Wohnungen und das Viertel sehr reinlich. So war es eine gute Wohngegend.

111 Alter Jude aus Saloniki, Griechenland, in die USA eingewandert zur Zeit des Ersten Weltkriegs.

112 Kurz nach der Ankunft aus Deutschland. Die wachsende Verunsicherung der Lebensumstände und die Schatten der kommenden Ereignisse haben diesen Mann aus seiner deutschen Heimat vertrieben und in den USA ein neues Zuhause suchen lassen. Aufnahme aus den dreißiger Jahren.

113 Vor dem Haus. Der Aufenthalt im Freien, meist auf dem Bürgersteig vor den Wohnhäusern, bot eine angenehme Abwechslung zur regulären Hausarbeit. Hier eine Polin und eine Deutsche bei der Beaufsichtigung eines Enkelkinds, das in den USA geboren und schon amerikanischer Staatsbürger ist.

114 Waschtag. Alle Wohnungen, auch die ärmlichsten, wurden adrett und peinlichst sauber gehalten. Die Hausfrauen wetteiferten untereinander um die schönste und reinste Wäsche – dies auch ohne irgendwelche Fernsehwerbung.

115 Süßwarenladen. An jeder Ecke gab es ein solches Lädchen für Zeitungen, Tabak- und Süßwaren, das von morgens sechs Uhr bis Mitternacht geöffnet war, das ganze Jahr hindurch mit Ausnahme von drei Feiertagen. Neben Zeitungen in allen möglichen Sprachen konnte man dort Erfrischungsgetränke, Eis und hunderterlei Kleinartikel kaufen. – In der Umgangssprache hießen *Jom Kippur* und *Rosch Haschanah* bezeichnenderweise »Süßwarenhändler-Feiertage«. Angeblich nutzten viele dieser Kleinhändler den Feiertagsnachmittag, um ihre Frauen ins Revuetheater oder Kino auszuführen.

116 Obst- und Gemüseladen. Dieser Laden wurde viel bewundert, zumal die Einwanderer größtenteils aus ländlichen Gebieten stammten und nur die jeweils dort angebauten Obst- und Gemüsesorten kannten. In ihrer alten Heimat hatten sie zur Erntezeit gewöhnlich eine großzügige Vorratsmenge des von den Bauern angebotenen Ertrags eingekauft, mit dem sie über den Winter kommen mußten. – Die Vielfalt der hier erhältlichen Obst- und Gemüsesorten, die man zu jeder Jahreszeit und vergleichsweise preiswert bekam, war eine Quelle fortwährender Überraschung und Verwunderung.

118 Markt auf der 165. Straße. Das Geld war knapp, und die klugen Hausfrauen mußten mit sehr Wenigem lange auskommen. Die Läden und Schubkarrenhändler in der 165. Straße Ost, nahe der Westchester Avenue, waren bekannt für ihre niedrigen Preise. Der Straßenabschnitt wurde auch »Markt« genannt. Die Leute kamen aus Manhattan und der Bronx, um hier einzukaufen. Selbst eine Stunde Anfahrt oder mehr per Untergrundbahn oder Bus lohnte sich durchaus. Die Fahrtkosten betrugen nur 5 Cent.

117 Verlobung. Wenn ein junger Mann seine Auserwählte gefunden hatte, trafen sich gleich auch die Eltern. Man bat noch um die elterliche Erlaubnis und ihren Segen. Ging alles gut, so wurde am Ende der Zusammenkunft die Verlobung bekanntgegeben.

119 Huntspoint. Am Sonntag morgen trafen sich jung und alt, vornehmlich aber Juden, die im Textil- und Pelzwarenbereich arbeiteten, am Dreieck von Huntspoint. Hier gingen die Gespräche um Gewerkschaftsfragen, Arbeitsplätze und Politik.

120/121 Der große Schnee. Im Dezember 1947 wurde New York von gewaltigen Schneefällen betroffen. Die Räumungstruppe der städtischen Straßenreinigung setzte sich hauptsächlich aus vorübergehend eingestellten Zusatzkräften zusammen, die mit Schaufel und Besen den Schneemassen beizukommen suchten. Nicht wenige Söhne von Neueinwanderern, meist noch Schulbuben oder Studenten, halfen dabei mit und verdienten sich auf diese Weise ein paar Dollar. Die beiden Aufnahmen entstanden in der Intervale Avenue.

3. Die »Schul« in der Fox Street und die Ungarische Gemeinde

Zu den großen jüdischen Gemeinden der Ost-Bronx gehörte die »Ungarische Schul« in der Fox Street zwischen Intervale- und Longwood Avenue. Ihr Rabbiner während der dreißiger Jahre war Dr. Lazar Schonfeld, ehemals Stadtrabbiner von Nagykároly im ungarischen Siebenbürgen. Dr. Schonfeld sprach fließend Ungarisch, Englisch, Jiddisch und Deutsch. Dank dieser Sprachbegabung konnte er bei der Radiosendung »Voice of America« (Stimme Amerikas) im und nach dem Zweiten Weltkrieg mitwirken. Und da er selbst erst kürzlich aus Europa eingewandert war, kannte er Herz und Seele der Flüchtlinge von Grund auf, was bei anderen Rabbinern nicht immer selbstverständlich war. Ich werde niemals die Worte vergessen, die er in seiner Grabrede für meinen Vater sprach: »Dieser Mann hat kein Vermögen und keine Reichtümer mitbringen können, aber er brachte sich selbst und die *Thora*.« (Mein Vater hatte zwei alte Thorarollen, sogenannte *Sefers*, die seit Generationen im Besitz unserer Familie gewesen waren, mit in die Vereinigten Staaten gebracht.) In jeder Gemeinde stiftete eines der Mitglieder eine *Thora*. Nicht nur die Gemeinde selbst, sondern die ganze Nachbarschaft feierte dieses Ereignis.

122 Die Kapelle. Den Kopf der Prozession, welche die *Thora* vom Haus des Stifters zur »Schul« brachte, bildete eine Jazzband.

123 Die *Chuppah,* unter der die *Thora* zur Gemeinde getragen wird, begleitet vom Stifter und den Gemeindeältesten.

124 Willkommen. Die Thorarollen aus der Heiligen Lade werden zum Zeichen des Willkommens an den Eingang gebracht.

125 Die Übergabe der Stiftung. Im Anschluß daran folgten weitere Schenkungen und Reden vor der neuen Schriftrolle.

126 Basar. Um der Gemeinde die finanzielle Unterstützung zu verschaffen, die sie existenzfähig erhielt, mußten alle erdenklichen Mittel gefunden werden. Hier wird ein Basar veranstaltet. – Gegen Ende der vierziger Jahre begannen die Gemeindemitglieder aus der Umgebung fortzuziehen. Ende der fünfziger Jahre wurde die Synagoge an eine andere Religionsgemeinschaft verkauft.

4. Unsere Wohnung

Die Nationalsozialisten hatten verboten, Geld aus Deutschland auszuführen. Doch war es erlaubt, bei einer Auswanderung Möbel und sonstigen Hausrat mitzunehmen. Nur für Neuanschaffungen dieser Art mußte man eine Sondersteuer entrichten, gebrauchte Gegenstände waren steuerfrei. Die Sachen wurden mitsamt der sonstigen persönlichen Habe in große Lattenverschläge gepackt und darin nach Übersee befördert. Auf den Straßen von New York waren die riesigen Kisten ein vertrauter Anblick, und immer, wenn eine ausgeladen wurde, kamen alle Nachbarn herbeigelaufen, um interessiert zuzusehen, sich nach der betreffenden Familie zu erkundigen und zu erfahren, woher die Neuankömmlinge stammten. Es war ja durchaus möglich, daß man einen Bekannten aus der alten Heimat traf! So waren die eintreffenden Flüchtlinge jeweils von neugierigen Nachbarn umringt, aber auch von anderen Schaulustigen, die aus allen erdenklichen Gründen dabeisein wollten. Händler der verschiedensten Branchen etwa versuchten den armen Leuten, die ja dringend Geld brauchten, ihre Sachen zu Niedrigstpreisen abzufeilschen. Außerdem gab es eine gewisse Sorte von entfernten Verwandten und »Freunden«, die darauf aus waren, womöglich etwas ganz umsonst einzustecken.

Als es sich herumgesprochen hatte, daß meine Eltern bald eintreffen würden, nahm mich ein Bekannter zur Seite und lobte meine Bereitschaft, Vater und Mutter aufzunehmen, in den höchsten Tönen. Auf die Frage, ob ich denn wirklich treu und in Liebe für sie sorgen wollte, konnte ich nur antworten: »Ja! Ich will es wenigstens versuchen.« Darauf er: »Hast du denn auch schon einen Platz auf dem Friedhof für sie? Ich könnte dir einen preiswerten besorgen!« Ich war so schockiert, daß mir noch heute die Worte fehlen, um meine Reaktion zu beschreiben. Die Wahrheit ist oft unglaublicher als alles, was man erfinden kann ...

Was aber brachten die Neuankömmlinge überhaupt mit? In den meisten Fällen nicht die Dinge, die notwendig gewesen wären. Aus irgendwelchen undurchsichtigen Gründen vermittelten weder die jüdischen Hilfsorganisationen noch die Zeitungen genügend Information, also spezielle Aufklärung und Beratung, hinsichtlich des unbedingt Erforderlichen. So hatten die meisten Emigranten ein wahres Sammelsurium an Gegenständen eingepackt, die in den Vereinigten Staaten absolut nutzlos waren. Wir müssen uns aber in die innere Verfassung dieser Menschen versetzen und auch die Lebensumstände bedenken, in denen viele bis dahin gelebt hatten, nämlich im Wohlstand. Große Wohnungen oder eigene Häuser, die oft seit Generationen im Familienbesitz waren, zählten fast zur Norm. Da dort genug Platz war, konnte man vieles aufheben, was allenfalls rein persönlichen Wert hatte. Dinge, die ein Großvater, eine Großmutter oder die Eltern benutzt bzw. erworben hatten, wurden mit Pietät behandelt – und das genügte, um sich nicht von ihnen zu trennen. Von der Barschaft, die den Auswanderern nach Abzug sämtlicher Steuern und Unkosten übrig blieb, kauften sie gewöhnlich auch noch große und schwere Möbelstücke dazu (weil Geld ja nicht mitgenommen werden durfte), und diese waren für die kleinen Räume der einigermaßen erschwinglichen Wohnungen in New York fast immer viel zu wuchtig, ja konnten häufig nicht einmal die engen Treppenhäuser hinaufbefördert werden. Damals hatten viele Gebäude noch keinen Aufzug. Was die Garderobe betraf, die vor der Abreise noch in der alten Heimat »aufgebessert« wurde, und zwar bei den besten Schneidern – maßgeschneidert also für die höchsten Ansprüche –, so war sie natürlich durch und durch deutsch, und auf den Straßen New Yorks fiel man darin sofort als Fremdling auf: Damen wie Herren kleideten sich korrekt und formell mit allem erdenklichen

Zubehör, als ob sie nichts anderes zu tun hätten, als allabendlich auf eine wer weiß wie vornehme Veranstaltung zu gehen. Zylinder und altbewährter Cutaway waren ein Muß für jeden Herrn, der auf sich hielt. Keine offizielle Stelle oder Beratungsagentur, auch nicht die Organisation zur Betreuung der Auswanderer, machte sich die Mühe, den Leuten zu sagen, daß Zylinder in den USA seit Jahren aus der Mode waren. – Und dann Teller, Teller und nochmals Teller, es nahm kein Ende, kunstvolles Edelporzellan von Rosenthal und anderen Manufakturen, Kristallwaren, Bettwäsche, beste Qualität, und wertvolle Gemälde etc.

Nicht nur waren, wie gesagt, die Wohnungen viel zu eng für die schweren, oft pompösen Möbel, auch die Küchen hatten nicht genug Stellraum für all die Teller und Tassen, und die Schränke reichten nicht aus für die teure Garderobe. Man hatte von allem zuviel – nur kein Geld. Die überwiegende Mehrzahl der Flüchtlinge (aus Europa) bzw. Einwanderer (in die USA), die Bezeichnung spielt keine Rolle, war, was Bargeld anbetraf, tatsächlich ohne jede Reserve und hatte keineswegs, wie manchmal gemunkelt wurde, heimlich ihre Ersparnisse ins Ausland gerettet.

Wenn schließlich eine Wohnung gefunden war, wurde alles irgendwo, mehr schlecht als recht, verstaut. Jetzt begann erst einmal der harte Kampf um die Existenz. Man stelle sich einen Familienvater vor, der seine Wohnung mit schönen Gemälden, edlem Porzellan und teuren Möbeln vollgepfropft hat und diesen ganzen Luxus jeden Morgen oder auch Abend verläßt, um sein Geld als Tellerwäscher in irgend einer schmierigen Kneipe zu verdienen! Aber sobald die Fronarbeit hinter ihm lag, fühlte er sich zu Hause wie ein König – und seine Frau bediente ihn wieder, wie er es seit jeher gewohnt war.

Fast alle Frauen suchten sich tagsüber auch eine Arbeit, um etwas dazuzuverdienen, und manche, die in der alten Heimat ein Dienstmädchen gehabt hatte, ging nun selbst als Dienstmädchen zu fremden Leuten. Männer und Frauen schufteten wie nie zuvor. Keine Arbeit war ihnen zu schwer oder zu niedrig. Dabei verdienten viele kaum mehr als zehn bis zwölf Dollar die Woche. Um einen Wochenlohn von zwanzig Dollar wurde man schon allgemein beneidet.

Trotz des erbitterten Kampfes um den täglichen Lebensunterhalt aber vergaß niemand die ihm nahestehenden Menschen, die in Deutschland hatten zurückbleiben müssen. Auch wollte niemand dem Bürgen, der so hilfreich gewesen war, das »Affidavit« zu besorgen, eine Enttäuschung bereiten und ihm gar finanziell auf der Tasche liegen. Denn bei vielen nahestehenden oder entfernten Verwandten und Freunden mußte man ja weiter anfragen, ob auch sie eine schriftliche Eideserklärung abgeben würden für die, die noch darauf warteten. (Dieses »Affidavit« von einem US-Staatsbürger, der schwören mußte, daß der Antragsteller eines Visums für die USA dem Staat nicht zur Last fallen werde, war unverzichtbare Voraussetzung für jede Einwanderungserlaubnis.) Hatte man wieder einmal helfen können, so waren alle glücklich über die neu Ankommenden und man hieß sie hocherfreut willkommen. »Wie schön, daß es geklappt hat. Du solltest den Boden küssen, auf dem du stehst! – Laß uns wissen, wie du zurechtkommst.« So oder ähnlich verlief die Begrüßung in der Mehrzahl aller Fälle. Denn die Feuerzeichen, welche vor der europäischen Katastrophe warnten, waren ja schon lange zu erkennen, auch wenn manche sie nicht wahrhaben wollten.

Die jungen Einwanderer vor allem fanden untereinander schnell Kontakt und trafen sich regelmäßig in ihrer Freizeit. Dem Neuling standen zwei Clubs und wöchentliche Tanzabende offen, die ihn etwas ablenken und aufmuntern konnten, so daß er bald frohe Stunden erlebte.

Wie aber fand man sich in der neuen Sprache zurecht? Viele Einwanderer hatten Englisch in der Schule gelernt oder vor ihrer Ausreise aus Deutschland noch rasch einen Englischkurs besucht. Andere versuchten es auf eigene Faust mit einem Lehrbuch. Eines der beliebtesten war »1000 Words of English«. Es beschränkte sich auf Begriffe aus dem Alltagsleben und vermittelte sie in Form von Bildergeschichten. Natürlich aber war keine der drei genannten Möglichkeiten dazu geeignet, den Betreffenden auf die amerikanische Aussprache vorzubereiten. Neben den Abweichungen gegenüber dem britischen Englisch mußte man auch noch mit dem Lokalslang in der Bronx und in Brooklyn zurechtkommen. Die folgende Geschichte mag dies veranschaulichen: In der Bronx fragte mich einmal jemand nach meinem Namen. Ich antwortete: »Bruno Stern« (wobei »Stern« im Englischen wie »Störn« ausgesprochen wird). Einer meiner Verwandten, der dabeistand, korrigierte mich daraufhin! »Das heißt nicht Störn, sondern Stoin!«

Die meisten Ankömmlinge lernten die neue Sprache bzw. Aussprache rasch oder gaben sich zumindest große Mühe. Jung und alt saß in Abendkursen und nahm die Lektionen überaus ernst. Sehr leicht kamen vor allem die Kinder voran, die die städtischen Schulen von New York besuchten. Trotz anfänglicher Sprachschwierigkeiten waren sie bald gute Schüler. Innerhalb des New Yorker Schulsystems hatten die Schulen von Washington Heights mit ihrem hohen Prozentsatz an Einwandererkindern überhaupt ein beachtliches Niveau.

127 Wohnungsansicht vom Flur aus. Verblüffend für die Neuankömmlinge waren die langgestreckten, schmalen Korridore der Wohnungen. – Hier fand am Ende des Ganges eine alte Standuhr, ein Erbstück der Familie, ihren Platz. Eine pompöse Ledercouch – aus dem ehemaligen Herrenzimmer meines Vaters – lud hinter dem linken Zimmereingang zum Ausruhen ein. Sogar Großvaters Lehnstuhl fand ein Eckchen. Schwere Spitzenvorhänge – nicht nur einer, sondern eine ganze Garnitur – verhüllten die Fenster.

128/129 Wohin mit den vielen Sachen? Jeder Winkel und jede Ecke wurde als »Lagerplatz« ausgenutzt. Schrankraum gab es nur wenig außer den riesigen Kleiderschränken, die viele Einwanderer mitbrachten und die ihnen die Räume füllten. Dafür konnte man auf den Ungetümen wenigstens den ansonsten verlorenen Platz nutzen. In vielen Wohnungen standen große »Mädler«-Koffer und Möbel, die man nicht stellen konnte, von den Schränken bis hinauf zur Decke übereinander gestapelt. Mit der Zeit bekam man den Anblick dieses Durcheinanders aber satt und schaffte die Sachen in den Keller. Doch konnte es auch vorkommen, daß man später etwas dort suchte und die Koffer auf »geheimnisvolle Weise« verschwunden waren. – Unser Bücherschrank eignete sich vortrefflich zum Abstellen kleinerer Gebrauchsgegenstände und Sammlerobjekte, die man gerne zur Schau stellte.

130 Teller, Teller und nochmals Teller. Für amerikanische Verhältnisse waren die Unmengen an Geschirr, Töpfen und Pfannen, die alle Einwanderer besaßen, etwas Außergewöhnliches. Wenn frisch angestrichen wurde oder ein Hausputz nötig war, wurden sämtliche Küchenregale, Schränke und Ecken ausgeräumt, so daß sich auf dem Fußboden ein Porzellan- und Kochtopfsortiment häufte, das der Stolz und zugleich Alptraum einer jeder Hausfrau war.

131 Speise- und Wohnzimmer. An Samstagen und Feiertagen herrschte in den Flüchtlingswohnungen eine völlig verwandelte Atmosphäre. Der Druck der Woche durch Überarbeitung, Kummer und Sorgen wich, und Frieden und Glück kehrten ein. – Die neuen Möbel, noch kurz vor dem Aufbruch aus Deutschland gekauft, paßten recht gut zu den alten Stücken. Das Foto-Album auf dem Tisch führte den Betrachter die Straße der Erinnerungen zurück. »Ja, damals...« Ebenfalls aus der alten Heimat stammte die Vorliebe für Blumen.

132 Sommerabend vor dem Haus. Die Amerikanisierung vollzog sich ziemlich rasch. An warmen Sommerabenden saßen alle draußen vor dem Haus. Hier unterhielt man sich über die Arbeit, erzählte von früher und sprach über das Schicksal von Freunden und Verwandten.

133 Küchennische. Die geschickte Hausfrau fand manche technische Erleichterung in der Neuen Welt. An den traditionellen Rezepten aber hielt sie fest. Das ganze Jahr über und besonders vor den Feiertagen wurden die alten Spezialitäten gebacken, wie Bubele, Jägertorte, Brottorte, Schneeballen etc.

134 *Chomez Battel*, das Durchsuchen der Wohnung nach »Gesäuertem« am Tag vor *Passah*, wurde nach wie vor beibehalten. Früher hatte man durch das ganze Haus wandern müssen, jetzt waren es nur ein paar Zimmer. Man ging mit einer Kerze von Raum zu Raum. Der Anführer zerteilte das *Chomez* mit einer Feder, bevor es auf den Tisch kam.

135 Einräumen des Geschirrs. Das *Passah*-Fest brachte Probleme besonderer Art in den kleinen Wohnungen, die bis zum Rand vollgestopft waren. Es war immer ein Kunststück, alle eigens dafür reservierten Utensilien wieder dorthin zu verstauen, wo sie das ganze übrige Jahr hindurch lagerten. – Man beachte auch die Wände des langen und schmalen Flurs. Sie wurden oft in Bildergalerien verwandelt.

136 Das Segnen. Die alten Sitten und Gebräuche wurden nicht vergessen, so auch das Segnen der Kinder, seien sie groß oder klein, wenn man voneinander Abschied nahm.

5. Die Shaare Tefillah-Gemeinde

Die deutsch-jüdische Gemeinde der Ost-Bronx hieß *Shaare Tefillah*, zu deutsch »Tore des Gebets«. Im Jahre 1935 bestand sie lediglich aus einer kleinen privaten *Minjan*-Gruppe. 1938 aber hatte sie schon ein blühendes Gemeindeleben und war stark angewachsen. Die deutschen Juden stellten innerhalb der Gesamtjudenschaft der Ost-Bronx allerdings nur eine Minderheit dar. Von den osteuropäischen Juden wurden sie »Daitche« genannt, von anderen »Yeckes«. Die Zugehörigkeit zu einer solchen Minderheit verstärkte jedoch unsere Solidarität und ließ uns fest zusammenhalten.

Obwohl die Gemeinde ein paar Jahre lang regen Zulauf hatte, trug sie beinahe von Anfang an die Saat der kommenden Auflösung in sich. Denn viele Einwanderer wohnten zunächst in Wohnungen, die nicht auf lange Dauer geeignet waren; gegen Ende des Zweiten Weltkriegs begannen sie nach und nach in andere Gegenden umzuziehen. 1959 schließlich wurde *Shaare Tefillah* ganz aufgelöst. Unter den hervorragenden Männern der Blütezeit seien Morris Dahlerbruch und Max Weißkopf genannt, die Präsidenten der Gemeinde, und Rabbiner Justin Schloß, ihr langjähriger geistiger Führer. Die Mehrheit der Mitglieder kam aus Hessen, aber nicht wenige stammten auch aus anderen Teilen Deutschlands.

137 Die Synagoge. Ein eigenes Gebäude besaß die *Shaare Tefillah*-Gemeinde nie. Anfangs mietete sie Gesellschaftsräume im *Franklin Casino* und *Grand Plaza*, dann teilte sie sich das Gemeindehaus Ecke Prospekt Avenue und Macy Place mit einer anderen jüdischen Gemeinde, deren Mitglieder keine Deutschen waren. Diese sehr schöne Synagoge war ursprünglich ein Kloster gewesen. *Shaare Tefillah* mietete sich in die Halle zu ebener Erde ein und stattete sie mit spärlichen Mitteln so würdig wie möglich aus.

138 Die Hauptsynagoge im oberen Stockwerk. Die Umwandlung der früheren Klosterkirche in eine Synagoge wurde sehr geschmackvoll gelöst. Fördernd für Gebet und Andacht war die Dreiecksform des Raumes, der sich nach vorne zuspitzte. – Hier oben fanden immer die Hochzeiten statt.

139 Der untere Saal, Heimat der *Shaare Tefillah*-Gemeinde. Diese Synagoge war sehr einfach eingerichtet. Um so mehr Wert legte man auf das Singen der traditionellen Lieder, die jeder kannte und die in den Gottesdiensten regelmäßig erklangen. Die Predigt wurde auf deutsch gehalten. Viele der *Sefers* hatten die Einwanderer aus Deutschland mitgebracht.

140 Der Gemeindevorstand. Die Männer leisteten harte Arbeit. Viele widmeten einen Großteil ihrer Freizeit den Angelegenheiten der Gemeinde. Außer einigen wenigen heftigen Auseinandersetzungen (aber in welcher Gemeinde gibt es die nicht?) kam man sehr friedlich miteinander aus. – Lange Jahre war Siegfried Frank der verdienstvolle Schatzmeister.

141 Rabbiner Justin Schloß. Er hatte seine Ausbildung in Europa begonnen und brachte sein Studium in den Vereinigten Staaten zum Abschluß. Während der wichtigsten Jahre der Gemeinde war er ihr Kantor, Lehrer, Rabbiner und inoffizieller Wortführer.

142 Lernen in der Gruppe. Im Anschluß an den Gottesdienst saßen die Männer oft zusammen, um die Schriften zu studieren und die jüngere Generation in die Lehren der Väter einzuführen.

143 Friedhof. Eine der ersten Aufgaben jeder Gemeinde war es, einen Ruheplatz für ihre Toten zu finden. Frühere Einwanderergenerationen hatten Gesellschaften gegründet, bei denen man sein ganzes Leben hindurch gewisse Beiträge einzahlte (einige dieser Gesellschaften existieren noch heute), um am Ende eine kostenlose Bestattung dafür zu erhalten. Die neuen Einwanderer
wehrten sich gegen die Vorstellung, unablässig bezahlen zu müssen und die eigene Grabstätte nicht einmal im voraus zu kennen. Die Gemeinde erwarb deshalb eine große Parzelle auf einem Judenfriedhof etwas außerhalb von New York und verkaufte die Gräber, oft zum Selbstkostenpreis, an ihre Mitglieder. Im Cedar Park (Zedernpark) von Paramus, New Jersey, hatten die meisten Deutsch-Juden ihre Gräber, und hier fanden auch die in New York gelandeten Flüchtlinge ihre letzte Ruhestätte. – Die Mitglieder von *Shaare Tefillah* waren orthodox, daher sehen wir keine Blumen oder sonstigen Schmuck auf den Gräbern.

144 Treffen zum Picknick. Man traf sich vor der Synagoge, damals am *Grand Plaza*, einem Koscher-Restaurant in altehrwürdigem Stil. Die Erwachsenen tragen noch ihre europäische Kleidung. Die Frauen zeigen sich in weißen Sommerschuhen, was in Deutschland zur warmen Jahreszeit ein »Muß« für die gutgekleidete Dame war; die Herren erschienen im doppelreihigen Anzug, mit Krawatte und korrekten Bügelfalten. Auch die unentbehrliche Agfa-Box ist dabei. Modische Hüte, für Damen wie Herren, waren absolut wesentliche Bestandteile der Picknick-Aufmachung.

145 Mädchen. Unser weiblicher Nachwuchs amerikanisierte sich am schnellsten. Schon bald verschwanden die Zöpfe und Haarschleifen. Die jungen Mädchen waren auch gewöhnlich die ersten, die in der neuen Heimat neu eingekleidet wurden.

146 Warten auf den Bus. Wieder ein Picknick-Ausflug, diesmal ein paar Jahre später. Die Männer geben sich schon legerer. In der Schlange der Wartenden herrscht Hochstimmung, man freute sich immer sehr auf solche gemeinsamen Unternehmungen. Es gab ja so viel zu erzählen. Die ganze Busfahrt kostete übrigens nur 5 Cent.

147 Picknick-Tafel. Während der Aufnahme waren die Speisen noch eingepackt, aber gleich danach wurde ein Tuch über den Tisch gebreitet und Eßwaren und Getränke (meist alkoholfreie) reichlich vorgesetzt. Man spielte Karten, sprach von der guten alten Zeit und über die Zukunft, von der Gemeinde und ihren Problemen, und dazwischen erzählte immer wieder jemand »große Geschichten« von »kleinen Leuten«.

148 Gruppenbild. Am Ende des Picknick-Ausfluges wurde noch eine Gruppenaufnahme gemacht, von denen aber keiner der Beteiligten je einen Abzug erhielt.

149 Ehrentafel. Viele Söhne und auch Töchter der Einwandererfamilien dienten während des Zweiten Weltkriegs in der amerikanischen Armee. Die Gemeinde erinnerte sich ihrer durch Eintragung auf einer Ehrentafel in der Synagoge. In den Gottesdiensten wurden die Namen immer vorgelesen. Viele der jungen Leute ließen ihr Leben im Dienst des neuen Vaterlandes.

150 Rückkehr nach dem Krieg. Jeder war glücklich, als die Kriegszeit endlich vorüber war und die überlebenden Söhne und Töchter nach Hause kommen konnten.

6. Das öffentliche Leben

Besonders stark beeindruckte die Neueinwanderer die öffentliche Beachtung, die man in Amerika den jüdischen Feiertagen und Bräuchen allgemein entgegenbrachte. Anläßlich der hohen Feste wandten sich sogar amtliche Stellen und Personen mit Briefen und Proklamationen an die jüdische Bevölkerung.

151 *Chanukkah*. Beim Anzünden der *Chanukkah*-Kerzen auf den Stufen der City Hall ist der Bürgermeister von New York, damals Robert A. Wagner, anwesend. Die Polizeibeamten in der zweiten Reihe sind Mitglieder der *Shomrim*-Gesellschaft, einer Vereinigung von Polizisten, die dem jüdischen Glauben angehören.

152 Zur Feier des 4. Juli. Der 4. Juli wurde als Tag der Unabhängigkeit in ganz Amerika immer groß gefeiert. Morgens hielten die Lokalpolitiker überall ihre Reden, danach fanden Kostümfeste für die Kinder statt. Natürlich spiegelten die Maskeraden der Kinder oft die Erlebniswelt der Eltern wider.

Der *Jay Hood Wright-Park*

In dieser kleinen Grünanlage trafen sich die Einwanderer viele Jahre lang. Der sogenannte »Park« hatte die Größe einiger Straßenblocks und befand sich mitten im Herzen von Washington Heights zwischen der 173. und 176. Straße einerseits und Fort Washington- und Haven Avenue andererseits. An Samstagnachmittagen konnte man kaum mehr einen Sitzplatz auf einer der vielen Bänke bekommen. Gesprochen wurde hier nur eine einzige Sprache: Deutsch.

153 Auf der Parkbank. Die Einwanderer der Elterngeneration waren in den fünfziger und sechziger Jahren alte Leute geworden. Sie trafen sich morgens und nachmittags zu einem »Schwätzchen« im Jay Hood Wright-Park, meist ging es dabei um das »gemütliche« Leben im alten Deutschland, das keiner vergessen konnte. Die Zeit hatte manches gemildert und einen Großteil der inneren Bitterkeit genommen. Auch der harte und kaum endenwollende Kampf nach der Ankunft in Amerika war häufiger Gesprächsstoff. Jeder Parkbankbesucher hatte sein Repertoire an Geschichten, die er immer und immer wieder erzählte. Es war gut, wenn einmal ein Neuer in den Kreis kam, den man mit seinen Erlebnissen noch fesseln konnte. Meist standen übrigens die angenehmeren Erinnerungen im Vordergrund.

154 Zeitungskiosk. Als deutsch-jüdischer Einwanderer der dreißiger Jahre kam man aus einem Land, in dem die Presse der strengen Zensur unterworfen war. Um so mehr erstaunte einen die Vielfalt der in New York erhältlichen Publikationen – eine Vielfalt der Meinungen wie auch der Sprachen. Schon der Anblick der verschiedensten Titelblätter mit ihren Schlagzeilen oder ein flüchtiges Durchblättern der Zeitungen vermittelte ein Gefühl für die Freiheit des Denkens, die für Amerika weltweit sprichwörtlich geworden war.

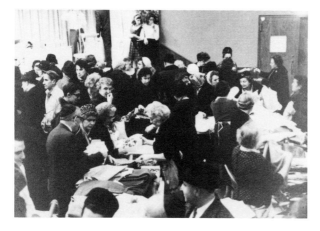

155/156 Basare. Die jungen Gemeinden waren hochverschuldet, besonders wenn sie ihre Synagogen selbst gebaut und ausgestattet hatten. Sie taten es daher bald anderen amerikanischen Institutionen gleich. Alte und neue Sachen wurden gestiftet und von Privat- wie Geschäftsleuten eingesammelt, um dann zu Gunsten der Gemeinde verkauft zu werden. Die Basare waren nicht nur Wohltätigkeitsveranstaltungen, sondern auch Anlaß für gesellschaftliche und lockere Zusammenkünfte.

157/158 Kartenspieler. Die älteren und pensionierten Leute hatten viel Zeit zur Verfügung. Vor allem die europäischen Männer verbrachten die Nachmittage gerne außer Haus. Die Gemeinden richteten Alten-Clubs ein, lange bevor dies auch von anderen Institutionen aufgegriffen wurde, und stellten Räume zur Verfügung, wo die Männer ihre Nachmittage mit Kartenspielen etc. verbringen konnten. Am populärsten waren Skat, Tarock, das jüdische *Dertel*-Spiel und Binokel. Manche spielten auch Rommé oder Bridge. Natürlich sind, wo Kartenspieler sitzen, auch die »Kiebitze« nicht weit.

159/160 Fußballspiel. Die Einwanderer jüngeren und mittleren Alters waren große Fußballfreunde. Viele hatten vorher im Verein ihrer deutschen Heimatstadt gespielt oder waren begeisterte Anhänger ihrer lokalen Fußball-Clubs gewesen. *Soccer*, wie das Fußballspiel in Amerika heißt, war damals noch nicht verbreitet in den USA. Der *Prospect Club* und der *New World Club* richteten bald *Soccer*-Abteilungen für ihre Leute ein. Die Spielfelder lagen weit draußen in der Bronx und auf Long Island. Bei jedem Wetter kamen die unentwegten Spieler und Zuschauer. Die Aufnahmen stammen von einem Spiel zwischen den Mannschaften von *Prospect Club* und *New York Furriers*, dem Fußballverein der Kürschner.

161 Neujahrsgrüße. Zur Zeit der Hohen Feiertage war es merklich ruhiger in der Stadt. Jeder, ob Jude oder Nicht-Jude, beachtete sie. Viele Firmen und Läden waren geschlossen. Für die Flüchtlinge war es eine angenehme Überraschung, wenn sie an der Collegiate Church von Washington Heights vorbeigingen und auf dem Anschlag die Glückwünsche des Pfarrers und der Gemeinde für die jüdischen Freunde lasen.

7. Die Arbeit

Aufgabe Nr. 1 sofort nach der Ankunft war, irgend eine Arbeit zu finden, mit der man den Lebensunterhalt verdienen konnte. Die meisten Einwanderer waren Händler und Kaufleute, aber keine Handwerker. Ohne Kenntnis der Landessprache war es natürlich schwierig, mit irgend jemandem zu handeln, trotzdem schafften es manche auf Anhieb. Ein guter Kaufmann bleibt eben ein Kaufmann, ob er die Sprache beherrscht oder nicht. Einige Verkäufer und Hausierer suchten tatsächlich ihren Kundenstamm auch unter echten »Yankees« und begrenzten ihn nicht auf die eigenen Landsleute. Sie kamen damit recht gut vorwärts. Aber solche Fälle waren eher die Ausnahme. Die Mehrheit der Ankömmlinge konnte nicht einmal auf der untersten Sprosse der Erfolgsleiter beginnen, sondern mußte sich vom »Erdboden« heraufarbeiten – wenn man das so sagen kann. Was allgemein angeboten wurde und auch zu bekommen war, fiel in die Klassifikation der niederen »jobs« und bedeutete Arbeit als Tellerwäscher, Laufbursche, Schneider bzw. Schneidergehilfe, Pförtner und Wäschereikraft. Die Akademiker, wie Ärzte, Rechtsanwälte, Zahnärzte etc., mußten noch einmal die Schulbank drücken und Zusatzexamen bestehen, was vor allem den älteren Jahrgängen in der fremden Sprache, die sie zum Teil erst erlernen mußten, oft schwerfiel. Außerdem kostete es Geld. Eine Stelle etwa als Maler im Tapeziergeschäft oder als Metzger oder Kürschner zu bekommen, war schon eine wahre Errungenschaft, denn alle Handwerksbranchen hatten mächtige Gewerkschaften, und zu bestimmten Zeiten war es nicht leicht, bei diesen Mitglied zu werden.

Einige wenige New Yorker Geschäfte und Institutionen beschäftigten mehr als den durchschnittlichen Prozentsatz an Neueinwanderern, so das Kaufhaus Klein am Union Square. Sehr begehrt war dort ein Job, der darin bestand, die Kleiderständer immer aufzufüllen und die Regale und Verkaufstische etc. in Ordnung zu halten. Das erforderte nämlich keine großen Sprachkenntnisse. Unter den öffentlichen Institutionen, die vielen eine Arbeit gaben, war namentlich das Jüdische Krankenhaus *(Jewish Hospital)* in Brooklyn. Hier fanden manche Einwanderer sogar eine Unterkunft, vorwiegend Alleinstehende. Viele Familienväter indessen mußten tagtäglich den langen Arbeitsweg von Washington Heights und der Bronx auf sich nehmen. An mitverantwortlicher Stelle des Krankenhauses saß damals eine ältere Dame, ein Fräulein Klau, gebürtig aus Theilheim bei Würzburg. Sie war ein Engel. Jeder, der zu ihr kam und arbeitswillig war, konnte von ihr Hilfe und eine Anstellung erwarten. Der Direktor eines anderen Krankenhauses sagte Jahre später einmal: »Soweit meine Berufserfahrung zurückreicht, und das sind einige Jahrzehnte, waren die Flüchtlinge aus Deutschland die besten Arbeitskräfte, die wir je hatten.« Allerdings war das finanzielle Entgegenkommen von seiten der Institutionen, auch wenn Familien davon betroffen waren, nicht sehr groß. Unter den bedürftigen Einwanderern fanden zwar ein paar »Gewiefte« die Tricks heraus, wie sie zu etwas mehr Geld kommen konnten, aber die Mehrzahl war entweder zu stolz oder zu hilflos, um diese Möglichkeiten auszunutzen, selbst wenn ihnen Unterstützung zugestanden hätte. Generell kann man sagen, daß dieselben Leute, die schon in Europa gerne bei amtlichen Stellen kassiert hatten, auch hier zu ihrem Geld kamen. Die anderen wandten sich weder an ihre Mitmenschen noch an irgendwelche Ämter oder Organisationen um Hilfe. Sogar unter ärmlichsten, oft unvorstellbar belastenden Bedingungen hatten sie ihren Stolz (der in diesem Fall jedoch unangebracht war) und wollten weder Almosen noch Darlehen annehmen. Sie waren schon froh, wenn sie nur gesund blieben, und »streckten« jeden Dollar so gut es eben ging.

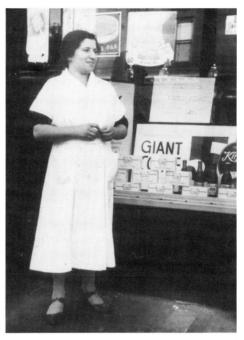

162 Lebensmittelverkäufer. Leopold Schloßberger aus Niederstetten war einst Viehhändler gewesen und arbeitete nun im Lebensmittelgeschäft seines Bruders auf der unteren Ostseite von Manhattan (sog. Lower East Side). Später sattelte er um auf Konditoreiwaren und spezialisierte sich auf sogenannte »doughnuts« (eine Art »Berliner« oder Krapfen). Die Arbeit machte ihm Freude, und er wurde durchaus glücklich in seinem neuen Beruf.

163 Inhaberin eines Eisladens. Die Eröffnung eines eigenen kleinen Ladengeschäfts war damals, in der Zeit kurz nach der wirtschaftlichen Depression der USA, nicht sehr kostspielig. Ein paar Ersparnisse, der Verkauf einiger entbehrlicher Dinge, die man aus Deutschland mitgebracht hatte, das genügte oft schon zur Anzahlung. Dabei half die ganze Familie mit, nicht selten auch die Freunde. – »Eine große Portion Eis, sechs verschiedene Sorten, 60 Cents«; »Köstliche Eismixgetränke, in 12 Geschmacksrichtungen, je 10 Cents«. – Die Geschäftsfrau trägt ihren Ehering noch an der *rechten* Hand, wie es in Europa üblich ist. (Anm. d. Übers.: In Amerika hat man statt des einfachen Goldreifs eher Schmuckringe, die links getragen werden.)

164 Schuhputzer. Sogar die Kinder versuchten zu helfen – und konnten tatsächlich etwas dazuverdienen. Hier ist die kleine Schwester der erste »Kunde«. Für 5 Cents wurden die Schuhe blitzblank geputzt.

165 Küchenhilfen. Viele junge Mädchen arbeiteten in der Küche des Jüdischen Krankenhauses von Brooklyn. Und nicht wenige lernten dort auch ihren künftigen Ehemann kennen.

166 Vertreter (aus einer vergangenen Zeit). In Europa hatten diese Männer wie viele andere als Vertreter für Handelsfirmen, meist in der Textilbranche, gearbeitet. In Amerika angekommen, waren sie froh, wenn ihnen irgendeine Dienstleistung in der Küche des Jüdischen Krankenhauses gegen noch so geringe Bezahlung übertragen wurde. An jedem freien Tag warfen sie sich aber wieder »in Schale«.

167 Export und Import. Wer vorher schon internationalen Handel getrieben hatte, konnte relativ leicht in seinem Beruf weiterarbeiten. Er stellte sich nur einen neuen Schreibtisch in das neue Büro und bediente seine Kunden oder Lieferanten in aller Welt nun von Amerika aus. Normalerweise hatten diese Kaufleute auch einige Englischkenntnisse. In New York gab es zahlreiche Bürogebäude, wo sich ganze Export- und Import-Gruppen einmieten konnten und gemeinsam ihre Niederlassungen eröffneten. Viele Fell- und Leder-Händler hatten ihre Büros in der Park Row Nr. 15. Aber auch andere Sparten waren in diesem Gebäude vertreten. Henri Landauer aus Hamburg, der Bruder meiner Mutter (der ursprünglich aus Michelbach a. d. Lücke kam), war der erste Importeur von Fellen aus Mombasa, Kenia, in die USA. Die Abbildung zeigt ihn mit einem seiner afrikanischen Partner, die den Schiffstransport übernahmen. Im Hintergrund sieht man das Woolworth-Gebäude durchs Fenster.

168 Familienpension. Die Einwanderer, die ihr neues Zuhause außerhalb der Stadt New York fanden, vorwiegend ältere Leute, versuchten es oft mit einer Familienpension, wo sie Zimmer zum Übernachten und Mahlzeiten anboten. Max Wolfsheimer kam mit Frau und Kindern nach Schenectady im Staat New York, weil er dort Verwandte hatte. Nachdem das Ehepaar eine Weile für andere gearbeitet hatte, eröffnete es eine eigene Pension. – Sie waren recht lange in der Welt umhergeirrt, bis sie schließlich eine Bleibe fanden. Im Jahre 1933 hatten sie Deutschland verlassen und zunächst in Colmar im Elsaß gelebt. Von da mußten sie 1934 nach Lyon ausweichen, kamen dort 1939 in ein Lager, wenngleich nur vorübergehend, und flohen nach ihrer Entlassung über Portugal im Jahre 1941 in die USA.

169 Ruhepause. Ein wenig Entspannung zwischen der Arbeit tut gut. Fast alle Neueinwanderer lasen die »New Yorker Staatszeitung & Herold«. – Lang ist es her, seit Max Wolfsheimer, jetziger Besitzer und Chef der Familienpension, in der stolzen Kavallerie der königlich-württembergischen Armee mitritt.

170 Hausfrau. Zu den Pflichten der guten Hausfrau gehörte es, die Familie und das Geld zusammenzuhalten. Die Einwandererfrauen wußten sehr wohl, daß diese Aufgabe nun besonders schwierig für sie wurde, und in Anerkennung ihrer Leistung muß gesagt werden, daß sie diese Schwierigkeiten gerne auf sich nahmen. Sie meisterten die Probleme auf allen Gebieten hervorragend. Hier meine Tante Ricka Landauer.

171 Bei der Büroarbeit. Die Frauen halfen ihren Ehemännern auch im Geschäft, wie sie es schon in der alten Heimat getan hatten. Viele Männer waren bereits zu alt oder nicht mehr rüstig genug, um eine Daueranstellung bei irgend einer amerikanischen Firma zu bekommen. So eröffneten sie alle Arten von Büros und Agenturen in ihren eigenen vier Wänden, die dann als Wohnung, Lagerraum, Büro und womöglich noch als Ausstellungsraum dienten. – Das Foto zeigt meine Mutter Rosie Stern, durch das Schicksal aus Niederstetten nach New York verschlagen, bei der Büroarbeit. Der Kugelschreiber mit Goldauflage, den sie benutzt, ist einer der ersten Kugelschreiber, die es überhaupt gab.

172 Buchhändler. Für ihn wurde ein Hobby zum neuen Beruf: Philipp Feldheim. Die Mehrzahl der Einwanderer erlebte die Entwurzelung und notwendige Umorientierung als ein Trauma, auch in beruflicher Hinsicht. Ob ihnen ihre frühere Arbeit in Europa Freude gemacht hatte oder nicht, sie kannten sich jedenfalls auf ihrem Gebiet aus. (Oft waren es familiäre oder finanzielle Beweggründe gewesen, die sie bei der Wahl ihres Berufes beeinflußt hatten. Neigung war häufig erst ganz zuletzt in Betracht gekommen.) Nun galt es, irgend etwas anderes zu finden, auf das man nicht vorbereitet war. Philipp Feldheim, vordem Textildrucker in Wien und schon seit jeher ein Bücherliebhaber, begann in Amerika eine neue Laufbahn im Buchgeschäft und wurde darin recht erfolgreich.

173 Die akademischen Berufe. Viele Neueinwanderer hatten einen Beruf, für den eine Universitätsausbildung notwendig war. Ingenieure und Naturwissenschaftler mit einem Spezialgebiet und dem richtigen Spürsinn fanden leicht Anstellungen an den Universitäten und in der Industrie. Ärzte mußten eine Prüfung in englischer Sprache bestehen und danach das Staatsexamen. Wer sein Studium gerade erst hinter sich hatte, schnitt dabei besser ab als mancher, der schon jahrelang praktizierte. Zahnärzte mußten die Englischprüfung ablegen, noch ein zweijähriges Zusatzstudium absolvieren und schließlich das Staatsexamen. Die zwei Studienjahre zwangen viele, zwischen Beruf und familiären Verpflichtungen zu entscheiden – oft auf Kosten der Familie. Andere sattelten um und arbeiteten in Zahnlabors, wieder andere wurden Vertreter für Bedarfsartikel der zahnärztlichen Branche. Am härtesten waren die Zulassungsbedingungen für Juristen (die praktisch ganz von vorne anfangen mußten), weshalb viele Betroffene ihrem Beruf den Rücken kehrten. Kaum jemand kann sich vorstellen, wie bedrückend es war, nach jahrelanger Ausbildung oder schon Berufsausübung nun plötzlich etwas völlig anderes machen zu müssen. – Auf dem Foto: Dr. Theodor Kron, ehemaliger Bundesbruder der A.W.V. Veda in Würzburg.

174 Belegschaft eines Schnellrestaurants. Buffetkraft, Tellerwäscher, Kassierer. Jede Verdienstmöglichkeit war willkommen. Hier mein Bruder Theo als Kassierer in einer Imbiß-Stube.

8. Erholung und Feriengestaltung

Spaß und Erholung können für verschiedene Menschen und zu verschiedenen Zeiten ganz verschiedene Dinge bedeuten. Für den, der gerade die Flucht aus Europa überlebt hatte, war es schon ein Gefühl der Freude und Behaglichkeit, nur friedlich in der eigenen Wohnung zu sitzen und keine Angst mehr haben zu müssen. Und wenn dann noch ein Freund dazukam, mit dem man sich unterhalten konnte, so war das Glück vollkommen.

Mit der Zeit dehnte sich das Feld der Wünsche und Freizeitbetätigungen aber wieder aus, zumal man, besonders in New York, so vieles unternehmen konnte, was den Geldbeutel kaum oder gar nicht belastete. An den Wochenenden vor allem ging man in größeren Gruppen spazieren, im Central Park oder Fort Tryon Park, oder man besuchte den Bronx-Zoo oder das Metropolitan Museum (das damals keinen Eintritt verlangte). Diejenigen, die ein bißchen »extravaganter« sein wollten und es sich leisten konnten, nahmen die Fähre nach Staten Island und verbrachten dort den Nachmittag mit Promenieren, Wandern und Picknick am See. Wieder andere, die in Brooklyn zu Hause waren, gingen in den Prospect Park und nach Coney Island (dem populärsten Strand von New York). Auch die Weltausstellung im Jahre 1939 bot eine großartige Abwechslung, und die Karten für Besucher waren keineswegs teuer. Aber trotzdem konnte man nicht so oft hingehen, wie man vielleicht gewollt hätte, weil sogar ein derart bescheidener Betrag nur wenigen zur freien Verfügung stand.

175 Picknick. Kurz nach der Ankunft meiner Eltern wurden wir von einem Schulkameraden meiner Mutter eingeladen, mit ihm und seiner Frau einen Picknick-Ausflug zu machen. Er hatte sein Heimatdorf, aus dem auch meine Mutter ursprünglich stammte, schon vor dem Ersten Weltkrieg verlassen. In New York wurde er Metzger. Anfangs hatte er noch nach Hause geschrieben, es dann aber aufgegeben und nie wieder von sich hören lassen. Seiner Mutter ging das sehr ans Herz. Sie starb, ohne zu wissen, wie es ihrem einzigen Sohn ging, ob er noch lebte oder schon gestorben war. Er aber hatte inzwischen ein Mädchen aus Deutschland geheiratet, und die beiden führten ein eher einfaches Leben in New York. Durch einen seltsamen Zufall erfuhren sie, daß meine Eltern herüberkamen, und einen Tag nach deren Ankunft statteten sie ihnen schon einen Besuch ab, um zu erfahren, wie es den Angehörigen und Bewohnern des Heimatdorfes ging. Der Mann stellte Fragen über Fragen. Und die Auskunft über Personen war fast immer: »Gestorben«. Wenig später kam dann die Einladung zum Picknick. Wir freuten uns darauf, zumal wir dabei die Landschaft in der Umgebung etwas kennenlernen konnten. Trotz der Geldknappheit bereitete meine Mutter einige württembergische Spezialitäten vor. Rule (so hieß der Schulkamerad) kam, und wir drei stiegen in seinen Wagen, in dem schon seine Frau und deren Neffe saßen. Als nächstes gab er uns zu verstehen, daß wir an einer Tankstelle halten würden, weil es hier üblich sei, daß die Gäste (also wir) das Benzin bezahlten. Vater, Mutter und ich sahen gespannt auf die Anzeige der Zapfsäule. Der Tank war fast leer gewesen. – Trotzdem hatten wir unseren Spaß. Die Fahrt auf den Mount Kisco an einem herrlichen Tag und der Aufenthalt in der freien Natur blieben uns unvergeßlich. Von links: Bruno Stern, Max und Rosie Stern, Rule ganz rechts.

176 Entspannung. Wir brauchten eine Weile, bis wir uns an die legeren Sitten der Amerikaner in Aufführung und Kleidung gewöhnten. – Es gab damals noch nicht so viele Parkplätze wie heutzutage. Das Auto wurde wie ehemals das Pferd behandelt: man behielt es im Auge.

177/178 Szenen aus dem Biergarten. Es dauerte nicht lange, da fanden die Flüchtlinge ihre Biergärten im deutschen Stil. Sie brachten ihre Vesperbrote selbst mit (meist koscher), kauften Bier und Limonade im Lokal und verbrachten dort den ganzen Nachmittag mit Essen und Trinken, Gesprächen und Kartenspielen. So seltsam es auch erscheinen mag, aber alle Schrecken des Dritten Reiches konnten die Lebensgewohnheiten der früheren Heimat nicht auslöschen.

179 Bear Mountain (Bärengebirge). Die landschaftliche Schönheit des Hudson-Tales beeindruckte alle Einwanderer. Ein Tagesausflug per Schiff auf dem mächtigen Fluß war eine großartige Abwechslung vom Alltagstrott. Eine Fahrt zum Bear Mountain und zurück am selben Tag, das war für viele junge Paare die Hochzeitsreise.

Fleischmanns. Erholungsgebiet im Staat New York

180 Straßenansicht. Ziemlich viele Einwanderer verbrachten ihren ersten Urlaub in Fleischmanns, New York. Die Lage sowie die zahlreichen Hotels dort und die Annehmlichkeit, daß alles leicht zu erreichen war, zog wahre Urlauber-Lawinen aus Flüchtlingskreisen an. – Im Zweiten Weltkrieg galten Deutsche als »enemy aliens« (feindliche Ausländer) und mußten jeweils eine Reiseerlaubnis beantragen. Man traf immer bekannte Gesichter, zuerst in der Warteschlange bei der Behörde, die die Genehmigung erteilte, dann an der Bushaltestelle und schließlich wieder in Fleischmanns. Hier sprach man Deutsch und ein gebrochenes Englisch, etwas Ungarisch und ab und zu ein wenig Jiddisch.

181 Der Schweizer See mit dem Hotel St. Regis. Der See, die Berge und Wälder mit ihren verschlungenen Pfaden, das waren die Hauptattraktionen von Fleischmanns. Die meisten Hotels hatten eine Koscher-Küche. Ein bekanntes Gasthaus war »Takanassee«. Das Hotel St. Regis rangierte unter den besten Niederlassungen, es bot eine vorzügliche Küche (koscher), Unterhaltung, eine lebhaft frequentierte Bar und die unmittelbare Nähe zum See.

182 Blick aus dem St. Regis Hotel. Links der Schweizer See. – Es war erholsam, sich hier ein wenig ausruhen zu können. Man kehrte mit neuer Energie zurück in die Stadt, wo man den Hindernissen und Schwierigkeiten, die zum Alltag des Einwanderers gehörten, wieder gestärkt ins Auge sehen konnte.

183 Breezy Hill. Hoch über den Bergen mit einem herrlichen Ausblick lag das Hotel Breezy Hill, wo man nach deutscher Art »gutbürgerlich« wohnen konnte und sich wie zu Hause fühlte.

184 Nachmittagskaffee im Breezy Hill. Dieses Café im Freien zog viele Gäste an. Es gab dort guten Kaffee, Sahne und Wiener Torten, ganz wie im alten Europa.

185 Sportliche Betätigung. Reiten und Fahrten im Einspänner, Schwimmen und Bootfahren etc. – all das konnte man zum körperlichen Ausgleich unternehmen. – Der Einspänner war zwar nicht dasselbe wie die gute, alte Kutsche, weckte aber die Erinnerung an vergangene Tage.

186 Die Synagoge. Freitagabend und Samstagmorgen besuchte man auch in Fleischmanns die Gottesdienste, nicht nur, um zu beten, sondern auch wegen der Leute, die man dort treffen konnte. Gewöhnlich beteiligten sich neue Gäste aus der alten Heimat an der Gestaltung der Zeremonie. Danach gab es dann eine gegenseitige Begrüßung. Oft traf man verlorengeglaubte Freunde und Angehörige wieder. In den Zeiten der Unruhe hatten viele Auswanderer die Spuren mancher ihnen Nahestehender verloren.

187 An der Bushaltestelle. In den ersten Jahren kamen die meisten Urlauber per Bus. Jeden Nachmittag ging man zur Haltestelle, um zu sehen, wer diesmal ankam oder wieder heimfuhr.

Andere beliebte Urlaubsorte

188 Bethlehem im Staat New Hampshire. Eine Krankheit, die man in Europa damals noch kaum kannte, war der Heuschnupfen. Viele Neuankömmlinge machten aber seine Bekanntschaft gleich im ersten oder zweiten September nach ihrer Übersiedelung. Wer davon geplagt wurde und genug Geld hatte, verbrachte im Herbst einige Zeit in Bethlehem, New Hampshire, im Herzen der »White Mountains« (Weiße Berge). Bethlehem war teurer als Fleischmanns, besonders während der Heuschnupfen-Zeit. Die Landschaft dort war und ist herrlich. – Später warb Fleischmanns auch als Kurort gegen die lästige Allergie.

189 Im Perry House (Bethlehem, New Hampshire). Wie in Fleischmanns hielten sich die meisten Hotels an die jüdischen Speisevorschriften. In den Restaurants traf man alte Freunde und lernte neue kennen. Ja, die USA waren doch ein gutes Land!

190 Atlantic City im Staat New Jersey. Die Stadt am Meer, die bald die Gunst der Flüchtlinge fand, war Atlantic City. Fleischmanns, New York, wurde im Sommer bevorzugt, Bethlehem, New Hampshire, im Herbst und Atlantic City mit seinen herrlichen Strandpromenaden im Winter. Alle hier genannten Orte waren zu Recht beliebt. Die Einwanderer der dreißiger Jahre fühlten sich hier sehr wohl. Abwechslungen dieser Art machten den Prozeß der Eingewöhnung etwas leichter. Aber es gab auch viele, allzu viele, die mit Familienverpflichtungen so überbürdet waren, daß Jahre vergingen, ehe sie sich nur einen kurzen Urlaub leisten konnten, und viele andere wieder schafften es nie.

9. Die Yeshiva-Universität (YU)

Diese Universität wurde bereits im Jahre 1866 unter dem Namen »Rabbi Isaac Elchanan Theological Seminary« gegründet und hatte damals ihren Sitz auf der unteren East Side von Manhattan. Zu voller Blüte kam die Institution aber erst, als sie nach Washington Heights umzog und dort im Jahre 1928 ihr Hauptzentrum errichtete, das als YU – Abkürzung für: Yeshiva Universität – bekannt geworden ist. Fünf Jahre nach der Umsiedlung setzte der Zustrom europäischer Juden ein, von denen sich viele in unmittelbarer Nähe der Universität niederließen. Diese in Washington Heights lebenden Einwanderer bildeten zusammen mit einer ebenso aktiven Einwanderergruppe aus der West-Bronx die Basis, auf der das Klima und Potential einer solchen Institution gedeihen konnte; sie haben den guten Ruf ebenso wie die Zahl der Studenten gefördert. In den fünfziger und sechziger Jahren dann entwickelte sich die YU zu viel mehr als lediglich einem »Seminar für Rabbiner«, zu welchem Zweck sie ursprünglich ja gegründet worden war. Heute, d. h. während ich diese Zeilen schreibe, besteht sie aus nicht weniger als siebzehn Schulen und Unterabteilungen, hat sich also zu einer nationalen Institution entwickelt.

Im Herbst 1966 fanden die Feierlichkeiten zum ersten Spatenstich für das neue Wissenschaftsgebäude statt. Zahlreiche Würdenträger nahmen daran teil; es war kurz vor den New Yorker Bürgermeisterwahlen. Auch viele junge Leute kamen, um bei dem Ereignis dabei zu sein. Doch konnten nur relativ wenige die Veranstaltung aus unmittelbarer Nähe erleben. Die anderen mußten jenseits der Abzäunung bleiben und von außen zuhören bzw. -sehen.

191 Die Festtribüne. So sah das Areal aus, kurz bevor die eigentlichen Veranstaltungen zur Feier des ersten Spatenstichs begannen.

192 Guckloch. Die Zaungäste jenseits der Absperrung, festgehalten mit einem Schnappschuß. Einer der Kandidaten für das Bürgermeisteramt der Stadt New York war 1966 John V. Lindsay, ein Protestant (man beachte den Kofferaufdruck). Lindsay war der Favorit der jungen Studenten, gleich welchem Glauben sie angehörten. Er gewann die Wahl.

193 Stadtrevisor Beame. Abraham Beame – ein Jude – war der Gegenkandidat für den Bürgermeisterposten. Er hatte in seinem Amt als Revisor große Anerkennung gewonnen. Diesmal jedoch verlor er gegen Lindsay. Vier Jahre später kandidierte er wieder für sein altes Amt und wurde mit großer Mehrheit darin bestätigt. 1974 dann wurde Abraham Beame doch noch Bürgermeister, der erste jüdische Bürgermeister von New York.

194 Senator Javits, Senior-Senator aus dem Staat New York, verteilt wohlwollend Autogramme. Zu Beginn seiner Laufbahn war er Mitglied des Repräsentantenhauses, in dessen Bezirk auch Washington Heights lag, weshalb man ihn dort gut kannte und noch heute kennt.

195 Mädchen an der Absperrung. Wo junge Männer sind, sind auch Mädchen. Wir wissen nicht, ob ihr Interesse mehr den offiziellen Würdenträgern galt oder den jungen Männern unter den Zuschauern.

196 Gouverneur Rockefeller. Sogar der Gouverneur von New York, Nelson Rockefeller, kam und hielt eine Ansprache. Die Begeisterung für ihn war so groß, daß er sich binnen kürzester Zeit von lauter Verehrern umgeben sah.

10. Im Ferienlager

Sobald der Sommer kam, stellte sich für die Stadtbewohner – und das war damals nicht anders als heute – die Frage: Wohin mit den Kindern? In Europa hatte es zwei Möglichkeiten gegeben, das Problem zu lösen. Entweder schickte man die Sprößlinge zu Verwandten aufs Land oder aber in ein Kinderheim. Die erste Lösung war allerdings eine etwas einseitige Sache. Meistens waren die auf dem Land lebenden Juden religiöser, während die Städter den religiösen Vorschriften im Alltag wenig gewissenhaft folgten. Die Stadtkinder nun fühlten sich wohl in der traditionellen Atmosphäre auf dem Land, aber im umgekehrten Fall bot sich als Ausweichmöglichkeit oft nur der Aufenthalt in einem Kinderferienheim an. Diese Heime waren den Ferien-Camps in den USA zwar ähnlich, aber nicht dasselbe. Sie waren stark institutionalisiert und subventioniert.

Da sich nun in den USA die meisten Juden, auch diejenigen, die in Europa auf dem Land gelebt hatten, in den Großstädten niederließen, konnte keiner mehr seine Kinder irgendwo auf dem Land unterbringen, es sei denn in einem Ferienlager, einem sogenannten Camp. Die nachfolgenden Fotos zeigen Szenen aus dem Camp Ahavah, das ursprünglich Kindern beiderlei Geschlechts offenstand, später aber nur noch Knaben aufnahm. Die Leiter waren ein Herr Dr. Ullmann und seine Frau. Er arbeitete während des Schuljahres als Lehrer und Direktor an der Beth Jacob-Schule. Frau Ullman – ohne irgendeine Fachausbildung – war die beste Camp-Mutter, die sich Kinder wie Eltern überhaupt vorstellen konnten.

197 Es geht los. Endlich ist alles gepackt und überprüft – und nochmal überprüft. Jedes Kleidungsstück und andere persönliche Gegenstände sind mit einem eingenähten oder daraufgestempelten Namen versehen. Sabbath-Gewand und Latzhose, Baseball und Körperpflegemittel, nichts wurde vergessen. Die Kinder freuen sich auf die Zeit in der freien Natur, das Camp liegt mitten im Wald.

198 Kontrolle. Der verantwortliche Reiseleiter und Betreuer der Schüler vergleicht anhand seiner Teilnehmerliste, ob alle (rechtzeitig?) gekommen sind. Es gibt aber immer ein paar Umstandskrämer, deretwegen sich der Aufbruch verzögert.

199 Abfahrt. Spezielle Charter-Busse brachten die Kinder und ihre Betreuer in das Ferienlager. Wenn es galt, Abschied zu nehmen, hatten die Mütter oft Tränen in den Augen. Die Männer nahmen die Trennung nicht so schwer.

200 Ferienunterkunft, Innenansicht einer Hütte, weit, weit weg von zu Hause und der gemütlichen Atmosphäre der elterlichen Wohnung. Die rustikale und sehr spartanische Lebensweise war nach Ansicht der Eltern gut für ihre Kinder. Diese brauchten eine Weile, um sich nach dem Komfort der Stadt an die neuen, einfachsten Bedingungen zu gewöhnen.

201 Die Schlange. Eine erste Begegnung mit der unverfälschten Natur – etwas, das in der Erinnerung bleibt und worüber man nach Hause schreiben kann.

202 Morgengottesdienst. Der Tag im Ferienlager begann mit der Lesung einiger Gebete über Lautsprecher um etwa 6.30 Uhr früh. Kurz darauf versammelten sich die Jungen und Mädchen im »Gemeinschaftssaal« zum gemeinsamen Morgengebet. Dabei saß man mit dem Gesicht gen Osten. Am Abend saß man in Richtung Westen dem sogenannten »Podium« zugewandt. Während des Gottesdienstes hielten sich die Mädchen hinter einem eigens dafür aufgehängten Vorhang auf – eine Art Notbehelf.

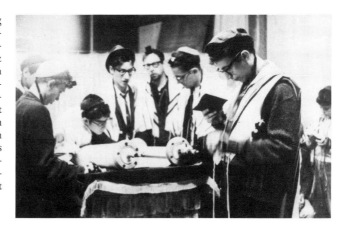

203 Hinter dem Vorhang. Es ist noch früh am Morgen, und das individuelle Ausmaß an Andacht variiert je nach Wachheit.

204 Gruppe lernender Schüler. Das *Lernen* stand immer am Ende der mit Baseball, Schwimmen, Spielen etc. angefüllten Tage. Ein solches Studium in der herrlichen Umgebung der Natur öffnete einem die Seele für die Lehren ewiger Wahrheiten, egal, ob man der traditionellen jüdischen Vorstellung anhing, nach der Gott die Natur erschaffen hat, oder der These Spinozas, daß Gott Natur ist.

11. Washington Heights, New York

In der Geschichte der jüdischen Emigranten aus Deutschland und Mitteleuropa nach allen Teilen der Welt nimmt der New Yorker Distrikt Washington Heights eine Sonderstellung ein. Als die große Einwanderungswelle in die USA einsetzte, war diese Gegend im Norden von Manhattan noch relativ jung und im Ausbau begriffen, so daß dort reichlich Wohnungen zur Verfügung standen. Viele Familien schlossen sich zunächst, aus praktischen und finanziellen Gründen, zu Wohngemeinschaften zusammen. Eine Frau oder ein älteres Mitglied der Gruppe blieb zu Hause und kümmerte sich um den Haushalt und die Kinder. Wer arbeiten konnte, machte sich auf und versuchte irgend eine Anstellung zu finden oder wenigstens eine Heimarbeit zu bekommen. Ein Großteil der Frauen arbeitete auch als Hausangestellte oder putzte Büroräume.

Das Straßenbild von Washington Heights bestimmten damals große Speditionscontainer, die überall ausgeladen wurden. Die meisten Flüchtlinge siedelten sich im Bereich von der 135. Straße Ecke Broadway bis hinauf zur Dyckman Street an, teils auch noch darüber hinaus, oder entlang dem ganzen oberen Broadway, am Riverside Drive, der Fort Washington Avenue, der Pinehurst Avenue, St. Nicholas Avenue, Audubon Avenue, Amsterdam Avenue etc. sowie den dazugehörigen Seitenstraßen. Nur sehr wenige Einwanderer hatten Geld. Häufig aber brachten sie Leica- oder Contax-Kameras mit, die sie gleich bei ihrer Ankunft verkauften. So seltsam es erscheinen mag, aber die weltweite Verbreitung und Wertschätzung dieser Markenkameras in den 1930er Jahren war zu einem beträchtlichen Ausmaß tatsächlich den Juden zu verdanken, die damals gezwungen waren, Deutschland zu verlassen. Was in der Bronx nur stellenweise auffiel, nämlich gewisse »Inseln« deutscher Lebensweise, das sah man in Washington Heights hundertfach. Im Jahre 1939 nannte man die Gegend sogar »Das Vierte Reich« in Analogie und Abgrenzung zum Dritten Reich der deutschen Machthaber.

Wie gesagt, besaßen die Einwanderer sehr wenig und verdienten auch nur wenig dazu. Doch war ihr gesellschaftliches Leben um so aktiver. Zwei Clubs wurden gegründet, der *New World Club* und der *Prospect Club*, die beide wöchentliche Zusammenkünfte, Tanzabende etc. veranstalteten. Beide gaben auch eine Zeitung heraus. Das Blatt des *Prospect Club* existierte nicht allzu lange, desgleichen der Club selbst. Die vom *New World Club* herausgegebene Zeitung aber wurde groß und größer und galt bald schon als *die* Zeitung der Immigration. Sie besaß nicht allein lokale Bedeutung, sondern wurde landes- und sogar weltweit gelesen. Ihr Name war *Aufbau* (mit dem englischen Untertitel *Reconstruction*). Bis heute konnte sich die Publikation unter diesem Namen behaupten. Deutsche Juden in der ganzen Welt lasen und lesen sie noch immer. Man fand (und findet) darin neben der offiziellen Berichterstattung Wissenswertes über Bekannte und Verwandte, seien es auch nur Geburts-, Heirats- oder Todesanzeigen, ja zahlreiche Familien konnten durch die Suchlisten des *Aufbau* sogar wieder vereinigt werden. Der Gründer der Zeitung im Jahre 1939 war Manfred George, ein Journalist und Redakteur aus Berlin. Ihm folgte Dr. Hans Steinitz, ebenfalls aus Berlin stammend, ein früherer Rechtsanwalt, der zum Journalismus überwechselte. Den Redakteuren und Mitarbeitern des *Aufbau* ist es zu danken, daß diese Publikation den Einwanderern unermeßlich viel helfen konnte, sich in der neuen Umwelt zurechtzufinden und nach dem Krieg auch wieder die Verbindung in Deutschland zu erleichtern.

Einer der wichtigsten Treffpunkte für uns war *Warner's Cafeteria* an der Kreuzung von 157. Straße und Broadway. Es gab viele Cafeterias in New York, schon damals, aber *Warner's* wurde aus irgend einem Grund der bevorzugte Versammlungsort der Flüchtlinge. Jeden Abend und Sonntag nachmittags bis spät in die Nacht hinein war das Lokal voll. Die Emigranten saßen dort stundenlang bei einer Tasse Kaffee (für 5 Cents) und einem Stück Kuchen (für 15 Cents). Andere Gäste, die womöglich eine ganze Mahlzeit bestellt hätten, fanden gar keinen Platz mehr. Die Gespräche wurden, obwohl es keine Geheimnisse auszutauschen gab, oft nur im Flüsterton geführt. Ungefähr ein halbes Jahr brauchten die meisten Flüchtlinge, bis sie sich wieder daran gewöhnten, in normaler Lautstärke zu sprechen. Viele von ihnen standen noch unter der extremen Nervenanspannung der vorangegangenen deutschen Verhältnisse, unter denen natürlich alle Juden ständig Angst haben mußten, von jemandem belauscht zu werden, der sie falsch verstehen und denunzieren könnte. Außerdem kursierte das Gerücht – was aber nie durch Beweise bestätigt werden konnte –, daß auch in den Vereinigten Staaten Gestapoagenten am Werk wären und ihre Informationen nach Deutschland meldeten, wo die zurückgelassenen Verwandten und Freunde dann büßen müßten.

Alle Gespräche drehten sich mehr oder weniger um zwei Hauptthemen. Nummer eins war die Beschaffung von Affidavits für Angehörige, denen die Flucht noch nicht gelungen war, Nummer zwei die Geschichten über die deutschen Vorgänge und die Schicksale der dort lebenden Juden. Viele Emigranten taten alles, was in ihrer Macht stand, um den Ihren zu helfen. Andere, die ohne weiteres eine Bürgschaft hätten übernehmen können, verweigerten einfach den Angehörigen und Freunden diesen lebensrettenden Dienst. Und wieder andere waren großzügig und hilfreich genug, um sogar ungefragt Affidavits für Fremde zur Verfügung zu stellen. Allerdings hatten die eidesstattlichen Erklärungen verwandter Personen auf den Konsulaten der europäischen Länder mehr Gewicht als diejenigen von Unbeteiligten. Jedenfalls konnte noch eine beträchtliche Anzahl Gefährdeter zu uns herübergelangen, aber ebenso viele hatten trotz ehrlichster und angestrengtester Bemühungen keine Chance mehr. Leider gab es auch unter den Emigranten solche, die befürchteten, daß die Belastung durch weitere, insbesondere ältere Familienmitglieder ihren eigenen Zielen im Weg stehen könnte. Seltsamerweise war es gerade dieser letztgenannte Typus, der sich in der Verurteilung alles Deutschen, noch lange nach dem Krieg, am unerbittlichsten zeigte. – Ein zweiter Flüchtlingstreffpunkt von ähnlicher Bedeutung wie *Warner's Cafeteria* fand sich noch in der 96. Straße Ecke Broadway, also ein gutes Stück weiter stadteinwärts: die *Stewart's Cafeteria*.

Wer bei *Warner's* den üblichen Kaffee getrunken hatte und keinen Kuchen wollte, ging anschließend gerne über die Straße in *Loeb's Wurstgeschäft*, eine kleine Metzgerei. Herr Loeb stellte seine Wurstwaren selbst her und verkaufte sie nicht nur über die Ladentheke, sondern hatte daneben auch eine Eßecke mit ein paar Tischen eingerichtet, wo man, von einer Servierin bedient, deutsche Wurstspezialitäten und Kartoffelsalat verzehren konnte. Selbstverständlich waren Loebs Produkte absolut koscher.

Vitalität und Ungestüm der Jugend können, auch in schweren Zeiten, nicht lange unterdrückt werden. So fanden wir bald schon einige Tanzlokale mit geeigneten Räumen für größere Gruppen, wie *Lublo's Palmengarten* und das *Casino Café*, beide in der Gegend von 103. Straße und Amsterdam Avenue, oder das *Alt Wien* am Central Park West. Auch das *Hotel Stuyvesant* in der 86. Straße, Central Park West, wo man Sonntag nachmittags immer tanzen konnte, sei erwähnt. Ein beliebter Treffpunkt war außerdem das *Café Hindenburg* in Yorkville, dem deutschen Viertel von Manhattan. Die Unterhaltung besorgten jeweils kleinere Kapellen und Vortragskünstler aus den Reihen der Einwanderer. Diese »Entertainer« hier alle namentlich aufzuzählen, wäre ein Ding der Unmöglichkeit. Aber einige wenige seien erwähnt:

Hermann Leopoldi, Fred Spielman, Victor Schlesinger und Eugen Hofmann, alle aus Wien. Der Grund, weshalb sich die genannten Lokale – und noch viele weitere derselben Art – auf der Upper Westside von Manhattan etabliert hatten und nicht in Washington Heights, war wohl der, daß es hier ebenfalls ein großes Kontingent von Flüchtlingen gab, und vor allem, daß der Bezirk von allen Teilen der Stadt verkehrsgünstig zu erreichen war.

205 West 181. Straße, die Haupteinkaufsstraße von Washington Heights. Alle großen Ladenketten hatten hier eine Niederlassung, und nicht zuletzt war das *Coliseum* in dieser Straße, ein großes Kino, in dem man die besten Filme sehen konnte. Auch gab es zahlreiche kleinere Geschäfte und weitere Kinos, die viele Leute zum Einkaufen, Bummeln und Ausgehen anlockten.

206 Der Broadway, von der 176. Straße aus nach Norden. Hier waren überall Läden, die Flüchtlingen gehörten. Von der 155. Straße bis hinauf zur Dyckman Straße konnte man deutsch oder englisch sprechen, in den Geschäften wurde man so oder so verstanden.

207 Ecke 161. Straße und Broadway. Diese Ecke war lange Zeit ein Treffpunkt für Einwanderer. Wenn man hier in den vierziger Jahren lange genug herumstand, konnte man so ungefähr alle Freunde »von drüben« treffen. »Drüben« bedeutete ganz allgemein: Europa – für die meisten Flüchtlinge: Deutschland.

12. Die jüdischen Gemeinden

Eine Folge des mächtigen Zustroms jüdischer Einwanderer war, in New York wie anderswo, die Gründung vieler neuer Gemeinden. Gewöhnlich bildete sich erst in irgendeinem Privathaus eine *Minjan*-Gruppe. Nach kurzer Zeit wurden die Räume zu eng, und man mußte nach einer größeren Unterkunft für die Versammlungen Ausschau halten. Oft fand man diese in einem Lokal, wo man einen separaten Nebenraum mieten konnte, der fortan den Besuchern der Gottesdienste zur zweiten Heimat wurde. Normalerweise schlossen sich jeweils die Gemeindemitglieder zusammen, die aus ein und derselben Gegend in Deutschland stammten. Die Juden aus Bayern und Hessen zählten zu den aktivsten Gründern. Um einen ebenfalls recht initiativen Kern aus Würzburg und anderen Ortschaften Unterfrankens formierte sich die *Shaare Hatikvah*-Gemeinde, deren geistige Leitung der frühere Rabbiner von Würzburg, Dr. Hanover, übernahm. Einwanderer aus Nürnberg und München taten sich gleichfalls zusammen und gründeten die *Beth Hillel*-Gemeinde von Washington Heights mit Rabbiner Dr. Bärwald (ehemals in München) und Rabbiner Dr. Heilbrun (ehemals in Nürnberg) an der Spitze. Juden aus Süd- und Mitteldeutschland gehörten zu den ersten Mitgliedern der *Kehillath Yaakov*-Gemeinde unter Rabbiner Dr. Breslauer (aus Fürth, Bayern), und Rabbiner Dr. Koppel (aus Berlin) gründete die *Emmes Wozedek*-Gemeinde. Eine Sonderstellung hielt die *K'hal Adath Jeshurun*-Gemeinde unter Rabbiner Dr. Joseph Breuer (aus Frankfurt) inne. Sie war hauptsächlich von Frankfurter Juden gegründet worden, zog aber orthodoxe Juden aus allen Teilen Deutschlands an.

Jede der obengenannten Gemeinden hielt ihre Gottesdienste nach der traditionellen Überlieferung mit den alten Gebetbüchern und Liedern. Die Predigten waren auf deutsch. Hier und da bildeten sich auch Männerchöre, die am *Sabbath* und an den Hohen Feiertagen für festliche Untermalung der Gottesdienste sorgten. Zu den betreffenden Gemeinden zählten außer den bereits erwähnten noch die folgenden: *Ahavath Torah V'tikvah Chadoshoh* in Washington Heights an der unteren Fort Washington Avenue (mit Rabbiner Lieber), *Agudath Yeshorim* an Broadway und 170. Straße (mit Rabbiner Dr. Bielefeld) und *Ohav Sholaum* (mit Rabbiner Neuhaus). Einer der Begründer der *Ohav Sholaum*-Gemeinde war Walter Neuberger aus Berlin. Er gehörte auch zu denjenigen, die bei der Bildung der Organisation *Gemilas Chesed* entscheidend mitbeteiligt war. Diese Organisation stand über den einzelnen Gemeinden oder besser: sie war als verbindende Vereinigung aus jenen hervorgegangen. Ihre bemerkenswerteste Leistung war die Erbauung der *Palisades Gardens*, einer Heimstätte für alte Menschen. Sie wurde 1970 in Anwesenheit des damaligen Gouverneurs von New York, Nelson Rockefeller, eröffnet. Der vorher erwähnte *Prospect Club* hatte eine Zeitlang übrigens ein eigenes Gemeindezentrum mit Ehrwürden Schottland aus Ludwigshafen.

Viele Juden aus Deutschland, insbesondere diejenigen, die den Riten und Bräuchen der Ostkirche anhingen, wurden Mitglieder der *Beth Hamedrash Hagodol*-Gemeinde von Washington Heights. Diese Gemeinde hatte schon längere Zeit bestanden, ehe der Zustrom der Flüchtlinge einsetzte. Andere Einwanderer, darunter vor allem ehemalige Großstädter, zogen den reformierten Ablauf des Gottesdienstes vor und schlossen sich der ebenfalls bereits bestehenden *Hebrew Tabernacle*-Gemeinde an, die den namhaften Kantor Henry Ehrenberg engagiert hatte; er war vorher Kantor an der Main-Synagoge von Frankfurt gewesen. In den fünfziger Jahren wurde dann Dr. Lehmann, ein gebürtiger Heilbronner, Rabbiner von *Hebrew Tabernacle*. – Die einzige reformierte Gemeinde, die von den Einwanderern selbst gegründet wurde, war *Habonim* unter Rabbiner Dr. Hugo Hahn, gebürtig aus Tiengen bei Waldshut, Baden. Dr. Hahn hatte sein Amt schon in mehreren größeren deutschen Städten versehen, bevor er in die USA kam. Unter seiner Leitung wurde der Bau eines großartigen neuen Gemeindezentrums fertiggestellt, das vielen jüdischen Organisationen Unterkunft bot und heute noch bietet. Die *Habonim*-Synagoge liegt verkehrsgünstig in der Stadtmitte. Zu *Sabbath*- oder sonstigen Festtagsgottesdiensten reisten Anhänger von nah und fern herbei, um an den Feiern teilzunehmen.

Aber nicht nur innerhalb der Gemeinden knüpften die Einwanderer ihre Verbindungen. Es gab auch Gruppen und Vereine, die den Zusammenhalt auf der Basis anderer Gemeinsamkeiten förderten, wie etwa der Herkunft aus bestimmten Städten oder Gegenden Deutschlands. Im *Aufbau* konnte man oft Anzeigen lesen, die auf solche Treffen, etwa der »Breslauer« oder »Hamburger« etc., hinwiesen. Einer der wenigen Verbände dieser Art, die noch immer existieren, während ich diese Zeilen schreibe (d. h. in den siebziger Jahren), ist die »Organisation der Juden aus Württemberg«: *Organisation of the Jews from Wuerttemberg*. Ihr Gründer und Leiter bis dato ist Dr. Walter Strauß, ein ehemaliger Rechtsanwalt aus Stuttgart. Jeder, der die dortigen Veranstaltungen besucht, ist überrascht von dem großen Publikumsandrang und dem Zusammenhalt der Mitglieder untereinander. Dies dürfte meiner Ansicht nach auf den guten Gemeinschaftsgeist zurückzuführen sein, der die württembergischen Juden schon in der alten Heimat verband. Aus Württemberg stammte auch Otto Hirsch, einer der mutigsten Führer der deutschen Juden in den allerschwersten Stunden.

208 Ahavath Torah V'tikvah Chadoshoh-Gemeinde von Washington Heights.

209 Ohav Sholaum-Gemeinde.

210 Hebrew Tabernacle-Gemeinde.

211 Habonim-Gemeinde.

212 YMHA (Verein hebräischer junger Männer) und YWHA (Verein hebräischer junger Frauen) von Washington Heights. Von New Jersey stadteinwärts über die George Washington-Brücke kommend, wurde man von dem Säuleneingang des Jugendhauses begrüßt, einem beliebten Treffpunkt für die Söhne und Töchter der Einwanderer. An der Stelle des alten Gebäudes steht heute das George Washington-Bus Terminal.

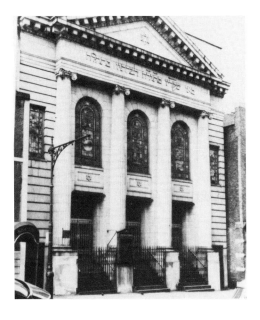

213 Washington Heights-Gemeinde in der West 161. Straße.

214 Mount Sinai-Gemeinde. Ecke Wadsworth Avenue und 177. Straße.

215 Fort Washington-Synagoge in der West 181. Straße nahe der Audubon Avenue.

216 Treffen der Einwanderer aus Berolzheim. Das True Sister-Gebäude, West 85. Straße, war die Adresse vieler Heimattreffen. Manch einer der jüngeren Einwanderer wurde dort auch getraut. – Die Abbildung zeigt eine originelle Einladung zum Treffen der Berolzheimer und ihrer Freunde im Dezember 1941. Die Ansicht des alten, einst wohlbekannten Viehmarkts von Berolzheim in Bayern vermittelt einen Hauch von Nostalgie. – Zur Zeit der Veranstaltung war die USA bereits in den Krieg eingetreten.

217/218/219 Der letzte Gottesdienst in der alten *Hebrew Tabernacle*-Gemeinde, 161. Straße. Die Gegend der West 161. Straße veränderte sich im Lauf der 1960er Jahre drastisch. Die *Washington Heights*-Gemeinde zog um in die West 178. Straße (Ecke Pinehurst Avenue), und die *Hebrew Tabernacle*-Gemeinde fand ein neues Zuhause in der Fort Tryon Avenue (187. Straße). Die Fotografien zeigen den letzten Gottesdienst in der 161. Straße, bevor die heiligen Schriftrollen in das neue Gemeindehaus gebracht werden.

13. Die Shaare Hatikvah-Gemeinde

Wie schon erwähnt, wurde *Shaare Hatikvah* – der Name bedeutet: Tore der Hoffnung – unter der geistigen Führung des früheren Rabbiners von Würzburg, Dr. Hanover, gegründet. Viele der Mitbegründer kamen ebenfalls aus Würzburg und Umgebung, so daß man von der »Würzburger«- oder »Hanover«-Gemeinde sprach. Der erste Raum für die Abhaltung ihrer Gottesdienste lag über einem Bekleidungsgeschäft an Broadway und 182. Straße. Später konnte man ein Grundstück in der 179. Straße erwerben, zwischen Broadway und Fort Washington Avenue, direkt neben der *Holy Root Church*, deren Pfarrer beim feierlichen ersten Spatenstich zugegen war und seine neuen Nachbarn willkommen hieß. Die Synagoge wurde in teils modernem, teils traditionellem Stil erbaut. Außer dem Gotteshaus selbst gab es noch zahlreiche Nebenräume zum Unterrichten und geselligen Beisammensein bzw. Festefeiern wie *Bar Mitzwah* und Hochzeiten. Der Bau war durch großzügige Stiftungen der Gemeindemitglieder und ihrer Freunde zustandegekommen. Am Tag der Einweihung kamen die Leute aus ganz Washington Heights, um die vollendete Synagoge zu sehen und mitzufeiern. Die nachfolgenden Abbildungen zeigen Szenen vor dem Gebäude, die während der Feier am 22. September 1957 fotografiert wurden.

220 Shaare Hatikvah-Gemeinde.

221/222 Wartende Kinder. Der Zweite Weltkrieg lag noch nicht lange zurück, und schon kamen viele Kinder auf die Welt – die neue Generation in der neuen Heimat. Hier stehen sie und warten geduldig auf die Umzugsprozession.

223 Bald ist es soweit. Jung und alt drängen sich in der Synagoge und auf der Straße, um das bevorstehende feierliche Ereignis mitzuerleben.

224 Zuschauer auf der gegenüberliegenden Straßenseite. Als die *Shaare Hatikvah*-Gemeinde ihr neues Zuhause bezog, waren die Abrißarbeiten und Anfänge des Neubaus für das George Washington-Bus Terminal in vollem Gang. Das Gerüst zum Abbruch der umliegenden Häuser war gerade aufgestellt worden. Zwei Synagogen und die Unterkünfte der Jugendhäuser von YMHA und YWHA wurden ein Opfer der Neuplanung. Hunderte von Familien mußten umgesiedelt werden, darunter auch viele Flüchtlingsfamilien.

225/226 Die Überbringung der heiligen Schriftrollen. Die Thora-Rollen waren aus dem alten Gotteshaus in einem Wagen abgeholt worden. Kuratoren der Gemeinde tragen sie nun in das neue Gebäude.

227 Die Ankunft der Schriftrollen in der Synagoge. Groß und klein in ehrfürchtiger Betrachtung des kostbaren Heiligtums.

14. Die Beth Israel-Gemeinde von Washington Heights

Viele Gemeinden wurden von den Mitgliedern gerne nach dem Rabbiner benannt, es gab aber auch zwei, die unter dem Namen ihres Kantors ein Begriff waren. Die eine war die *Schottland*-Gemeinde, die andere die *Schartenberg*-Gemeinde. Letztere trug den offiziellen Namen *Beth Israel-Gemeinde von Washington Heights*. Zu ihr gehörten Juden aus allen Teilen Deutschlands. Das Oberhaupt war Rabbiner Kahn aus Stuttgart, der Kantor Schartenberg stammte aus Wenkheim in Baden. Die Gottesdienste wurden anfangs in einem jeweils dafür reservierten Lokal abgehalten, später konnte ein größerer Saal in der oberen Etage eines zweistöckigen Gebäudes an der Süd-Ost-Ecke der 181. Straße und St. Nicholas Avenue auf Dauer gemietet werden. Der Raum wurde entsprechend ausgestattet und renoviert.

228/229 Die Prozession anläßlich des Umzugs. Die Männer tragen die Schriftrollen in heiter-feierlicher Prozession aus dem alten Gemeindehaus in das neue, während die Kapelle fröhliche, jüdische Melodien spielt.

15. Die Beth Hillel-Gemeinde von Washington Heights

Kern dieser Gemeinde war eine Gruppe von Mitgliedern der ehemaligen Münchner jüdischen Gemeinde unter Rabbiner Dr. Bärwald und der Nürnberger Gemeinde unter Rabbiner Dr. Heilbrunn. Aber auch alle anderen Einwanderer aus diesen beiden Städten, ob sie nun streng gläubig waren oder nicht, kamen von innerhalb und außerhalb New Yorks und halfen bei den Anfängen. *Beth Hillel* war eine der ersten Gemeinden mit einer eigenen Synagoge. Die Gottesdienste wurden nach traditioneller Weise gestaltet. Silbermann senior war der Kantor, Silbermann junior der Leiter des Männerchors.

230 Die Synagoge der Beth Hillel-Gemeinde von Washington Heights.

In den ersten Jahren nach der Einwanderung waren die meisten Familienfeste bescheiden. Man unterhielt die Gäste nach Möglichkeit im eigenen Heim. Allerdings war der Kreis der Verwandten und Freunde unter den Flüchtlingen häufig sehr groß, denn die Verbindungen wurden bis in die entfernteste Linie aufrechterhalten, wie es in der alten Heimat üblich gewesen war, so daß man, wenn die Wohnung nicht ausreichte, im Anschluß an den Festgottesdienst oder am darauffolgenden Tag ein kleines Mittagessen im Gemeindesaal der Synagoge gab.

Bei derartigen Zusammenkünften, aber auch bei anderen gesellschaftlichen Ereignissen, steuerte das Gespräch unausweichlich jedesmal auf die »gute alte Zeit« zu. Mit fortschreitender Entfernung erschien die Vergangenheit in immer strahlenderem Licht, und die verlorenen Errungenschaften in der alten Heimat wurden immer unermeßlicher. Ein Wiener Liedertexter verewigte diese rückwirkende »Verklärung« in einem Lied, worin ein kleiner Straßenköter sich brüstet: »Auch ich war einst ein großer Bernhardiner...« – Viele Unterhaltungen verliefen in etwa nach dem folgenden Muster: »Ich heiße X.« »Ich heiße Y.« »Oh, ich habe mal einen Y kennengelernt, damals in Deutschland...«. Oder: »Woher kommen Sie?« »Aus X.« »Ach, da bin ich früher oft gewesen. Ich hatte Verwandte dort.« Auf diese Weise entdeckte man bald gemeinsame Familienverbindungen oder Freunde. Jeder war – wenn man nur lange genug fragte – auf einmal mit jedem irgendwie verwandt.

231 Die Tafel. Mutter und Schwester des *Bar Mitzwah* bedienen die Gäste.

232 Im Mittelpunkt. Der Rabbiner (hier Dr. Bärwald), die Eltern und Ehrengäste sitzen am oberen Ende der Tafel im Mittelpunkt der Feiernden.

233 *Bar Mitzwah*-Feier. Der *Bar Mitzwah*, »Sohn der Pflicht«, ist der eigentliche Mittelpunkt des Festes. Umgeben von seinen Kameraden, fühlt er sich in bester Stimmung. Er ist sich der Bedeutung des Tages bewußt, kann sie aber noch nicht restlos begreifen. Seit jeher war und wird es so bleiben, daß *Bar Mitzwah* der große Tag für den »Sohn der Pflicht« ist, daß aber im Grunde die Eltern feiern.

234 Die Ansprache. Eine alte deutsch-jüdische Sitte erforderte eine Tischrede, manchmal sogar mehrere, bei jedem festlichen Mahl. Die Reden, meist kurz gehalten, und die Gebete vor und nach dem Essen gaben der Tafel Würde und ein festliches Flair. Sie unterstrichen den besonderen Anlaß und hoben ihn um so deutlicher vom Alltag ab. – In späteren Jahren habe ich viele Male große Familienfeste erlebt, auf denen man zwar Essen und Trinken servierte, aber keine Gebete mehr sprach und keine Tischreden hielt. Solche Gelage, so kostspielig sie auch sein mochten, waren vergleichsweise nichts anderes als eine »Fütterung der Raubtiere«.

16. Die Kehillath Jaakov-Gemeinde

Kehillath Jaakov wurde von ungefähr vierzig Familien unter der Führung des Rabbiners Dr. Breslauer (ehemals Rabbiner von Fürth, Bayern) gegründet. Es blieb immer eine kleine Gemeinde, eine Art »Landgemeinde« innerhalb der großen Metropole. Die Gottesdienste wurden viele Jahre lang in der oberen Etage eines zweistöckigen Gebäudes Ecke Audubon Avenue und 179. Straße abgehalten. Allmählich aber änderte sich die Nachbarschaft, und viele Gemeindemitglieder zogen auf die West-Side um. Wie so oft in New York, trieb die Veränderung des Viertels fast alle früheren Bewohner fort, und manch einem wurde der Weg zum Gottesdienst in der alten Synagoge beschwerlich, vor allem in den Abendstunden (aber auch, wenn die neue Wohnung gar nicht so weit entfernt lag, machte sich eine gewisse Bequemlichkeit bemerkbar). Doch hatte die Gemeinde schließlich Glück und konnte eine kleine Synagoge in der Fort Washington Avenue kaufen, fünf Straßen weiter in Richtung West-Side. Der Umzug fand Anfang der sechziger Jahre statt. Für die Gemeindemitglieder, die inzwischen vorwiegend der älteren Generation angehörten, war dies die Erfüllung eines Wunschtraums. Niemand wollte das Ereignis versäumen, obwohl die Umzugsprozession an einem sehr kalten Tag begangen wurde. Die Gemeinde selbst gewann von diesem Zeitpunkt an wieder neues Leben.

235 Die alte Synagoge, eine Treppe hoch über mehreren kleinen Läden im Parterre, die alles Mögliche verkauften.

236 Der Eingang. Ein unscheinbares Treppenhaus führte hinauf in den Betsaal.

237 Die neue Synagoge auf der Fort Washington Avenue zwischen 177. und 178. Straße.

238/239/240 Festtagsgäste von nah und fern. Alle Gemeindeglieder, Freunde und Gönner waren auf den Beinen, um den denkwürdigen Augenblick mitzufeiern als strahlenden Höhepunkt und Erfüllung. – Ein ortsunkundiger Zuschauer hätte sich räumlich und zeitlich zurückversetzt fühlen können in eine süddeutsche Kleinstadtsynagoge zur Zeit der Hohen Feiertage.

241–247 Die *Parnossim*. Mitglieder der Gemeinde bringen die heiligen Schriftrollen zuerst per Wagen, dann zu Fuß von der alten in die neue Synagoge. Hier Rabbiner Dr. Breslauer mit der *Thora* auf dem Weg zum neuen Gotteshaus. Die Vorsteher der Gemeinde gehen am Ende der Prozession. – Der Umzug von der Audubon Avenue in die Fort Washington Avenue war damit abgeschlossen. Nur ein paar Ecken entfernt lag die neue Synagoge, aber es war eine ganz andere Welt.

17. Die Emmes Wozedek-Gemeinde

Diese Gemeinde war, wie man heute sagen würde, eine Art »Auffangbecken« für alle, die sonst keine rechte Zugehörigkeit fanden. Sie wurde gegründet und geleitet von Rabbiner Dr. Max Koppel aus Mönchengladbach, der bis zu seinem frühzeitigen Tod im Dezember 1974, als er vor seiner Wohnung von zwei Männern beraubt und erschlagen wurde, ihr Oberhaupt blieb. Die Gemeindemitglieder von *Emmes Wozedek* stammten aus allen Gegenden Deutschlands. In der Anfangszeit fanden die Gottesdienste im *Audubon Ball Room* statt, einem Tanzsaal in einem trapezförmigen Gebäude zwischen der 165. Straße und dem Broadway, das sich bis zur St. Nicholas Avenue erstreckte. Hier waren in der oberen Etage Restaurants und Festsäle untergebracht, im Parterre Läden und ein Lichtspieltheater. Als der ganze Block zum Verkauf ausgeschrieben wurde, bildeten die Gemeindemitglieder eine Aktiengesellschaft und erwarben das Grundstück. Den investierten Summen entsprechend erhielt jeder seine Gewinnausschüttung. Im Lauf der Zeit sollte sich diese Umwandlung als sehr lukrativ erweisen. An den hohen Feiertagen fanden die Gottesdienste im »Lichtspieltheater« statt, dessen Vorführbühne zu diesem Zweck in einen stilgerechten Synagogenraum verwandelt wurde, in dem aber auch nichts fehlte. Vom *Aron Hakodesch* über die *Almemor*-Empore in der Mitte bis hin zum Ewigen Licht war alles da. Auf der Bühne hatten die Vorsteher ihre Sitze, mit Blick auf die Gemeinde. Der Preis für eine Eintrittskarte betrug fünf Dollar, wobei zwischen Gemeindezugehörigen und anderen Besuchern kein Unterschied gemacht wurde. Diese Regelung bewährte sich als echte Attraktion für viele, die keiner eigenen Gemeinde angehörten.

Die meisten Mitglieder der Stammgemeinde selbst wohnten zwischen der 157. und 170. Straße ab St. Nicholas Avenue bis hinüber zum Riverside Drive. In den letzten Jahren ist die ältere Generation ausgestorben, und die meisten der Jüngeren sind aus dem Bezirk fortgezogen. So kämpft *Emmes Wozedek* wie alle Gemeinden in diesem Umkreis, der einst das Zentrum deutsch-jüdischen Lebens in New York war, gewissermaßen auf verlorenem Posten. Nur während der hohen Feiertage finden mehr Gläubige als sonst, auch wenn sie inzwischen woanders wohnen, den Weg zurück in ihre alte Synagoge.

248 Die Emmes Wozedek-Gemeinde.

249 Der Gemeindediener. Normalerweise ist man sich gar nicht der vielfältigen Verpflichtungen bewußt, die ein guter *Schammes* zu erfüllen hat. In einer Einwanderer-Gemeinde gab es noch viele zusätzliche Aufgaben darüber hinaus, die oft nur mit Menschlichkeit und Feingefühl gelöst werden konnten. Gleichwohl war das Amt des *Schammes* nicht allzu starker Veränderung unterworfen. In den meisten Gemeinden hielt er die Tradition der Unabhängigkeit aufrecht, wie vorher in den europäischen Gemeinden. Das Gremium der Vorsteher konnte große Macht ausüben, und der Rabbiner mußte gehorchen – aber der *Schammes* behielt gewöhnlich sein Recht der Verteidigung und freien Entscheidung.

Vor vielen Jahren, als ich noch in Deutschland lebte, las ich einmal eine Geschichte, die mich lange beschäftigt hat. Ihr Inhalt ist ungefähr der folgende: Ein europäischer Jude war zu Besuch in New York City und fuhr an einem Samstagmorgen mit der Untergrundbahn. Neben ihm saß ein alter Mann mit weißem Bart in der traditionellen Gewandung der ostjüdischen Orthodoxen. Der Reisende war darüber erstaunt und konnte nicht umhin, den Nachbarn zu fragen: »Sie sehen aus wie ein orthodoxer Jude, aber wieso fahren Sie am Sabbath mit der Untergrundbahn?« Der alte Mann erwiderte: »Das will ich Ihnen erklären. Viele Jahre lang lebten meine Frau und ich im Südosten von New York. Ich gehörte zu einer *Schul*, die von Männern meiner osteuropäischen Geburtsstadt gegründet worden war und von uns allen regelmäßig besucht wurde. Inzwischen ist meine Frau gestorben, und ich wohne seitdem bei meinen Kindern am *Concourse* in der Bronx. Dort gibt es aber keine *Schul*, in der ich mich so wohl fühle wie in meiner alten, wo alles überschaubar ist und jeder den anderen kennt. Also fahre ich jeden Samstag zurück in meine *Schul* und hoffe, daß der Herrgott mir verzeiht.« In Europa konnte ich diese Geschichte nicht verstehen, hier aber verstand ich sie.

250/251 *Hoschanah Rabbah*-Lernen. Hier mit Rabbiner Dr. Koppel, zweiter von rechts. Im Hintergrund die Schriften. Das Lernen am *Hoschanah Rabbah*-Abend war eine alte Tradition. »Zwetschgenplatz« (Kuchen), Obst, Kaffee und Whisky dienten dabei als willkommene Erfrischung.

252/253 *Sukkoth*, das Laubhüttenfest. Hier veranstaltete die Frauenschaft einen »Kaffeeklatsch« in der riesigen *Sukkoh* der Yeshiva Universität.

18. Die K'hal Adath Jeshurun-Gemeinde

Ein Gemeindezentrum ganz für sich allein besaß *K'hal Adath Jeshurun* unter Rabbiner Dr. Joseph Breuer, dem Enkel eines der berühmtesten orthodoxen Rabbiners im 19. Jahrhundert namens Samson Raphael Hirsch. Die Familie von Rabbiner Breuer war seit Jahrzehnten eng verbunden mit einer bekannten orthodoxen Gemeinde in Frankfurt am Main, der *Israelitischen Religionsgemeinschaft*, die unter den orthodoxen Juden Deutschlands als führende jüdische Gemeinde galt. Es ist das Verdienst von Rabbiner Dr. Breuer und seinen Mitarbeitern, den Geist ihrer erleuchteten Religion für den heutigen Menschen aktualisiert und in den Vereinigten Staaten verbreitet und wirksam gemacht zu haben. Viele orthodoxe Juden aus allen Gegenden Deutschlands traten der Gemeinde bei, und Gläubige aus allen Teilen der USA unterstützten die Institution durch finanzielle Hilfe. Als Rabbiner Dr. Breuer achtzig Jahre alt wurde, bestimmte die Gemeinde Rabbiner Dr. Schwab (vormals Rabbiner von Ichenhausen, Bayern) zu seinem Mitarbeiter. *K'hal Adath Jeshurun* folgte bewußt dem Vorbild der alten Frankfurter Gemeinde, besonders in der Gestaltung der Gottesdienste und des Gemeindelebens. Hier wie dort gab es auch einen Männerchor, der in die religiöse Zeremonie eingeplant war. Kurz nach der Gründung der Gemeinde wurde noch eine dazugehörige Schule eröffnet, dann ein Frauenbad und etliche andere Einrichtungen. Die Synagoge und das Schulgebäude liegen in der Bennett Avenue. Hier wohnen auch viele Gemeindemitglieder, weshalb die Straße im Volksmund den Beinamen »Judengasse« erhalten hat. Der Lebensmittelkontrolldienst von *K'hal Adath Jeshurun*, »Breuer Supervision« genannt, war und ist einer der angesehensten in ganz New York City.

254/255 Die K'hal Adath Jeshurun-Synagoge. Sie liegt in der Bennett Avenue Ecke 187. Straße.

256 Rabbiner Dr. Schwab, einer der Gemeindeoberen, ein gebürtiger Frankfurter, der seine religiöse Ausbildung in den *Jeschiwahs* von Frankfurt am Main, Telschen (Litauen) und Mir (Polen) erhalten hatte.

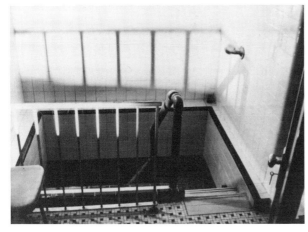

257/258 Das Frauenbad. Kurz nach Gründung der Gemeinde wurde mit dem Bau eines eigenen Badehauses für die rituellen Waschungen begonnen.

Der Tod des Rabbiners

259/260 Rabbiner Dr. Joseph Breuer (1882–1980), geistiger Führer der K'hal Adath Jeshurun-Gemeinde, starb am Samstag, dem 19. April 1980. Er war einer der ganz großen *Thora*-Gelehrten und blieb ein Lernender bis an sein Lebensende. Am Sonntag versammelten sich Tausende auf der Straße vor seinem Haus, von wo aus der Trauerzug sich in Bewegung setzte, um dem verehrten Lehrer und Vorbild die letzte Ehre zu erweisen. Achtzehn Enkel des Rabbiners trugen den schmucklosen Sarg vor das Tor der nahe gelegenen Synagoge, die unter der Leitung des Verstorbenen erbaut worden war. Es wurden keine Grabreden gehalten, nur Psalmen und einige Gebete gesprochen. – Dies war der letzte Wille des Rabbiners.

261 Der Trauerzug. Nach dem Vortrag der heiligen Texte hob man den Sarg in einen Leichenwagen, der langsam durch die Nachbarschaft fuhr. Hier war mehr als vierzig Jahre lang die Heimat und das Betätigungsfeld des Rabbiners Dr. Breuer gewesen. Dem Leichenwagen folgte eine trauernde Menge Männer, Frauen und Kinder aus allen Schichten, allen Gemeinden, auch anderer religiöser Überzeugung, und vielen Orten von nah und fern. An der George Washington-Brücke schlossen sich noch zahlreiche Wagen und Busse an bis hin zum Friedhof der Gemeinde König Salomon in Clifton, New Jersey.

19. Die Beth Hamedrash Hagodol-Gemeinde von Washington Heights

Wie bereits erwähnt, hatte diese Gemeinde, die schon im Jahre 1916 gegründet worden war, eine ganz andere Stellung inne als die später hinzugekommenen. Der Bau ihrer Synagoge in der 175. Straße zwischen Wadsworth und St. Nicholas Avenue war 1925 abgeschlossen und die Gemeinde durchaus darauf vorbereitet, die Welle der Einwanderer in den dreißiger Jahren aufzunehmen. Die Gottesdienste wurden nach osteuropäischer Tradition gehalten. Auch in Deutschland hatten viele Juden die polnisch-lettische Zeremonie der Gottesdienste weitergepflegt, und sie schlossen sich nach der Emigration natürlich der *Beth Hamedrash Hagodol*-Gemeinde an. Die Predigten wurden dort in den dreißiger Jahren zumeist auf Jiddisch verlesen. Rabbiner war damals der aus Bialystok in Polen stammende Shtot Maggid Moses Rapaport. Er stand aber nur kurze Zeit auf der Kanzel. In den fünfziger Jahren machte einer seiner Nachfolger namens Dr. Abraham Rapaport von sich reden, der aber nicht mit jenem verwandt, sondern als Flüchtling aus Hannover in die Vereinigten Staaten gekommen war. Unter seiner Führung entwickelte sich die Gemeinde zu einem zeitgemäß orthodoxen Glaubens- und Kulturzentrum mit zahlreichen Projekten in der Erwachsenenbildung. Die dazugehörige Hebräische Schule *Akiba Academy* war eine der vortrefflichsten und meistgelobten Bildungseinrichtungen von Washington Heights.

Hebräische Schulen hatten seinerzeit starken Zulauf. Erst in den späten fünfziger und noch mehr in den sechziger Jahren setzte sich der Trend durch, daß Eltern ihre Kinder nicht mehr so gern in öffentliche Schulen schickten. Außerdem zogen viele Familien mit schulpflichtigen Kindern aus der Stadt weg. Die anderen bevorzugten Privatschulen, darunter auch die rasch anwachsenden *Yeshiwas*. Dies führte zum allmählichen Niedergang aller Hebräischen Schulen, die vorher gerade innerhalb der öffentlichen Institutionen eine wertvolle Ergänzung zur rein weltlichen Erziehung angeboten hatten.

262/263 Die Beth Hamedrash Hagodol-Gemeinde von Washington Heights.

264/265 *Chanukkah*. Schülerfeier an der *Akiba Academy*. Unter der Führung von Dr. Abraham Rapaport wurde das religiöse Leben zu einer beglückenden Erfahrung.

266 Die Hochzeit des Rabbiners Dr. Abraham Rapaport. Braut und Brautmutter empfangen die Glückwünsche der Gäste vor der Zeremonie; die Braut darf zur Feier ihres Ehrentages auf einem Thron sitzen.

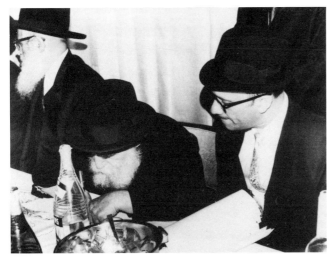

267 Der Ehevertrag. Der Rabbiner hält sich zunächst mit seinen Freunden und den Gemeindevertretern abseits. Ein Trauzeuge unterzeichnet den Ehevertrag.

268 Der Bräutigam betritt die Festhalle, erwartet von den still bewegten Gemeindemitgliedern, Verwandten und Freunden.

269 Die Braut. Ehe die eigentliche Zeremonie beginnt, wird das Gesicht der Braut bedeckt. Die Brautmutter führt ihre Tochter vor die *Chuppah*. Dort schreitet die Braut siebenmal um den Bräutigam herum.

270 Die *Chuppah*, unter welcher die Zeremonie stattfindet, ist umringt von jungen Männern. Nach alter Sitte sollte der Baldachin unter freiem Himmel stehen. Das Restaurant, in dessen Räumen viele orthodoxe Hochzeiten gefeiert wurden, war in der Decke durchbrochen worden, so daß die Sitte eingehalten werden konnte.

271 Die Rabbiner. Als oberste Vertreter ihrer jeweiligen Gemeinden nehmen die Rabbiner an der Hochzeitsfeier ihres Amtsbruders teil. Sie sprechen, einander abwechselnd, die sieben Segnungen über das Paar.

IV. Wiedersehen mit der alten Heimat

Im Jahre 1972, fünfunddreißig Jahre, nachdem ich Niederstetten verlassen mußte, kehrte ich zu Besuch in meine Heimatstadt zurück. Es ist fast unmöglich, Worte für die innere Bewegung zu finden, die ich dabei fühlte, und für die Gedanken, die mir alle in den Sinn kamen.

Den Abschluß dieser Erinnerungen sollen deshalb meine damals entstandenen Reise-Aufzeichnungen bilden. Denn sie sind weitaus unmittelbarer als eine im nachhinein zusammenfassende Verarbeitung meiner Wiederbegegnung mit der Heimat.

1. Vorher: Juni 1972

Es ist frühmorgens. Wir fliegen hoch über den Wolken in einer Düsenmaschine. Ich bin auf dem Heimweg nach Niederstetten, den Ort, den ich einst *Meine Stadt* genannt habe. Im Zustand des Halbschlafes, zwischen Wachen und Träumen, wandern meine Gedanken fünfunddreißig Jahre zurück. Die Tage meines Abschieds kommen mir wieder in den Sinn, die damaligen Überlegungen und Empfindungen und die äußeren Ereignisse. Das alles scheint gerade erst gestern gewesen zu sein, so kommt es mir jedenfalls vor, obwohl inzwischen so viel geschehen und unwiderruflich vergangen ist. Ich bin mir in diesem Moment meiner Gefühle gar nicht recht sicher, eben noch wollte ich vor Glück laut hinaussingen, jetzt möchte ich am liebsten weinen, weinen, weinen.

In meiner Erinnerung taucht die kleine Stadt mit ihren ehemals 1700 Einwohnern auf, die jetzt zur Bundesrepublik Deutschland gehört. Von hier hatte mich mein Weg fort aus Deutschland geführt, hier war ich aufgewachsen als Sohn eines Kaufmanns, der im Stadtrat saß und einmal zu den führenden Köpfen der Gemeinde zählte. Aber dann war über Nacht alles anders geworden. Meine Freunde von gestern konnten mir nicht einmal mehr »Guten Tag« wünschen. Aber auch ohne diese äußeren Anzeichen wurde von da an mit jedem neuen Tag deutlicher, daß sich unsere Lage zunehmend verschlechterte. Vier Jahre lang hielt ich es noch aus. Dann mußte ich, in tiefer Trauer trotz aller erlittenen Ächtung und Bedrohung, die Heimat verlassen. Bis dahin hatte ich immer noch auf eine Wende zum Guten gehofft, damit mir der Abschied erspart bliebe. Aber die Würfel waren gefallen, und am Ende kam der Tag meiner Auswanderung unerbittlich auf mich zu. Wie gut ich mich noch an alles erinnere! Auch nichtjüdische Nachbarn und Freunde waren am Vorabend meiner Abreise im Schutz der Dunkelheit gekommen, um mir Lebewohl zu sagen. Eine alte Dame, die mich von klein auf kannte und mit deren Kindern ich früher gespielt hatte, schloß mich in ihre Arme und flehte zum Himmel, weil ich so alleine gehen mußte; eine andere drang in meinen Vater und fragte, wie er das nur zulassen könnte. Keiner konnte es fassen – und doch wußten alle, daß dieser Schritt unvermeidlich war. Im Anschluß an den Frühgottesdienst und den ganzen Tag hindurch waren Mitglieder unserer kleinen jüdischen Gemeinde zu uns gekommen, um mir auf Wiedersehen zu sagen – eine Gemeinde von Menschen, die wußten, daß sie verloren waren, sich aber ohnmächtig fühlten zur

Selbsthilfe in dieser Schicksalsstunde. Einer der herzzerreißendsten Augenblicke in meinem ganzen Leben war der damalige Abschied von meinen Eltern. Ich war der letzte ihrer drei Söhne, der ins Ausland ging. Keiner konnte wissen, was uns bevorstand und ob wir uns jemals wiedersehen würden. Meine Eltern und ich waren innig verbunden, die vier zurückliegenden Jahre der ständigen Gefährdung hatten uns einander noch näher gebracht. Was konnte nicht alles passieren? Ein Gefühl tragischen Ausgeliefertseins lag in der Luft. Ich selbst ging in eine nicht weniger ungewisse Zukunft. Obwohl ich studiert hatte und bemüht gewesen war, einen Beruf zu erlernen, standen die Früchte fleißiger und harter Arbeit auf dem Spiel.

In dieser Nacht meiner Heimkehr nach Niederstetten denke ich auch wieder an den nächsten sorgenvollen Entschluß, dem ich mich kurze Zeit später ausgesetzt sah. Sollte ich meine betagten Eltern wirklich in die Vereinigten Staaten nachkommen lassen und die Verantwortung für sie mitübernehmen oder war es nicht besser, mich erst in meinem Beruf zu etablieren? Ich ließ meine Eltern kommen, eine Entscheidung, die meinem Leben eine völlig andere Richtung gab. Doch habe ich sie nie bereut. In diesen Stunden der Morgendämmerung über dem Ozean sind mir die Nachrichten, die uns nach Kriegsende erreichten, wieder ganz gegenwärtig: die Hälfte unserer jahrhundertealten jüdischen Gemeinde war in den Konzentrationslagern umgekommen, die andere Hälfte in aller Welt zerstreut.

Fünfunddreißig Jahre sind vergangen, seit ich meine Heimat verlassen mußte, fünfunddreißig Jahre lang habe ich die Erinnerung daran mit mir herumgetragen. Wie unter dem Bann eines Zaubers fühlte ich, daß ich den Ort meiner Herkunft noch einmal sehen muß, bevor ich sterbe. Einmal noch möchte ich durch die Straßen meiner Kindheit gehen, einmal noch das Tal sehen, in dem ich aufgewachsen bin, und einmal noch den Boden betreten, den wir einst unser eigen nannten. Ich möchte auch noch einmal den alten Friedhof auf dem Hügel besuchen, wo Generationen meiner Vorfahren begraben liegen, ich möchte die Vögel wieder singen und die Glocken von Niederstetten klingen hören, möchte die Blumen und Wiesen noch einmal sehen und ihren Duft einatmen. Und nicht zuletzt möchte ich auch noch einmal mit den Menschen sprechen, die einst meine Freunde waren und mit denen ich die schönen Tage meiner Jugend gemeinsam verbracht habe.

Was werde ich nun vorfinden? Was wird in mir selbst vorgehen? Werden mich meine Gefühle am Ende nicht völlig überwältigen? Das sind die Gedanken und Zweifel dieser Stunde. Ich habe keinerlei Vorstellungen, was die nächsten Tage mir bringen werden.

2. Nachher: Oktober 1972

Inzwischen liegt alles hinter mir, und ich will versuchen, meine Empfindungen über das Wiedersehen mit Deutschland im Rückblick zu beschreiben. Das ist überaus kompliziert. Hier, in Amerika, können viele meiner Freunde und Bekannten einfach nicht begreifen, daß ich die alte Heimat noch einmal besucht habe, geschweige denn, daß es mir dort sogar gefallen hat.

Ich habe nichts vergessen, ich kann auch das Geschehene nicht vergeben – aber trotzdem zog es mich zurück in das Land, das uns so viele Leiden und Demütigungen zugefügt hat. Ich war noch einmal an sämtlichen Plätzen, wo meine Vorfahren gelebt haben, wo jede Straße und Ecke mir eine Geschichte erzählen konnte und wo ich noch heute Freunde habe. Zurückgekehrt, bin ich gefragt worden: Haben sie dir auch alle versichert, daß sie niemals Nazis gewesen sind? Darauf gab es nur eine Antwort: Mir brauchte niemand irgend etwas zu versichern. In einer Kleinstadt wie derjenigen meiner Heimat wußte man ganz genau, wer dazu gehörte und wer nicht. Ich war 1937 ausgewandert, meine Eltern im Dezember 1938, und bis dahin hatte jeder sein wahres Gesicht gezeigt. So überraschend es klingen mag, aber selbst zu dieser Zeit hatten wir noch zahlreiche Freunde. Der Durchschnittsdeutsche konnte außerdem gar nicht gegen die Machthaber rebellieren. In Niederstetten gab es etliche Bürger, die Widerstand leisteten und teuer dafür bezahlen mußten. Die Weichen wurden ja auch nicht erst 1938 oder 1937 gestellt, sondern 1933, als mancher redliche Mann die Stimme seines Gewissen noch überhörte und meinte: »Sie können's ja mal versuchen.« Ein Volk aber muß, wie jeder einzelne in seinem persönlichen Lebensbereich, unablässig wachsam bleiben, damit seine Taten und sein Gewissen Hand in Hand gehen können. Anderenfalls führt eine schlechte Tat notwendigerweise zur nächsten. Und bis ein Individuum oder auch ein ganzes Volk den Irrtum zu erkennen vermag, kann es bereits zu spät sein. Ich habe keinen meiner Glaubensbrüder vergessen, ob ich sie nun persönlich kannte oder nicht. Ihre Leiden können nicht vergessen werden. Auch heute aber gibt es Unmenschlichkeit und Grausamkeit bei allen Völkern – und mein Herz empört sich nicht weniger für diejenigen, die gegenwärtig unter den Machenschaften des Bösen leiden.

Das bewegendste Erlebnis meines Deutschlandaufenthaltes war ein Sonntagnachmittag in einem Gasthof, als mir der ehemalige Spediteur von Niederstetten, ein Mann, den ich seit meiner Kindheit kannte und der mittlerweile in den achtziger Jahren war, von früher erzählte. Die Nazis hatten ihn damit beauftragt, sich um die ordnungsgemäße Beförderung der Koffer zu kümmern, die den auf der Deportationsliste vermerkten Bürgern gehörten. Das Gepäck sollte zum Bahnhof und von dort bis zur »Endstation« gebracht werden. Die Erinnerung daran und das Wiedererwecken jener Zeit durch die eigene Erzählung brachten den Mann zum Weinen. Er brauchte sich nicht vor mir zu entschuldigen, denn ich wußte, daß in diesem Moment dasselbe in ihm vorging wie an jenem schicksalhaften Tag vor so vielen Jahren. Damals war es schon zu spät gewesen, um Widerstand zu leisten, und wer es dennoch versuchte, hat nicht überlebt. Der Krieg und seine Folgen brachten Leid und Schmerz über alle, ganz gleich auf welcher Seite sie standen. Und wie gewöhnlich traf es die einfachen Bürger und die Schuldlosen am härtesten. Heimgekehrt an den Ort meiner Geburt, wo ich das erste Vierteljahrhundert meines Lebens verbrachte, wurde mir klar, daß ich noch viele Wurzeln dort hatte.

Möchte das Andenken an *alle* Unschuldigen, die umgekommen sind, an *alle* Guten, die gelitten haben, und an *alle* Tapferen, die angesichts des eigenen Todes noch Mitleid mit anderen zeigten, ein wegweisendes Licht sein für die Überlebenden auf *allen* Seiten und sie in ihrem Bemühen um Frieden, gegenseitige Achtung und eine bessere Welt ermutigen.

272 Das Leben – ein Augenblick. Während ich die Schauplätze meiner Kinderheit überblickte, drängten sich mir auch wieder die Erwartungen auf, die ich damals hatte. In diesem Augenblick der stillen Einkehr zogen die Höhen und Tiefen eines ganzen Lebens an meinem inneren Auge vorüber. Ich hege die Hoffnung, daß Krieg und Haß den künftigen Generationen erspart bleiben und daß die kühnen und gesegneten Träume der Kinder in aller Welt erfüllt werden möchten.

Glossar der Ausdrücke des jüdischen Kultus und Gemeindelebens

Agudas Israel	1912 gegründete Weltorganisation der orthodoxen Juden zur Pflege und Vertretung ihrer religiösen Interessen
Almemor	Empore in der Mitte der Synagoge, von wo die Vorlesungen aus der Thora gehalten werden
Aron Hakodesch	Wandschrank in der Synagoge an erhöhtem Platz zur Aufbewahrung der Thora-Rollen; Heilige Lade
Avdoloh	Gebet zum Ausgang von Sabbath und Feiertagen
Bar Mitzwah	»Sohn der Pflicht«. Jüdischer Knabe, der am Sabbath nach Vollendung des dreizehnten Lebensjahrs feierlich als Vollmitglied in die Synagogengemeinde aufgenommen wird. Die Feier wird als die Bar Mitzwah bezeichnet
Bekhalos Rosch	Kopfbedeckung
Berches	Sabbathbrote. Die geflochtenen Brote bestanden hauptsächlich aus Mehl, Kartoffeln und Wasser. Im Osten wurden auch Eier und Öl beigegeben. Der Name »Berches« leitet sich her von »Brochos« (Segenssprüche, weil der Segen über diese Brote gesprochen wird). Name und Zusammensetzung sind charakteristisch für Süddeutschland
Billette	Form der Besteuerung durch die Gemeinde. Die einzelnen Mitglieder wurden eingeschätzt: Für jeweils zehn Gulden Vermögen war ein Billett fällig. Mit den Billetten wurde die Armenspeisung finanziert, aber auch sonstige Belange der Gemeinde
Brith Mila	Beschneidung
Brochos	1. Segenssprüche, 2. Vorhang vor der heiligen Lade
Chanukkah	Lichterfest im Dezember zur Erinnerung an die siegreichen Kämpfe in der Makkabäerzeit
Chomez	»Gesäuertes«. Alles mit Sauerteig oder Hefe Zubereitete
Chomez Battel	Durchsuchen der Wohnung nach Gesäuertem am Tag vor Pessach
Chuppah	Trauhimmel, Baldachin
Hachscharah	landwirtschaftliche oder handwerkliche Ausbildung für Palästina-Auswanderer
Haggadah	Sammlung von Erzählungen über den Auszug aus Ägypten, Erläuterungen. Danksagung über die Gerechtigkeit Gottes. Die Haggadah steht im Mittelpunkt des Seders; sie wird vom Hausvater und den Anwesenden im Wechsel gesagt
Haman	1. Feind der Juden im Buch Esther, für die Juden Inbegriff des Bösen 2. Gebäck am Purim-Fest in Form eines Mannes zur Erinnerung an die im Buch Esther geschilderten Ereignisse
Hawdoloh	Segensspruch am Ausgang des Sabbaths oder Festtags im Haus und in der Synagoge
Heilige Lade	siehe Aron Hakodesch
Hoschanah Rabbah	Der siebte Tag des Laubhüttenfestes, Halbfeiertag
Jeschiwah	Jüdische Lehranstalt
Jom Kippur	Versöhnungstag, ernster Fest-, strenger Fasten- und Bußtag
Kehillath Kodesh	Jüdische Gemeinde und Gemeindeversammlung
Kiddusch	Feierlicher Segen über Wein am Sabbath und an Feiertagen
koscher	»tauglich«: Speisen, die den rituellen Vorschriften entsprechen
Mesusah (Plural: Mesusoth)	Metall- oder Holzhülse, die Pergamentröllchen mit Thoraabschnitten enthält. Die Mesusah wird am rechten Türrahmen der jüdischen Häuser in Augenhöhe befestigt
Mikweh	Rituelles Frauenbad
Minjan	Zehnzahl der männlichen Beter, die für den Gemeindegottesdienst vorgeschrieben sind

Mohel	Beschneider
Oneg Schabbat	Geistige und künstlerische Feierstunden zur Gestaltung des Sabbaths
Parnos	Vorsteher einer jüdischen Gemeinde
Passah (Pessach)	Fest zur Erinnerung an den Auszug aus Ägypten
Purim	Los-Fest, gefeiert im Februar/März zur freudigen Erinnerung an die 480 v. Chr. von Esther beim Perserkönig Xerxes (Ahasverus) bewirkte Errettung der Juden vor den Vernichtungsplänen des Haman. Das Fest hat karnevalähnliche Züge: Aufführung von Spielen, Verkleiden der Kinder
Rosch Haschanah	Jüdisches Neujahrsfest
Sabbath	Festtag am Ende jeder Woche. Er beginnt am Freitag etwa 45 Minuten vor Sonnenuntergang und endet am Samstag etwa 15 Minuten nach Sonnenuntergang
Sarjenes	Totenhemd
Schalet	Sabbathspeise, die bereits am Freitag gekocht und in einem besonderen Ofen, dem Setz- oder Schaletofen, warmgehalten wird. Sie besteht aus Bohnen bzw. Graupen oder Kartoffeln mit Fleisch. Der Schalet wurde berühmt durch das Gedicht Heinrich Heines »Prinzessin Sabbath«.
Schammes	Gemeindediener besonders beim Gottesdienst
Schivo-Woche	Trauerwoche
Schochet	Schächter, Gemeindebediensteter, der das rituelle Schlachten der Tiere vornimmt
Seder	Hausgottesdienst nach einer bestimmten »Ordnung« (Seder) am ersten und am zweiten Abend des Pessachfestes
Sefer	»Schrift«: Buch. Thorarolle
Semicha	Ordination eines Gelehrten zum Rabbi
Sukkoh	Laubhütte
Sukkoth	Laubhüttenfest, gefeiert zur Erinnerung an den Wüstenzug nach dem Auszug aus Ägypten, als die Israeliten vorübergehend in Hütten wohnten
Synagoge	Versammlungsort der Gemeinde, im Deutschen auch Schule genannt
Tallis	Gebetsmantel: viereckiges Tuch zum Umschlagen aus Wolle oder Seide mit Quasten, sog. Schaufäden, an den vier Ecken. Ursprünglich tägliches Bekleidungsstück, später nur für religiöse Zwecke verwandt
Thora	»Unterweisung, Gesetz«. Die fünf Bücher Moses (griechisch: Pentateuch).
Yarmulka	Kopfbedeckung